Appréciation du livre *Guérir les traumatismes : ce que l'Église peut faire* :

« Ce livre renseigne clairement l'ensemble de l'Église au sujet des traumatismes. Il se fonde sur l'œuvre que le Christ a accompli sur la croix et sur les vérités de la Parole de Dieu. Le sérieux enseignement qu'on y trouve insiste sur l'importance de comprendre les conséquences des traumatismes sur les êtres humains, ainsi que sur le besoin qu'ont les gens de raconter leur histoire et d'exprimer leur chagrin. Ce livre est un cadeau offert au corps de Jésus. »

Diane Langberg, PhD., psychologue et auteure,
co-présidente du Conseil consultatif sur l'accompagnement face aux traumatismes.

« Il s'agit de loin du meilleur ouvrage que je connaisse pour ce qui est d'initier les personnes souffrantes, éplorées et traumatisées aux Saintes Écritures et au pouvoir de guérison de la croix. Qui plus est, ce livre ne traite pas seulement de vérités bibliques, mais il crée un contexte où tenir de véritables conversations à propos des blessures du cœur, de l'utilité de la lamentation et de la nature de l'épanouissement spirituel dans un monde brisé. »

Phil Monroe, doctorat en psychologie, psychologue clinicien,
professeur à Missio Seminary, co-président du Conseil consultatif sur l'accompagnement face aux traumatismes

« Voilà un livre que je peux remettre à des dirigeants d'Église. La simplicité de l'optique le rend facile à utiliser. Les nombreux renvois bibliques touchent le cœur des croyants. La vision et les méthodes franchissent bien les frontières des confessions, au sein de l'Église. C'est tout simplement le meilleur petit livre que j'aie vu dans ce domaine. »

Robert J. Schreiter, C.PP.S.,
professeur de théologie, séminaire Catholic Theological Union.

Guérir les traumatismes : Ce que l'Église peut faire

Manuel de l'animateur
pour les groupes d'accompagnement

Récits en provenance d'Afrique

Guérir les traumatismes : Ce que l'Église peut faire

Manuel de l'animateur
pour les groupes d'accompagnement

Récits en provenance d'Afrique

Version 2021

Trauma Healing Institute

Adaptation et compilation effectuée à partir de *Guérir les traumatismes : ce que l'Église peut faire (Healing the Wounds of Trauma: How the Church Can Help)* par Margaret Hill, Harriet Hill, Richard Baggé et Pat Miersma, édition augmentée, © 2016 SIL International et American Bible Society, et du *Manuel initial du facilitateur pour groupes d'accompagnement (Starter Handbook for Healing Groups)* © 2015, 2016 American Bible Society et SIL International.

Mise à jour : juin 2023.

La présente édition a été révisée et augmentée par Dana Ergenbright (ABS), Stacey Conard (SIM), Mary Crickmore (World Renew), Phil Monroe (ABS), Bryan Varenkamp (SIL) et Debbie Wolcott (ABS).

Trauma Healing Institute
101 North Independence Mall East
Philadelphia PA 19106

traumahealinginstitute.org
Courriel : support@traumahealinginstitute.org

Les textes bibliques sont tirés de la *Bible Parole de Vie,* © Société biblique française – Bibli'O, 2000. Avec permission.

Illustrations : Ian Dale

Conception : Jordan Grove, Peter Edman

Composition : Société biblique canadienne

ISBN 978-1-58516-373-1 / Article de la ABS 125532 (reliure souple)

ISBN 978-1-58516-374-8 / Article de la ABS 125533 (ePub)

S'utilise de pair avec :

Guérir les traumatismes : ce que l'Église peut faire (Manuel de participant) (récits en provenance d'Afrique).

ISBN 978-1-58516-369-4 / Article de la ABS 125530 (reliure souple)

ISBN 978-1-58516-370-0 / Article de la ABS 125531 (ePub)

À propos de *Guérir les traumatismes*

Bien des gens, dans le monde actuel, ont vécu une guerre, un conflit ethnique, une inondation, un accident de la route, un crime ou de la violence familiale. Dans bien des cas, ces situations ont laissé des blessures intérieures. L'Église devrait donc aider ses membres qui souffrent (Actes 20.28) ainsi qu'être du sel et de la lumière dans le monde. La ressource intitulée *Guérir les `traumatismes : ce que l'Église peut faire* vise à aider des gens à se rétablir de traumatismes et de pertes. Elle se concentre particulièrement sur le fait d'aider des Églises locales à s'occuper des gens qui souffrent d'une façon utile et non dommageable. Chaque leçon présente ce que la Bible et les pratiques exemplaires en matière de santé mentale enseignent quant à la façon de se rétablir d'un traumatisme.

Le guide de l'animateur renferme :
- le contenu de *Guérir les traumatismes* qui figure dans le cahier du participant ;
- des messages-guides (en italique, indiqués par la lettre « A ») expliquant comment animer les séances ;
- un horaire, des objectifs et la préparation nécessaire à chaque leçon ;
- des ressources permettant d'animer des groupes d'accompagnement (voir la section portant sur « la préparation en vue d'animer votre propre groupe d'accompagnement »).

Ce livre s'adresse aux animateurs et animatrices de groupes d'accompagnement accrédités. Pour toute formation quant à l'utilisation de ce livre, communiquez avec votre Société biblique locale, ou consultez le site traumahealinginstitute.org.

Le présent produit n'est pas conçu pour permettre de diagnostiquer, de traiter, ni de guérir des maladies quelconques. Il ne remplace pas le counseling professionnel. En utilisant ce produit-ci, vous démontrez comprendre cela.

Si vous utilisez actuellement une édition antérieure de l'initiative d'accompagnement face aux traumatismes, voyez la liste des mises à jour quant à la révision de 2021, sur le site Web de Trauma Healing Institute.

Table des Matières

MODULES FONDAMENTAUX 11

Séance d'Accueil 12

1. Si Dieu nous aime, pourquoi souffrons-nous ? 15

2. Qu'est-ce qu'une blessure du cœur ? 25

3. Qu'est-ce qui peut aider nos blessures du cœur à guérir ? 33

4. Que se passe-t-il quand on est en deuil ? 42

5. Apporter nos souffrances à la croix 56

6. Comment pouvons-nous pardonner aux autres ? 65

Regarder vers le passé et vers l'avenir 79

MODULES FACULTATIFS 83

7. Les blessures morales 84

8. Comment aider les enfants qui ont
   vécu des événements traumatisants ? 92

9. Le viol et les autres agressions sexuelles 102

10. Le ministère auprès des personnes vivant avec le VIH 115

11. Les violences familiales 126

12. Le suicide 136

13. Les dépendances 148

14. Comment demeurer efficace en aidant les autres ? 163

15. Vivre en tant que chrétiens au milieu d'un conflit 173

16. Se préparer à affronter des difficultés à venir 185

SE PRÉPARER À ANIMER SON GROUPE D'ACCOMPAGNEMENT 197

Se préparer à animer son groupe d'accompagnement 198

Aperçu du programme « Guérir les traumatismes » 199

Devenir un animateur (facilitateur) de guérison des traumatismes 202

Animer des groupes 204

Entrainement à la pratique d'animation 209

Organiser un groupe d'accompagnement 212

Animer une mini-session de guérison des traumatismes 220

Plan d'action 221

ANNEXE 223

Les compétences et capacités de l'animateur (facilitateur) 224

Les dons, les missions et les activités de l'animateur 225

Le temps demandé pour chaque module pour un groupe d'accompagnement 226

Liste de vérification du groupe d'accompagnement 227

Exemple de certificat de participation à un groupe d'accompagnement 229

Compte-rendu pour un groupe d'accompagnement. 230

Autorisation de groupe pour la diffusion des photos et enregistrements 231

Autorisation individuelle pour la diffusion
    des témoignages, des photos ou des enregistrements. 232

Commentaires des participants 233

Compte-rendu pour mini sessions de Guérir les Traumatismes 234

Historique de l'initiative *Guérir les traumatismes : Ce que l'Église peut faire* 235

Remerciements. 236

Concernant les auteurs 237

MODULES FONDAMENTAUX

Avant de Commencer :

- Revoyez attentivement la section "Organiser un groupe d'accompagnement" à la fin du manuel. Vous y trouverez les instructions pour utiliser ce manuel pour gérer des groupes de tailles différentes, organiser l'espace, gérer le temps, ainsi que d'autres principes importants qui vous aideront dans l'animation de votre groupe.
- Choisissez une activité 'pour faire connaissance'.
- Préparer les badges nominatifs.

Pendant cette séance nous allons :

- Nous présenter, en partageant avec les autres nos noms et quelque chose sur nous-même ;
- Discuter sur nos attentes pour le groupe ;
- Décider comment nous voulons nous comporter les uns avec les autres.

Section 1 : Faisons connaissance	5 min
Section 2 : Concernant le groupe	15 min
Durée totale	**20 minutes**

1. Faisons connaissance

(5 min) En grand groupe. Chaque personne se présente et dit au groupe le nom par lequel il ou elle veut être appelé(e). Distribuez les badges avec les noms, si nécessaire.

Faites une activité simple mais amusante qui aide chacun des participants à connaître les autres (par exemple, partager son plat favori, quel animal on aime bien, ou un de ses meilleurs souvenirs). Certains peuvent se sentir gênés ou insécurisés de devoir partager des choses personnelles, soyez prudent dans ce que vous demandez.

S'il s'agit d'une session de formation, ou que c'est un grand groupe d'accompagnement, faites ceci en petits groupes (c.-à-d. par table).

2. Concernant le groupe

(5 min) En grand groupe. Donnez les informations ci-dessous avec vos propres mots. Si cette introduction n'est pas nécessaire dans votre contexte, sentez-vous libres de la sauter.

Certaines expériences de la vie sont très douloureuses. Elles peuvent provoquer une profonde souffrance qui dure longtemps. C'est ce que nous appelons un «traumatisme». Le traumatisme est une blessure profonde du cœur et de l'esprit qui prend beaucoup de temps pour guérir. Il affecte tous les aspects de notre vie : nos relations avec les autres, les sensations de notre corps, nos pensées et nos émotions, et notre capacité à faire confiance à Dieu. Nous pouvons nous sentir séparés de Dieu et des autres. Nous pouvons ne plus nous sentir la même personne qu'avant.

Mais Dieu est avec tous ceux qui souffrent. Dieu connait notre souffrance et veut nous aider à guérir. C'est pourquoi nous avons une espérance.

Dans ce groupe, nous allons commencer ce chemin de guérison ensemble. Nous allons traiter au moins six points :

- Si Dieu nous aime, pourquoi souffrons-nous ?
- Qu'est-ce qu'une blessure du cœur ?
- Comment guérir les blessures du cœur ?
- Que se passe-t-il quand on est en deuil ?
- Porter nos souffrances à Jésus.
- Comment pouvons-nous pardonner aux autres ?

En apprenant ce que la Bible dit sur ces sujets, cela nous aidera à ressentir la proximité et l'amour de Dieu pour nous. En apprenant à parler de notre souffrance, et en écoutant celle des autres, nous découvrirons que nous ne sommes pas seuls.

Dans ce groupe, nous allons parler de nos sentiments, de nos émotions, et des choses qui nous sont arrivées. Vous pourrez partager autant, ou aussi peu que vous le désirez. Vous aurez peut-être des sentiments difficiles - ce peut être la colère, la tristesse, l'anxiété, l'irritabilité, ou de la tension. Ceci est normal. Cela fait partie du processus de guérison.

C'est un programme participatif, ce n'est ni une conférence, ni un cours. C'est construit autour de discussions et d'activités. C'est vous qui parlerez le plus.

Dans chaque module, nous commencerons par lire une histoire et en parler. Si vous trouvez difficile d'écouter l'histoire, parce qu'elle vous rappelle quelque chose que vous avez vécu, sentez-vous libre de prendre une grande respiration, de marcher autour de la salle, ou de faire ce que vous voulez qui vous aidera à vous sentir mieux.

Certains échanges peuvent nécessiter plus de temps que ce que nous avons. Nous vous encourageons à poursuivre ces discussions après la session.

DISCUSSION

(10 min) En grand groupe. Discutez les questions suivantes. Puis notez les réponses à la Question 2 sur un tableau à feuilles mobiles ou sur une grande feuille, qui sera affichée dans la salle. (Si le groupe est important, traitez la Question 1 en petits groupes, puis faites les retours en grand groupe).

1. Quels sont vos espoirs et vos attentes pour ce groupe ?
2. Comment pouvons-nous faire que ce groupe soit un lieu sécure pour chacun ?

Si les participants ne mentionnent pas les engagements suivants, assurez-vous de les encourager à cela :

- Nous garderons nos partages confidentiels (Cf. page 81, Confidentialité)
- Nous nous respecterons mutuellement en laissant de côté nos téléphones et autres équipements électroniques durant les rencontres, sous aucun prétexte, sauf pour lire la Bible.
- Nous ne nous couperons pas la parole.
- Nous laisserons à chacun l'occasion de s'exprimer.
- Nous ne donnerons ni conseil, ni solution.
- Nous commencerons et finirons à l'heure.

Note : Il est recommandé de ne pas accepter de nouveaux participants au groupe d'accompagnement une fois que les sessions ont commencé. De même, les visiteurs ne doivent pas être autorisés, à moins que tous les membres du groupe donnent leur accord pour qu'ils se joignent au groupe. La confiance et la poursuite des modules sont des éléments importants pour vivre pleinement le processus de guérison. Il est donc important que les participants commencent avec le groupe et viennent à toutes les sessions. Si quelqu'un doit manquer une séance, il doit en avertir l'animateur à l'avance. Une autre personne pourra parcourir les documents de la séance manquée avec lui avant la séance suivante.

Avant de commencer :

- Section 1 : Choisissez la manière dont vous allez raconter l'histoire (voir page 214, « Histoires » dans « Préparation des modules »)
- Sections 2 et 3 : Si nécessaire, préparez les versets bibliques sur des papiers, ou téléchargez-les en format PDF.
- Section 3A : Si vous utiliser un tableau ou un tableau à feuilles mobiles, dessinez un tableau ayant pour titre « Dieu est » et comprenant deux colonnes. Le titre de la colonne de gauche est « La culture dit » et celui de la colonne de droite est « La Bible dit ».

DIEU EST	
La culture dit	La Bible dit

- Section 3B : Préparez le sketch « radio », soit avec votre co-animateur soit avec des volontaires du groupe.
- Section 4 : Choisissez d'utiliser soit une activité de nuage de mots soit l'activité « Expérimenter l'amour de Dieu ». Pour l'activité de nuage de mots prévoyez du papier et des feutres (en petits groupes).
- Pour ce module et les suivants, passez en revue les références bibliques en avance, y compris celles entre parenthèses. Peut-être que certains versets supplémentaires seront utiles pendant les discussions ou en réponse aux questions. Si votre groupe n'a pas l'habitude d'utiliser la Bible, prévoyez d'expliquer un peu d'arrière-plan des versets utilisés pendant les discussions.

Dans ce module nous allons :

- Expliquer comment, selon la Bible, le mal et la souffrance sont entrés dans le monde.
- Faire une liste des croyances culturelles, des enseignements sur Dieu et des expériences personnelles qui font qu'il est difficile de croire en l'amour de Dieu quand nous souffrons.
- Apprendre à réagir face aux doutes concernant l'amour de Dieu
- Commencer à expérimenter l'amour de Dieu au milieu de la souffrance.

Section 1 : Une histoire	15 min
Section 2 : Pourquoi y a-t-il le mal et la souffrance dans le monde ?	10 min
Section 3 : Quand nous souffrons, pourquoi est-ce difficile de croire en l'amour de Dieu ?	70 min
Section 4 : Comment pouvons-nous nous souvenir de l'amour de Dieu quand nous souffrons ?	15 à 25 min
Conclusion	1 min
Durée totale (approximative)	**2 heures**

1. Si Dieu nous aime, pourquoi souffrons-nous ?

A | *(1 min) Annoncez le titre du module et ses objectifs. Indiquez aux participants le module correspondant dans* Guérir les traumatismes.

SECTION 1.

(15 MIN)

L'histoire du pasteur Marc

A | *(5 min) En grand groupe. Racontez l'histoire.*

Dans un certain pays il y avait un pasteur appelé Marc. Il avait trois ans quand son père est mort. Marc est alors allé vivre chez son oncle. Ce dernier était un homme cruel. Il le battait souvent et il ne lui donnait pas assez à manger.

Marc a grandi, et grâce à l'aide d'un autre membre de la famille, il a pu aller à l'école. Il est devenu chrétien et savait que Jésus était mort pour lui. Plus tard, il a eu l'occasion de fréquenter un Institut biblique et il est devenu pasteur d'une petite Église de village.

Deux ans plus tard, la guerre a éclaté dans la région. Marc a vu des choses terribles pendant trois ans : des soldats tuaient des gens innocents, violaient les femmes, brûlaient des villages entiers. Enfin, la paix est revenue, mais de temps en temps quelques problèmes ont continué à éclater.

Marc travaille comme pasteur, mais il n'est pas heureux. Il se demande constamment : « Où est Dieu ? Est-ce qu'il s'intéresse à nous ? Nous avons tant prié ! Pourquoi n'a-t-il pas répondu ? Pourquoi nous a-t-il abandonnés ? N'est-il pas aussi puissant que ce que l'on m'a enseigné ? » Il a du mal à penser que Dieu est son père car Marc ne peut pas s'imaginer un père aimant. Dans son expérience, il a seulement connu un père absent et un père adoptif cruel.

Un jour, il parlait avec un vieillard qui lui a rappelé une histoire apprise dans son enfance. « Mon fils, tu te souviens de l'histoire qui racontait comment Dieu vivait parmi le peuple de notre village jusqu'au jour où une femme l'a mis en colère ; et pour cette raison, il est parti loin de nous. » Marc savait que ce n'est pas ce qu'enseigne la Bible, mais il se demandait si cela pouvait être vrai. Peut-être que Dieu était en colère et lointain.

Il arrive à Marc de penser : « Ces choses terribles sont arrivées à cause des péchés de notre peuple. Je dois prêcher davantage sur le jugement de Dieu. » À la fin de ses prédications, il voit que les gens sont tristes et il sait qu'il ne les aide pas. Mais quand il parle de la bonté de Dieu dans ses sermons, il a le sentiment d'être hypocrite, parce qu'en réalité il a le sentiment que Dieu ne se soucie pas d'eux.

DISCUSSION

A | *(5 min) En petits groupes ou groupes de deux. Discutez les trois questions ci-dessous. Demandez à chaque groupe de choisir quelqu'un qui prendra des notes et qui parlera au nom du groupe. (Si possible, demandez à chaque groupe de choisir une personne différente à chaque discussion.)*

1. Que pense Marc de Dieu dans son cœur ?
2. Selon vous, pourquoi Marc a-t-il de tels sentiments envers Dieu ?
3. Avez-vous déjà pensé comme Marc ?

A *(5 min) En grand groupe. Recueillez les réponses de chaque petit groupe. Si les participants utilisent le manuel, demandez-leur de les garder fermés pour le reste du module.*

SECTION 2.   (10 MIN)

Pourquoi y a-t-il le mal et la souffrance dans le monde ?

A *(1 min) En grand groupe. Lisez ce qui suit.*

Comme le pasteur dans cette histoire, quand nous souffrons nous nous posons souvent beaucoup de questions sur le mal et la souffrance dans le monde. Ce sont des questions que les êtres humains se posent depuis la nuit des temps. Les premiers mots de la Bible sont : « Au commencement, Dieu créa le ciel et la terre. » (Genèse 1.1) puis vient la liste de tout ce que Dieu a créé. Une fois qu'il a terminé, Dieu a regardé tout ce qu'il avait fait et dit que c'était très bon (Genèse 1.31). Si tout était « très bon » qu'est-ce qui a provoqué ce changement ? Discutons brièvement de ce que la Bible dit.

DISCUSSION

A *(7 min) En grand groupe. Discutez ce qui suit, puis complétez ce qui n'a pas été dit à l'aide des points A à C ci-dessous. Si vous n'avez pas assez de temps faites juste un résumé de ce qui suit.*

La Bible nous donne un certain nombre d'enseignements sur la question du mal et de la souffrance dans le monde. Lisez les versets : 1 Pierre 5.8-9, Genèse 3.6-7, Genèse 3.17-18.

A. Satan
La Bible nous dit qu'il existe un mal surnaturel qui est à l'œuvre dans le monde, un ennemi de Dieu qui est à l'origine de tout le mal (1 Pierre 5.8-9, 1 Jean 3.8). C'est un menteur et un meurtrier qui cherche à tuer, voler et détruire (Jean 8.44).

B. La liberté de choisir
Dieu a créé l'humanité libre de choisir entre le bien et le mal. Quand Adam et Ève ont choisi de désobéir à Dieu, le mal et la mort sont entrés dans le monde (Genèse 3.6-7). En conséquence, toute l'humanité vit maintenant le péché et la mort (Romains 5.12). Nous pouvons souffrir soit des conséquences de décisions prises par d'autres soit de celles de nos propres décisions (Romains 3.1-18, 1 Pierre 2.20-22).

C. La création endommagée
La nature a subi les conséquences de la désobéissance d'Adam et Ève (Genèse 3.17-18). La création entière est frappée par la dégradation et la souffrance. Bien que la création soit toujours « très bonne », elle gémit pour être libérée de cet état (Genèse 1.31, Romains 8.19-22).

DISCUSSION

A | *(3 min) En grand groupe. Discutez la question ci-dessous. Réponses possibles : Dieu veut une vraie relation avec les êtres humains, il ne veut pas qu'ils soient des esclaves ; l'amour demande de laisser le choix à la personne aimée.*

Pourquoi Dieu nous a-t-il donné le choix sachant que cela risquerait de faire entrer le mal dans le monde ?

SECTION 3. (70 MIN)

Pourquoi est-ce difficile de croire en l'amour de Dieu quand nous souffrons ?

A | *(1 min) En grand groupe. Annoncez le titre de la section. Lisez le paragraphe ci-dessous.*

Nous avons parlé des raisons de la présence du mal et de la souffrance dans le monde et du fait que Dieu n'en n'est pas à l'origine. Cependant, même si nous savons cela, nous avons des difficultés à trouver un sens à ce que nous vivons. Notre douleur et notre confusion peuvent nous faire douter de l'amour de Dieu. Essayons de comprendre pourquoi.

A. Certaines croyances culturelles

DISCUSSION

A | *(5 min) En petits groupes ou groupes de deux. Discutez de la question 1 ci-dessous. La « culture» peut être le pays, la région, le groupe ethnique, l'Église, la famille etc. Si nécessaire, partagez le groupe en fonction des cultures.*

1. Dans vos cultures et traditions, comment les gens imaginent-ils Dieu, en particulier dans les moments de souffrance ?

A | *(8 min) En grand groupe. Recueillez les réponses. Écrivez-les dans la colonne de gauche du tableau « Dieu est ». Complétez ce qui n'a pas été déjà mentionné.*

Certaines croyances culturelles sont les mêmes que ce que la Bible nous enseigne et nous aident pendant les temps de souffrance. Cependant d'autres croyances sont différentes comme nous l'avons vu dans l'histoire. Quand nous souffrons, ces croyances culturelles peuvent nous revenir en mémoire et nous faire douter de l'amour de Dieu.

DISCUSSION

A | *(5 min) En petits groupes ou groupes de deux. Répartissez les versets entre les groupes pour en discuter.*

2. Qu'est-ce que les versets suivants nous enseignent-ils au sujet de Dieu dans les temps de souffrance ?

2 Pierre 3.9	Proverbes 6.16-19	Matthieu 9.35-36
Psaumes 34.18	Ésaïe 53.3-4	Romains 8.35-39.

A | (10 min) En grand groupe. Recueillez les réponses. Écrivez-les dans la colonne de droite de votre tableau « Dieu est ». Complétez ce qui n'a pas été déjà mentionné. Parcourez les deux listes : qu'est-ce qui est pareil et qu'est-ce qui est différent ? Dites : « Quand nous commençons à douter de l'amour de Dieu, lire les Saintes Écritures pour nous rappeler qui est Dieu, peut nous aider. »

Dieu est tout-puissant, mais il est aussi patient. Quand nous prions pour que Dieu arrête quelque chose qui est mauvais, mais que ça continue, nous ne devons pas penser que Dieu est faible ou qu'il n'est pas intéressé. Il est maître de la situation et il entend notre prière. Il tarde à agir parce qu'il laisse à chacun le temps de se repentir (2 Pierre 3.9). Au moment opportun, il jugera le péché avec puissance (Psaume 73.27).

Dieu hait le mal et l'injustice. Tout ce qui se passe dans le monde n'est pas forcément conforme à la volonté parfaite de Dieu (Proverbes 6.16-19, Genèse 6.5-6, Romains 1.18).

Jésus nous cherche quand nous souffrons et il a de la compassion pour nous. Jésus allait à la recherche de ceux qui souffraient (Matthieu 9.35-36). Il leur a annoncé la Bonne Nouvelle et les a guéris de toutes leurs maladies. Il était rempli de compassion pour eux.

Dieu nous console. Dieu est proche de ceux qui ont le cœur brisé et nous réconforte lorsque nous souffrons (Psaume 34.18, 2 Corinthiens 1.3-5). Il nous tient dans ses bras (Esaïe 40.11). Il nous réconforte par sa Parole (Psaume 119.50 et 92).

Jésus a souffert et il ressent notre souffrance. Jésus comprend notre souffrance parce qu'il a souffert sur la croix (Ésaïe 53.3-4, Matthieu 27.46, Hébreux 12.2-3). Il souffre avec ceux qui souffrent (Matthieu 25.35-36).

Dieu continue à nous aimer. Parfois, quand les malheurs arrivent, nous pensons que Dieu ne nous aime plus. Ce n'est pas vrai. Rien ne peut nous séparer de son amour (Romains 8.35-39). Dieu promet d'être toujours avec nous, même quand nous souffrons (Psaume 23.4-5, Hébreux 13.5b-6, Ésaïe 43.1-2).

B. Certains enseignements

A | (4 min) En grand groupe. Annoncez la phrase suivante puis faites le sketch.

En plus des croyances culturelles, certains enseignements peuvent nous empêcher de croire en la bonté de Dieu lorsque nous souffrons.

SKETCH « RADIO »

Narration : Suzanne vient juste de subir un traumatisme. Son fils qui avait juste cinq ans est mort dans un accident. Elle est bouleversée et décide d'écouter une radio chrétienne pour recevoir un encouragement. Sur la première station qu'elle trouve, un pasteur dit :

Radio : « Y a-t-il un péché dans ta vie ? Dieu le sait – et il punit le péché ! Repens-toi avant que Dieu ne déverse sur toi sa colère. »

Suzanne : « Oh, je dois avoir péché. Voilà pourquoi cet accident est arrivé. Dieu est en colère contre moi ! Mais qu'est-ce que j'ai fait ? Je ne sais pas ce que je dois confesser ! »

Narration : Elle décide d'aller sur une autre station, et là un pasteur dit :

Radio : « Jésus a dit : "Jeûnez et priez !" As-tu beaucoup prié aujourd'hui ? As-tu beaucoup jeûné cette semaine ? Combien d'argent as-tu donné à l'Église ? Redoublez d'efforts et vous plairez à Dieu ! Il répondra à vos prières. »

Suzanne : « Oh, je n'ai pas fait assez pour plaire à Dieu. J'aurais dû prier deux heures chaque matin, au lieu d'une heure seulement. J'aurais dû jeûner deux jours par semaine au lieu d'un seul. Et j'aurais dû trouver le moyen de donner plus d'argent à l'Église. Alors Dieu m'aurait bénie et mon fils ne serait pas mort. »

Narration : Elle change encore de programme et elle entend ceci :

Radio : « Alléluia ! Si votre foi est aussi petite qu'une graine de moutarde, vous pouvez dire à cette montagne "Va te jeter dans la mer, et elle le ferait." Mes amis, avez-vous la foi ? Déplacez cette montagne dans votre vie ! »

Suzanne : « Oh, si j'avais une plus grande foi ! Mon fils ne serait pas mort, tout est de ma faute ! »

A | *(3 min) En grand groupe. Discutez des questions qui suivent à propos du sketch.*

1. Quels enseignements avez-vous entendus dans le sketch ? Quels sentiments ces enseignements ont-ils provoqués en Suzanne ?

2. Avez-vous entendu d'autres enseignements qui rendent plus difficile le fait de croire en la bonté de Dieu lorsque nous souffrons ?

DISCUSSION

A | *(5 min) Discutez les trois enseignements en petits groupes, en groupes de deux ou en grand groupe selon le temps que vous avez.*

(3 min) En grand groupe. Recueillez les réponses. Complétez ce qui n'a pas été déjà mentionné.

Qu'est-ce que la Bible dit au sujet des enseignements suivants ?

1. « Dieu est en colère et rapide pour punir. » Comparez avec ce qui est dit dans Lamentations 3.22-23, 1 Jean 4.9-10

Certaines prédications nous présentent un Dieu dans le ciel qui est en colère et qui veut nous punir. La Bible nous dit que Dieu se met en colère contre le péché et le punit mais elle nous parle aussi du grand amour qu'il a pour nous (Jérémie 31.3).

2. « La souffrance signifie que nous n'avons pas fait suffisamment de bonnes actions pour plaire à Dieu. » Comparez avec ce qui est dans Romains 5.8, Tite 3.4-6.

On peut nous dire que nous souffrons parce que nous n'avons pas été assez bons pour plaire à Dieu. Mais l'amour de Dieu n'est pas fondé sur notre comportement. Il nous a aimés avant même que nous ne nous tournions vers lui (1 Jean 4.19). Il continue de nous aimer par grâce et non pas à cause de ce que nous faisons (Romains 3.23-24, Éphésiens 2.8-9).

3. « Dieu promet la prospérité à toute personne qui croit. » Comparez avec ce qui est dit dans Philippiens 1.29 et 2 Corinthiens 1.8-10.

Si on nous enseigne que celui qui obéit à Dieu sera toujours riche et en bonne santé, nous pouvons éprouver un sentiment de culpabilité quand nous nous retrouvons dans la souffrance. Nous pouvons penser que notre souffrance est due à notre manque d'obéissance et de foi. L'apôtre Paul est un bon exemple de quelqu'un qui a beaucoup souffert bien qu'il ait fidèlement obéi à Dieu.

C. Certaines expériences vécues

(1 min) En grand groupe. Lire le paragraphe qui suit.

Certaines expériences que nous avons vécues peuvent également nous empêcher de croire que Dieu nous aime lorsque nous souffrons. Par exemple, si nous avons vécu de mauvaises expériences avec l'Église ou avec nos parents terrestres.

1. Si nous avons vécu de mauvaises expériences avec l'Église

(2 min) En grand groupe. Lisez la phrase ci-dessous puis animez brièvement la discussion sur Matthieu 5.13-16.

Jésus a commandé à ses disciples de refléter le caractère de Dieu, de s'opposer à l'injustice et d'aider ceux qui sont dans le besoin. (Matthieu 25.31-46, Jean 13.34-35, Jacques 1.27).

DISCUSSION

Lisez Matthieu 5.13-16 qui décrit comment devrait être le peuple de Dieu.

Quand l'Église ne joue pas son rôle, le mal augmente et les gens peuvent penser que puisque ceux qui disent suivre Dieu ne se sentent pas concernés par l'injustice, Dieu non plus ne se sent pas concerné. (Matthieu 5.13-16).

2. Si nous avons eu de mauvaises expériences avec nos parents terrestres

(2 min) En grand groupe. Lisez le paragraphe ci-dessous. Le terme « parents » est pris au sens large de personnes qui ont pris soin de nous. Lisez à haute voix un des passages bibliques ou les deux.

Les enfants ont besoin de se sentir en sécurité et protégés du mal. Si nous avons connu des difficultés étant enfants, il peut être difficile de faire confiance aux autres et à Dieu lorsque nous sommes adultes. Par exemple, si nous avons grandi sans père ou sans mère, ou si notre tuteur était souvent en colère contre nous, alors nous pouvons penser que Dieu nous a abandonnés, ou qu'il est sans cesse en colère contre nous, même si la Bible enseigne que Dieu est un père plein d'amour (Jean 16.27, Romains 8.14-17).

DISCUSSION EN GROUPES DE DEUX

(8 min) En groupes de deux. Discutez les questions ci-dessous, chaque participant parle à tour de rôle, quatre minutes chacun. Au bout de quatre minutes rappelez aux participants de changer de personne qui parle. Il n'est pas nécessaire de recueillir les réponses.

Pensez à votre père. Quand vous étiez enfant, ressentiez-vous son amour ? Faites la même chose pour votre mère et pour les autres adultes qui ont pris soin de vous. Comment ce que vous avez vécu avec vos parents terrestres influence-t-il vos pensées sur votre Père Céleste ?

DISCUSSION EN GROUPES DE DEUX OU PETITS GROUPES

A | *(5 min) En groupes de deux ou petits groupes. Il n'est pas nécessaire de recueillir les réponses.*

Dans l'histoire, nous avons entendu certains de ces obstacles à l'amour de Dieu — certaines croyances culturelles, certains enseignements et certaines expériences vécues. Est-ce que l'un ou l'autre de ces éléments vous a empêchés de croire que Dieu vous aime ?

Figure 1 : Un père aimant

SECTION 4.

(15–25 MIN)

Comment pouvons-nous nous souvenir de l'amour de Dieu quand nous souffrons ?

DISCUSSION

A | *(10 min) En grand groupe. Complétez ce qui n'a pas été déjà mentionné grâce aux points A et B ci-dessous.*

Nous ne pouvons pas expliquer pourquoi Dieu permet que nous souffrions. Même si nous le pouvions, cela n'enlèverait pas notre douleur. Que pouvons-nous faire pour nous aider nous-mêmes à nous souvenir de l'amour de Dieu quand nous souffrons ?

A. Se rappeler des situations douloureuses durant lesquelles nous avons vécu l'aide et la présence de Dieu.

Quand nous souffrons, nous pouvons nous rappeler la façon dont Dieu nous a aidés dans le passé. Nous pouvons aussi réfléchir aux passages bibliques qui montrent comment Dieu a délivré son peuple de la souffrance (Psaumes 107.6, 13, 19, 28). Cela peut nous consoler (Psaumes 77.2-3, 11-12).

B. Faire des choses qui font grandir notre foi.

Quand nous suivons Jésus et que nous étudions la Bible, nous découvrons la vérité sur Dieu et cela nous aide à nous libérer des mensonges de Satan (Jean 8.31-32 ; 2 Timothée 3.14-17). Les chrétiens ont besoin de se rencontrer pour partager des temps de communion, de prière et d'enseignement (Actes 2.42, Hébreux 10.24-25). Si nous ne vivons pas ces moments ensemble, il nous sera beaucoup plus difficile de croire en la bonté de Dieu quand nous souffrons.

C. Méditer sur le caractère de Dieu.

A | *Choisissez l'activité qui convient le mieux à votre contexte et au temps que vous avez.*

ACTIVITÉ DE NUAGE DE MOTS

A | *(15 min) Présentez l'activité puis donnez 10 minutes aux participants pour l'activité et 5 minutes pour partager en groupes de deux.*

Quand vous souffrez, de quoi voulez-vous vous souvenir concernant Dieu ?

- Prenez une feuille de papier et écrivez « Dieu » au milieu de la page. Autour du mot « Dieu » écrivez des mots ou faites des dessins qui résument les caractéristiques de Dieu dont vous vous souvenez quand vous souffrez.
- Par groupes de deux, partagez ce que vous voulez de votre nuage de mots, ou bien vous pouvez partager comment vous avez vécu cette activité.

ACTIVITÉ : EXPÉRIMENTER L'AMOUR DE DIEU

A | *(5 min) En grand groupe. Dites : « J'aimerais vous faire faire une activité qui peut vous aider à expérimenter l'amour de Dieu. » Lisez les instructions et quelques-uns des versets, lentement, en vous appliquant et en faisant une pause entre chaque verset. Laissez un silence à la fin, pour laisser les participants réfléchir.*

C'est peut-être difficile pour vous de recevoir l'amour de Dieu parce que vous le voyez à travers le filtre de vos parents terrestres. Mais l'amour pur et véritable de Dieu ne va pas vous faire de mal. En réfléchissant à ces versets vous pouvez mieux réaliser combien Dieu vous aime.

Lamentations 3.21-23	1 Jean 3.1	Psaumes 103.13
1 Jean 4.9-10	1 Pierre 5.7	

CONCLUSION   (1 MIN)

A | *(1 min) Donnez aux participants le temps de réfléchir à la question ci-dessous. Terminez par la prière en y incluant un des versets ci-dessus. Encouragez les participants à lire le contenu du module et à rechercher les passages des Écritures après la session.*

Notez une chose importante que vous avez apprise dans ce module.

2. Qu'est-ce qu'une blessure du cœur ?

Avant de commencer :

- Pour la Section 1 : choisissez la manière dont vous allez raconter l'histoire (voir page 214, « Histoires » dans « Préparation des modules »)
- Pour la Section 2A : préparez le tableau « blessure physique/blessure du cœur », en laissant la colonne « blessure du cœur » vide. Vous pouvez écrire uniquement les mots en gras, pas de phrases complètes.
- Pour la Section 3 : si nécessaire, préparez des feuilles de papier ou des fiches avec des versets bibliques ou utilisez les versets bibliques téléchargés.
- Pour la Section 3 : préparez le matériel pour l'activité des « bouteilles sous l'eau ».

Dans ce module nous allons :

- Expliquer que le traumatisme est une « blessure du cœur » et identifier la façon dont il change le comportement des personnes.
- Montrer que Dieu accepte nos émotions sincères.
- Apprendre à gérer les émotions fortes grâce à un exercice de respiration.

Section 1 : Une histoire	15 min
Section 2 : Qu'est-ce qu'une blessure du cœur ?	40 min
Section 3 : Que nous enseigne la Bible sur l'expression de nos sentiments ?	30 min
Conclusion	5 min
Durée totale (approximative)	**1 heure 30 minutes**

2. Qu'est-ce qu'une blessure du cœur ?

A (1 min) Annoncez le titre et les objectifs du module. Indiquez aux participants où est le module dans le manuel Guérir les traumatismes.

SECTION 1. (15 MIN)

L'histoire de Jean

A (5 min) En grand groupe. Racontez l'histoire.

Jean et sa femme Marie habitaient dans un petit village. Deux enfants habitaient avec eux, et leur fils aîné, Samuel, travaillait dans la ville voisine comme instituteur. Une nuit, des soldats ont envahi le village et ont brûlé des maisons. Jean, Marie et leurs enfants sont sortis de leur maison en courant juste au moment où le toit s'enflammait. Deux soldats ont saisi Jean, mais Marie et ses enfants ont réussi à s'échapper. Tout en courant, Marie s'est retournée et a crié en voyant un des soldats couper le bras de Jean avec une machette.

Peu de temps après, ils ont entendu des camions arriver, les soldats y sont rapidement montés et ont quitté le village en hâte. Marie est vite retournée auprès de Jean et a réussi à arrêter le saignement du moignon de son bras. Ils sont allés au centre de santé où on a pu soigner la blessure et faire des points de suture. Au bout d'un certain temps, la blessure de Jean a guéri.

Jean a appris à travailler aux champs avec un seul bras. Mais malgré tous ses efforts, il était en colère contre tout le monde. Il s'est mis à battre sa femme et ses enfants et il cherchait querelle à tous ses voisins. Ses amis ne mentionnaient jamais son bras manquant. Ils faisaient comme si rien ne s'était passé. Mais pour Jean, sa vie entière avait changé et il ne pouvait pas agir comme si rien ne s'était passé. Jean croyait que les hommes ne devaient jamais parler de leurs problèmes et il camouflait ce qu'il ressentait.

Marie n'était en colère contre personne, mais elle éprouvait une grande tristesse. Elle n'avait pas envie de manger et, souvent, elle désirait mourir. Parfois, quand elle était seule à la maison, elle éprouvait une grande frayeur sans savoir pourquoi. Comme Jean, elle avait du mal à dormir la nuit et tous deux faisaient souvent des cauchemars. Un jour, elle a confié sa détresse et sa peur à une amie membre de l'Église, mais celle-ci lui a dit : « Ah, Marie, les chrétiens ne doivent pas avoir de tels sentiments. » Marie s'est sentie honteuse et elle n'a plus essayé de parler de ses émotions à personne.

Quand leur fils Samuel a appris la nouvelle de l'attaque, il a été horrifié. Jusque-là, il avait été un très bon instituteur, mais alors il a commencé à se désintéresser de son travail. Il passait ses soirées dans les bars avec ses copains et il arrivait souvent en retard à l'école le matin. Il avait souvent mal à la tête et au ventre, mais au centre de santé, on ne trouvait aucune cause à ses troubles.

Jean, Marie et Samuel étaient tous chrétiens et allaient régulièrement à l'Église. Chaque dimanche, le pasteur leur disait ce que Dieu attendait d'eux : « N'oubliez pas de donner vos offrandes, et venez travailler dans les champs du pasteur pour servir l'Église. » Il avait remarqué que plusieurs membres de son Église se comportaient mal depuis l'attaque. Et il pensait que la solution était d'enseigner plus encore que Dieu s'était retourné contre eux parce qu'ils n'avaient pas obéi à ses lois.

DISCUSSION

> A *(5 min) En petits groupes. Répartissez les parties de la question 1 entre les différents groupes. Demandez à chaque groupe de choisir une personne qui prendra des notes et parlera au nom du groupe. (Si possible, demandez au groupe de choisir une personne différente pour chaque discussion en petits groupes).*

1. A part la perte de son bras, quelles autres pertes Jean a-t-il subies ? Qu'est-ce que Marie a perdu ? Et le fils aîné ?
2. Pensez à des personnes que vous connaissez. Quelles choses ont-elles perdues ?

> *(5 min) En grand groupe. Recueillez les réponses. Si vous utilisez un tableau ou un tableau à feuilles mobiles, inscrivez les réponses à la question 1 sur trois colonnes. Réponses possibles : sécurité, beauté, capacité économique, foi, santé, sommeil, vie familiale heureuse, amis, travail, etc. L'objectif est que les participants voient combien de choses ont été bouleversées par ce seul événement.*

Si les participants utilisent les manuels, demandez-leur de les garder fermés pour le reste du module.

SECTION 2.

(40 MIN)

Qu'est-ce qu'une blessure du cœur ?

> *(7 min) Annoncez le titre de la section. Lisez ce qui suit y compris la question à discuter. Dessinez le cercle sur un tableau ou un tableau à feuilles mobiles et expliquez-le.*

Certains événements que nous vivons peuvent être très douloureux. Ils peuvent être la cause d'une souffrance profonde et durable. C'est ce qu'on appelle un « traumatisme ». Un traumatisme est une blessure profonde du cœur et de l'esprit qui prend longtemps à guérir. Cela provoque des dommages dans tous les secteurs de notre vie : nos relations avec les autres, les sensations de notre corps, nos pensées, nos sentiments et notre niveau de foi en Dieu. Nous pouvons nous sentir séparés de Dieu et des autres. Nous pouvons avoir le sentiment que nous ne sommes plus la même personne qu'avant.

Un traumatisme peut être provoqué par un événement unique, un événement prolongé ou des événements répétés. Il nous submerge de peur intense, de sentiment d'impuissance ou d'horreur et nous ne pouvons rien faire pour l'arrêter.

DISCUSSION

Quels sont les types d'événements qui peuvent provoquer un traumatisme ?

> *(Réponses possibles : menace de mort, blessure sérieuse, agression sexuelle, accidents, abus, trahison).*

Nos cœurs peuvent aussi être blessés, ou traumatisés, quand nous entendons l'expérience douloureuse d'une autre personne, surtout s'il s'agit d'un proche parent ou ami. On appelle cela le traumatisme indirect ou secondaire.

Le schéma montre que le traumatisme implique toujours une perte. Mais nous pouvons vivre une perte et un deuil sans traumatisme (par exemple, le décès d'un parent âgé mort paisiblement). Toutes les douleurs émotionnelles ne sont pas des traumatismes et tous les problèmes de comportement ne résultent pas forcément d'un traumatisme.

Figure 2.1 La Perte et les Blessures du Cœur

A. Une blessure du cœur ressemble à une blessure physique.

DISCUSSION

A | *(3 min) Grand groupe*

Imaginez une blessure profonde sur votre bras. Comment la plaie guérit-elle ? Qu'est-ce qui aide le processus de guérison ?

A | *(10 min) En grand groupe. Dites : « Comparons maintenant une blessure physique et une blessure du cœur. » Écrivez chaque élément dans la colonne « Blessure physique » tout en posant la question « Est-ce pareil ou est-ce différent pour une blessure du cœur ? »*

Si c'est pareil, écrivez « pareil » dans la colonne « Blessure du cœur ». Si c'est différent, écrivez en quoi une blessure du cœur est différente d'une blessure physique.

BLESSURE PHYSIQUE	BLESSURE DU CŒUR
Elle est **visible**.	Elle est invisible, mais apparente dans le comportement de la personne.
Elle est **douloureuse** et doit être **traitée avec soin**.	Pareil.
Ignorée, elle risque **d'empirer**.	Pareil.
Elle **doit être nettoyée** pour enlever tout corps étranger ou toute saleté.	La souffrance doit être exprimée. S'il y a un péché, il doit être confessé.

BLESSURE PHYSIQUE	BLESSURE DU CŒUR
Si la blessure **guérit en surface** mais qu'il reste une infection à l'intérieur de la plaie, la personne deviendra **très malade**.	Si une personne prétend que les blessures de son cœur sont guéries, alors que ce n'est pas le cas, souvent elle aura des problèmes plus graves.
Seul **Dieu peut donner la guérison**, mais il **emploie souvent des hommes et des médicaments**.	Pareil.
Si elle n'est pas soignée, elle attire les **mouches**.	Si elle n'est pas traitée, elle attire d'autres problèmes.
La **guérison prend du temps**.	Pareil
Une blessure guérie **laisse une cicatrice**.	Pareil. Les gens peuvent être guéris, mais l'expérience les a changés.

B. Comment se comportent les gens qui ont des blessures du cœur ?

(15 min) En grand groupe. Demandez : « Quel personnage de l'histoire avait une blessure du cœur ? Comment se comportait cette personne ? » Recueillez les réponses. Puis lisez les trois comportements ci-dessous. Demandez aux participants de donner des exemples de chacun de ces comportements puis complétez ce qui n'a pas été déjà mentionné. Si des personnes disent que leur comportement est dû à des démons ou des ancêtres, dites-leur que ce n'est pas obligatoirement le cas. Voir la note de bas de page pour une activité facultative.[1]

Quand notre cœur est blessé, cela influence notre vie. Nous pouvons nous comporter de trois manières différentes : soit nous revivons l'événement, soit nous évitons tout ce qui peut nous rappeler le traumatisme, soit nous sommes en alerte permanente.

Revivre l'événement

- Penser tout le temps à l'événement
- Avoir l'impression d'être de retour dans l'événement, quand ils sont éveillés (flash-backs) ou dans leurs rêves (cauchemars)
- Raconter ce qui s'est passé à tout le monde, encore et encore

Tout cela peut les empêcher de se concentrer (au travail ou à l'école)

Éviter tout ce qui peut rappeler le traumatisme

- Éviter tout ce qui peut raviver les souvenir de l'événement traumatique subi (les lieux, les personnes)
- Devenir indifférent : Par exemple, ne pas se soucier de ce qui arrive, ou être indifférent devant la violence ou la vue de cadavres

[1]**Activité facultative**

Formez un grand cercle. Demandez : « Si vous connaissez quelqu'un qui a revécu un traumatisme par des cauchemars ou des flash-backs, venez à l'intérieur du cercle. » Faire retourner dans le grand cercle. Puis demandez : « Si vous connaissez quelqu'un qui a essayé d'éviter le souvenir d'un traumatisme en évitant des lieux, des gens, ou au moyen de l'alcool, de drogues, d'un excès de travail ou de nourriture, etc., venez à l'intérieur du cercle. » Enfin, demandez : « Si vous connaissez quelqu'un qui a été en alerte permanente (sursautant, tendu, hyperactif, rythme cardiaque trop rapide, etc.), venez à l'intérieur du cercle. » Cet exercice aide le groupe à voir que ces comportements après une expérience sont normaux et fréquents.

- Être incapable de se souvenir de ce qui est arrivé ; d'autres ne se souviennent que d'une partie de ce qui s'est passé
- Essayer de fuir ses émotions, parfois en prenant de l'alcool ou de la drogue, manger trop, ou travailler trop, ou d'autres addictions, pour ne plus ressentir sa souffrance
- Refuser totalement de parler de ce qui s'est passé

Être en alerte permanente

- Être toujours inquiet, sursauter, être tout le temps effrayé
- À chaque instant s'attendre à ce qu'un autre malheur survienne
- Sur-réagir avec violence ou avec colère
- Avoir des difficultés à s'endormir, ou se réveiller la nuit ou très tôt le matin
- Trembler, ou bien le cœur bat trop vite ou irrégulièrement
- Avoir des maux de tête ou de ventre
- Avoir du mal à respirer ou avoir des vertiges, crises de panique ou s'évanouir

C. Pourquoi certaines blessures du cœur sont-elles plus graves ?

(5 min) Annoncez le titre de la section puis lisez ce qui suit en demandant au groupe de donner des exemples.

Certaines situations sont plus difficiles que d'autres, par exemple :
- Quelque chose qui provoque de la honte, le sentiment que nous sommes très méchant ou profondément mauvais
- Quelque chose qui nous oblige à agir d'une façon qui va à l'encontre de ce que nous pensons être juste, spécialement si d'autres personnes sont blessées à cause de nous. (Habituellement on appelle cela une « blessure morale »).
- Quelque chose de très personnel, comme par exemple la mort d'un membre de la famille, ou la trahison d'un ami proche
- Quelque chose qui dure depuis longtemps
- Quelque chose qui se répète souvent pendant une longue période
- Quelque chose qui provoque une mort imprévue
- Quelque chose qui a été fait dans l'intention de faire mal plutôt qu'accidentellement

La manière de réagir à un événement diffère selon les gens. Deux personnes peuvent passer par la même expérience, mais l'une peut avoir une réaction très violente tandis que l'autre n'est pas trop affectée. Une personne est susceptible de réagir plus fortement si elle :
- A une maladie mentale ou des problèmes émotionnels
- Est souvent triste, ou très sensible
- A eu de nombreuses expériences pénibles dans le passé, particulièrement pendant son enfance, comme par exemple, un abus ou la mort des deux parents
- A déjà eu beaucoup de problèmes avant cet événement
- N'est soutenu ni par sa famille, ni par ses amis, pendant et après cet événement

Qu'enseigne la Bible sur l'expression de nos émotions

A | *(3 min) Annoncez le titre de la section. Discutez la question brièvement puis lisez ce qui suit.*

DISCUSSION

Dans votre culture, qu'est-ce que les gens apprennent à faire de leurs émotions lorsqu'ils souffrent à l'intérieur d'eux-mêmes ?

Selon certains chrétiens éprouvés, il ne faut pas prendre en considération ni même parler de ses sentiments ou de ses émotions. Il ne faut pas non plus chercher de l'aide auprès d'autres personnes. Ils conseillent d'oublier le passé et de regarder vers l'avenir, ou ils disent qu'il faut juste prier et lire la Bible. Ils croient que si nous éprouvons des douleurs dans notre cœur, c'est que nous doutons des promesses de Dieu. Ce n'est pas vrai !

DISCUSSION

A | *(5 min) En petits groupes. Répartissez les versets entre les groupes.*

Pendant que vous lisez les versets ci-dessous, réfléchissez aux questions suivantes :

1. Que-se passe-t-il ?
2. De quelle façon les personnes expriment-elles leurs sentiments et leurs émotions ?

Matthieu 26.37-38 (Jésus)	Jean 11.33-35 (Jésus)
Matthieu 26.75 (Pierre)	Jonas 4.1-3 (Jonas)
1 Samuel 1.10 et de 13-16 (Anne)	Psaumes 55.4-6 (David)

A | *(15 min) En grand groupe. Pour recueillir la contribution de chaque petit groupe demandez-leur de lire ou de résumer leur passage et leur discussion. Puis demandez : « Pouvons-nous dire sans peur de nous tromper que Dieu accueille l'expression honnête de nos sentiments et nos émotions ? ». Complétez ce qui n'a pas été déjà mentionné.*

Jésus a vécu des émotions fortes et les a partagées avec ses disciples. Paul nous enseigne de partager nos problèmes les uns avec les autres de façon à prendre soin les uns des autres (Galates 6.2, Philippiens 2.4). L'Ancien Testament contient de nombreux exemples où des personnes répandent leur cœur devant Dieu : par exemple, Anne, David, Salomon, Jérémie. Le psalmiste a dit à Dieu : « mon cœur est blessé au fond de moi » (Psaumes 109.22b, PDV). Dieu veut que nous soyons honnêtes et que la vérité sorte de nos cœurs (Psaumes 15.1-2).

A | *(7 min) Faites l'activité des « bouteilles sous l'eau », voir la note de bas de page.*[2]

CONCLUSION (5 MIN)

A | *(5 min) Faites faire aux participants l'exercice de respiration puis donnez-leur le temps de réfléchir à la question 2. Encouragez les participants à lire le contenu du module et à rechercher les passages des Écritures après la session. Remarque : certaines personnes peuvent être prises de panique au cours de l'exercice de respiration. Dites bien aux participants que cet exercice n'est pas obligatoire.*

1. L'exercice de respiration

Respirer profondément peut nous aider à nous détendre quand nous ressentons de fortes émotions. Si à un moment vous ne vous sentez pas bien vous pouvez vous arrêter. C'est vous qui décidez.

- Asseyez-vous confortablement.
- Fermez les yeux si vous le souhaitez ou bien choisissez un point sur un mur et concentrez-vous dessus. Pensez uniquement à votre propre respiration.
- Inspirez et expirez lentement, emplissez vos poumons, videz l'air lentement. Pensez en vous-même : « [Votre nom], détends-toi, pendant que l'oxygène entre et sort. »
- Pensez que vous êtes dans un endroit calme, peut-être sur une plage, sur une colline, sous un arbre… Vous pouvez être seul, ou avec quelqu'un qui se soucie de vous. Vous pouvez penser à Jésus qui vous dit combien il vous aime.
- Continuez à penser à votre respiration, inspirez et expirez, inspirez et expirez…
- Au bout de quelques minutes, ouvrez les yeux ou détournez votre regard du point sur le mur. Étirez-vous, et prenez encore une grande respiration.

2. Notez une chose importante que vous avez apprise dans ce module.

A | *Si nécessaire, entre ce module et le suivant, vous pouvez insérer le module sur les blessures morales.*

[2]**Activité : Les bouteilles sous l'eau**

Cherchez un endroit à l'extérieur. Prenez une cuvette remplie d'eau et cinq ou six bouteilles d'eau vides. Chaque bouteille représente une souffrance. Faites rassembler tout le monde et nommez les différentes souffrances tout en mettant chaque bouteille dans l'eau. Essayez de maintenir toutes les bouteilles à la fois sous l'eau. Cela demande beaucoup d'énergie. De la même manière, garder notre souffrance à l'intérieur de nous-mêmes, consomme notre énergie. Nous devenons incapables de garder notre attention sur d'autres choses, comme les prédications, l'école, le travail, etc.

Au bout d'un moment, des bouteilles vont remonter à la surface, parce qu'on ne pourra pas toutes les maintenir sous l'eau. Quand des bouteilles remontent à la surface demandez : « Qu'est-ce que cela nous apprend sur le fait de vouloir garder nos émotions en nous ? »

Variante, si ce n'est pas possible d'utiliser des bouteilles et de l'eau : demandez à un volontaire de citer un événement qui provoque des émotions (comme la colère) et donnez-lui un objet à tenir à la main (un stylo par exemple). Puis demandez-lui de continuer à citer des événements qui provoquent toutes sortes d'émotions, en donnant à chaque fois un autre objet à tenir. C'est mieux si les objets ont différentes tailles et formes. Au bout d'un moment, la personne ne pourra plus tenir tous les objets. Demandez : « Qu'est-ce que cela nous apprend sur le fait d'essayer de retenir toutes nos émotions ? »

3. Qu'est-ce qui peut aider nos blessures du cœur à guérir ?

Avant de commencer :

- Pour la section 1 : choisissez la manière dont vous allez raconter l'histoire (voir page 214, « Histoires » dans « Préparation des modules »).
- Pour la section 2B : choisissez 1 ou 2 volontaires pour préparer le sketch d'écoute.
- Pour la section 2C : cherchez les services présents dans la région pour les personnes dont les blessures du cœur nécessitent une aide supplémentaire.
- Pour la section 3 : préparez les fournitures pour l'activité artistique.

Dans ce module nous allons :

- Prendre soin des blessures du cœur en parlant et en écoutant.
- Prendre soin des blessures du cœur en faisant une activité d'expression artistique.

Section 1 : Une histoire	15 min
Section 2 : En quoi le fait de parler de notre souffrance nous aide-t-il à guérir ?	60 min
Section 3 : De quelle autre manière pouvons-nous exprimer notre souffrance ?	43 min
Conclusion	2 min
Durée totale (approximative)	**2 heures**

3. Qu'est-ce qui peut aider nos blessures du cœur à guérir ?

A | *(1 min) Annoncez le titre du module et ses objectifs. Indiquez aux participants le module correspondant dans* Guérir les traumatismes.

SECTION 1. (15 MIN)

Rose et la femme du pasteur

A | *(5 min) En grand groupe. Racontez l'histoire.*

Simon et Rose habitaient dans un village dans une vallée entourée de collines. Une année, il a plu beaucoup plus que d'habitude. Au début, tous les habitants de la région étaient très contents, car ils pensaient qu'ils auraient une bonne récolte. Mais la pluie continuait et au bout d'un certain temps les champs ont été inondés et les récoltes perdues.

Un matin, Simon, Rose et leurs quatre enfants se sont levés comme d'habitude, et les trois aînés sont allés à l'école. Simon est parti travailler aux champs. Rose était à la maison avec leur plus jeune enfant. Soudain elle a entendu un énorme bruit. Elle s'est précipitée hors de la maison : un glissement de terrain engloutissait le village. Elle a juste eu le temps de prendre le bébé et de s'enfuir avant que sa maison ne disparaisse complètement sous la boue.

Simon, dans le champ, avait vu toute la scène et il s'est mis à courir vers le village avec d'autres hommes. Lorsqu'ils sont arrivés, ils ont trouvé l'école complètement recouverte par la boue. Des gens paniqués essayaient déjà de sortir les enfants ensevelis sous la boue. Ils ont pu sauver quelques enfants, mais la plupart étaient déjà morts.

Des ONG sont arrivées rapidement pour aider. Bientôt, tous les villageois ont reçu une aide pour trouver un abri, mais ils savaient que la moitié des habitants avaient été tués, y compris la plupart des enfants dans l'école locale. Simon et Rose avaient perdu leurs trois plus grands enfants. Ils étaient en état de choc, trop bouleversés pour parler. Le peu d'énergie qui leur restait servait à chercher de la nourriture et à survivre. Un mois plus tard, on a offert aux villageois de l'aide pour reconstruire leurs maisons dans un endroit plus sûr, plus éloigné des montagnes. Ni Simon ni Rose n'avaient encore parlé à personne de ce qu'ils ressentaient, mais à l'intérieur d'eux-mêmes, ils se sentaient de plus en plus mal.

Le pasteur Marc et son épouse Anne étaient en voyage le jour du glissement de terrain. Après leur retour ils ont essayé d'aider les survivants à surmonter cet effroyable événement. Un jour, Anne s'est assise à côté de Rose et elle l'a encouragée à parler de sa douleur. D'abord elle a doucement demandé à Rose : « Que s'est-il passé exactement ce jour-là ? » D'une voix hésitante, Rose a commencé à lui raconter. Après un temps Anne a demandé : « Et qu'est-ce que tu ressentais ? » Tandis que Rose se mettait à décrire ses sentiments de panique et de désespoir au moment du glissement de terrain, elle pleurait et pleurait, mais en même temps c'était comme si elle était allégée d'un énorme fardeau. Anne tenait Rose dans les bras et a demandé : « Qu'est-ce qui a été le plus difficile pour toi ? » Rose a répondu : « On n'a jamais pu retrouver les corps de nos enfants ! » Elle s'est mise à pleurer encore plus fort, comme si elle laissait sortir quelque chose qui était enfoui profondément. Après cela elle était épuisée, mais soulagée. Puis Anne a prié pour elle, et a dit doucement : « Je reviendrai la semaine prochaine, et nous pourrons parler encore. En attendant, je vais continuer à prier pour toi. »

DISCUSSION

A | (5 min) *En petits groupes. Posez d'abord la question 1 au grand groupe pour retrouver les trois questions d'écoute. Ensuite répartissez ces trois questions dans des petits groupes pour discuter de la manière dont chaque question a été une aide. Demandez à chaque groupe de choisir quelqu'un qui prendra des notes et qui parlera au nom du groupe. (Si possible, demandez à chaque groupe de choisir une personne différente à chaque discussion.)*

1. Quelles sont les trois questions que la femme du pasteur a posées à Rose ?
2. Comment chaque question a-t-elle aidé Rose ?

A | (5 min) *En grand groupe. Recueillez les réponses. Si les participants utilisent le manuel, demandez-leur de les fermer jusqu'à la fin du module.*

SECTION 2.

(60 MIN)

En quoi le fait de parler de notre souffrance nous aide-t-il à guérir ?

A | (1 min) *Annoncez le titre de la section puis lisez le paragraphe ci-dessous.*

Une des façons de libérer nos cœurs de la souffrance est d'en parler. Même si nous parlons à Dieu de nos expériences douloureuses, le fait d'en parler à une autre personne est une partie importante de la guérison. Au fur et à mesure que nous parlons de notre souffrance à quelqu'un, petit à petit nos réactions vont devenir de moins en moins intenses. Nous pouvons avoir besoin de raconter notre histoire de nombreuses fois. Mais si nous ne pouvons pas parler de notre souffrance ou s'il n'y a personne pour nous écouter ces réactions peuvent durer des mois ou même des années.

A. Qu'est-ce qui commence à se produire quand nous parlons de notre souffrance ?

A | (1 min) *Lisez ce qui suit.*

Quand nous parlons à quelqu'un qui sait bien écouter, cela nous aide à :
- Mieux comprendre ce qui nous est arrivé et nos réactions.
- Exprimer nos sentiments et nos émotions par rapport à ce qui s'est passé.
- Accepter ce qui s'est passé.
- Se sentir écouté(e) et savoir que l'on n'est pas seul(e).
- Croire que Dieu aussi désire nous écouter parler de notre souffrance (Psaumes 62.8).

B. Avoir une bonne capacité d'écoute, de quoi s'agit-il ?

A | *(1 min) Lisez ce qui suit.*

1. Nous pouvons nous aider les uns les autres en nous écoutant les uns les autres. Cela demande que nous ayons une bonne capacité d'écoute. Avoir une bonne capacité d'écoute, de quoi s'agit-il ?

A | *(10 min) Dites : « Nous allons d'abord regarder un sketch puis nous en discuterons. » Laissez les participants choisis jouer le sketch. Assurez-vous que les participants qui regardent le sketch gardent leurs manuels fermés pour qu'ils ne connaissent pas la fin en avance.*

SKETCH D'ÉCOUTE

Narrateur : Michel (ou Marie) a subi un grave accident de voiture la semaine précédente : il (elle) se retrouve avec un bras cassé et une commotion cérébrale mineure ; son épouse (époux) et son enfant ont failli perdre la vie ; le chauffeur de l'autre voiture est mort. Michel (Marie) a pu quitter l'hôpital et rentrer chez lui (elle) ; mais il (elle) s'inquiète pour sa famille. Bien que des gens l'aident pour les repas, les travaux ménagers et les trajets à l'hôpital pour les visites, il (elle) se sent de plus en plus mal. Son pasteur vient d'arriver à l'hôpital pour rendre visite à la famille. Il trouve Michel (Marie) allant et venant dans la salle d'attente.

(P = Pasteur ; M = Michel/Marie)

SKETCH 1

P : (Salutation rapide) Je suis venu voir ta famille.

M : Ils dorment en ce moment. Mais moi je ne vais pas très bien.

P : (Pressé) Considère le côté **positif** : tu as survécu ! Remercie Dieu !

M : Mais je suis **troublé(e)**. Est-ce que nous pouvons parler ?

P : (Distrait) J'ai une réunion de la commission immobilière. Parlons en marchant vers ma voiture.

M : D'accord (à contrecœur). Maintenant que mon épouse (époux) et ma fille sont hors de danger, je me **sens encore plus mal**. Je ne **dors pas, j'évite les voitures** et surtout de conduire.

P : Il n'y a **pas de raison d'avoir peur.** Oublie tout cela. **Prends la situation en main.** Dieu ne nous a pas donné un « esprit de crainte. »

M : Oh non ! Maintenant je me sens **coupable** d'avoir **peur.** Et je suis en colère. Je sais que je devrais être **reconnaissant,** mais…

P : Oui ! Tu dois être reconnaissant(e). Être reconnaissant te débarrassera des sentiments négatifs. **Cela me rappelle** quand notre Église a brûlé. J'ai décidé de me réjouir, et tout allait très bien !

M : J'ai essayé, mais je ne peux pas contrôler ma peur. (Le téléphone de P. sonne)

P : (Prend l'appel et dit) « Je suis en train de parler avec Michel (Marie). Il (elle) passe par des moments vraiment difficiles, mais j'arrive dès que je peux m'en aller. »

M : Je vois que tu es pressé. Mais qu'est-ce que je peux faire avec cette peur ?

P : Souviens-toi de **Romains 8.28.** Sois reconnaissant(e). Je vais demander à l'Église de prier pour toi.

M : Oh non, s'il te plaît, ne le dis pas à tout le monde !

P : Ne t'inquiète pas, nous sommes une **famille.** Tout reste dans la famille. Il n'y a pas de quoi être gêné ! Je dois vraiment y aller maintenant.

M : (Il (elle) est découragé(e))

A | *Demandez : « Qu'avez-vous observé dans ce sketch ? » Discutez-en.*

SKETCH 2

P : Salut ! Je suis venu te voir.

M : Merci ! Je ne vais pas très bien.

P : As-tu envie de parler ? Allons dans un endroit tranquille.

M : D'accord.

P : **Raconte-moi ce qui s'est passé.**

M : C'est une **scène horrible qui repasse dans ma tête.** Nous montions une colline, une voiture est arrivée de face, sur notre côté de la route, à toute vitesse. Je n'ai pas eu le temps de réagir. J'ai fait une embardée, la voiture s'est retournée et a terminé sur le toit dans un fossé. Ça sentait l'essence. Mon épouse (époux) et ma fille étaient inconscientes (inconscients), elles (ils) saignaient. Je suis sorti(e), je hurlais, j'ai réussi à les sortir de dessous la voiture. J'avais peur que la voiture explose à cause de l'essence.

P : C'est **stupéfiant que tu aies pu penser si clairement.** Tu avais mal ?

M : Je ne sais pas... C'était un cauchemar confus. Je pense que j'étais en état de choc.

P : **Que ressentais-tu ?**

Eh bien, au début, j'étais content(e) d'avoir survécu, mais maintenant j'ai des pensées et des sentiments négatifs. Je suis troublé(e). Je me **sentais si impuissant(e)** et je **voulais tuer ce conducteur.** Il est mort, mais je voudrais l'avoir tué de mes propres mains. Je ne devrais pas penser comme ça...

P : **J'aurais sûrement ressenti la même chose.**

M : **Vraiment ? Ça m'aide d'entendre ça.** Je ne suis pas reconnaissant(e), même si ma famille a survécu. Je ne dors pas bien. Je sais qu'on est probablement en sécurité en voiture, mais j'ai peur quand même. Je suis très en colère sans raison. Je devrais être reconnaissant(e) parce que mon épouse (époux) et ma fille sont en train de se rétablir. N'est-ce pas ?

P : Eh bien, c'est normal d'éprouver ces sentiments après ce que tu as subi. **Qu'est ce qui était le plus difficile pour toi ?**

M : Le pire, c'était de voir ma fille et mon épouse (époux) blessé(e)s.

P : Oui, et tu as dit que tu te sentais impuissant(e) ?

M : Oui, complètement. Je suis responsable du bien-être de ma famille mais je ne pouvais rien faire.

P : **Qu'est-ce qui t'a aidé à surmonter tout ça ?**

M : Ma famille a besoin de moi.

P : Oui. Nous t'aimons, nous aussi. Nous pouvons parler encore la semaine prochaine, d'accord ?

M : Merci. **Ça m'aide d'en parler.** Veux-tu voir ma famille ? Elles (Ils) sont réveillé(e)s maintenant.

P : Oui ! Allons-y !

A | *Demandez : « Qu'avez-vous observé dans ce sketch ? » Discutez-en.*

DISCUSSION

A *(12 min) En grand groupe. Discutez puis complétez ce qui n'a pas été dit à l'aide des éléments suivants.*

Avec quel genre de personnes pourriez-vous partager vos peines profondes ?

Figure 3.1 Une personne avec une bonne capacité d'écoute

1. Une personne avec une bonne capacité d'écoute crée un environnement rassurant

- Il ou elle s'intéresse à vous.
- Trouve un endroit sûr et calme où vous pouvez parler sans être interrompu.
- Ne vous force pas à partager plus que ce que vous êtes prêt à partager.
- Ne vous critique pas, ne vous prêche pas et ne vous donne pas de solutions faciles (Proverbes 18.13).
- Vous écoute et comprend votre souffrance (Proverbes 20.5).
- Ne minimise pas votre souffrance en la comparant à la sienne.
- Garde les informations confidentielles (Proverbes 11.13 ; 20.19).

2. Une personne avec une bonne capacité d'écoute pose des questions utiles

A *Écrivez les trois questions sur un tableau, un tableau à feuilles mobiles ou une grande feuille de papier.*

Voici les trois questions utiles qu'une personne avec une bonne capacité d'écoute pose :

1. Que s'est-il passé ?
2. Qu'est-ce que vous avez ressenti ?
3. Qu'est-ce qui a été le plus difficile ?

A *Raisons pour lesquelles les trois questions sont utiles :*

Q1 : Nous permet de faire le tri entre les faits et leur chronologie qui peuvent s'être mélangés dans notre tête à la suite d'un événement traumatique.

Q2 : La guérison se produit au niveau des émotions. Parler de ce que nous ressentons permet de nommer des émotions que nous ressentons de manière confuse.

Q3 : Nous aide à découvrir notre souffrance la plus profonde. Cela permet aussi d'éviter à celui ou celle qui écoute de penser qu'il ou elle connaît déjà la réponse.

Une personne avec une bonne capacité d'écoute vous laisse parler à votre propre rythme. Vos réponses aux trois questions doivent venir naturellement. Il faudra peut-être plusieurs réunions avant de pouvoir discuter de toute l'histoire.

3. Une personne avec une bonne capacité d'écoute montre qu'il ou elle écoute

- Il ou elle vous regarde (si c'est culturellement approprié), il ou elle ne regarde pas par la fenêtre, à sa montre ou à son téléphone.
- Ne semble pas impatient que vous finissiez de parler.
- Prononce des mots qui prouvent qu'il ou elle écoute tel que « Mmmh ».
- De temps en temps, répète ce qu'il ou elle pense que vous avez dit afin que vous puissiez le corriger, le dire autrement, ou répondre qu'il ou elle a bien compris.

4. Une personne avec une bonne capacité d'écoute respecte le processus de guérison

- Il ou elle remarque si vous êtes en train de devenir trop stressé, vous laisse prendre une pause, penser à autre chose et vous calmer intérieurement et vous laisse reprendre votre histoire quand vous vous sentez prêt(e) à le faire.
- Il ou elle peut vous demander si vous souhaitez que l'on prie pour vous. Si vous répondez « oui », la personne prie pour vous mais ne prêche pas. Si vous n'êtes pas prêt(e) à prier ensemble, la personne respecte ce choix.

C. Quels sont les signes qui indiquent que quelqu'un a besoin d'aide supplémentaire ?

(5 min) Lisez ce qui suit. Discutez des services disponibles dans la région qui peuvent apporter de l'aide supplémentaire aux personnes qui en ont besoin.

Voici quelques signes qui indiquent que quelqu'un peut avoir besoin d'une aide que ne peut pas lui apporter le fait de passer du temps avec une personne ayant une bonne capacité d'écoute.
- Leur comportement met leur vie ou leur santé en danger.
- Ils ou elles ne sont pas capables d'accomplir les tâches quotidiennes ou répondre à leurs besoins de base.
- Ont souvent des difficultés à gérer leurs émotions.
- Pensent que des choses se passent alors que ce n'est pas vrai ; par exemple ils ou elles entendent des voix ou imaginent qu'ils ou elles sont suivies.

Ces comportements indiquent qu'une personne a besoin d'un secours professionnel. S'il n'y a pas de psychologue ou de psychiatre là où vous vous trouvez, un médecin ou une infirmière pourra au moins leur donner un médicament pour les calmer et les aider à dormir.

ACTIVITÉ D'ÉCOUTE, EN GROUPES DE DEUX

A | *(20 min) Lisez les instructions ci-dessous et faites faire l'activité en groupes de deux participants. Donnez 10 minutes à chaque participant.*

C'est la pratique qui nous permet de devenir une personne avec une bonne capacité d'écoute. Même quand nous pratiquons nous pouvons nous aider les uns les autres à guérir. En groupes de deux, parlez d'un événement douloureux que vous avez vécu — un petit événement ; pas la pire chose que vous avez vécue. L'autre personne écoute et utilise les trois questions ci-dessous. Puis vous renversez les rôles.

1. Que s'est-il passé ?
2. Qu'est-ce que vous avez ressenti ?
3. Qu'est-ce qui a été le plus difficile ?

A | *(10 min) En grand groupe. Discutez les questions ci-dessous.*

1. *Qu'avez-vous ressenti pendant cette activité ?*
2. *Est-ce que quelque chose vous a paru difficile quand vous écoutiez ? Expliquez.*
3. *Est-ce que quelque chose vous a paru difficile quand vous parliez ? Expliquez.*
4. *Qu'est-ce que la personne qui vous écoutait a bien fait ?*

SECTION 3.   (43 MIN)

De quelle autre manière pouvons-nous exprimer notre souffrance ?

A | *Lisez le paragraphe suivant.*

Une autre manière dont nous pouvons exprimer la souffrance de notre cœur est de pratiquer des activités comme le dessin, la poésie, la danse ou la musique. Nos cultures ont chacune des façons différentes de s'exprimer. Nous pouvons utiliser un de ces moyens pour permettre à nos cœurs de guérir.

ACTIVITÉ D'EXPRESSION ARTISTIQUE

A | *(23 min) Lisez le paragraphe ci-dessous qui décrit l'activité d'expression artistique. Puis donnez aux participants 20 minutes pour faire l'activité. Les participants peuvent utiliser des feutres, des crayons de couleur, de l'argile, de la craie, des mouvements, des paroles, un chant etc.*

Commencez par vous calmer intérieurement et demandez à Dieu de vous montrer la souffrance de votre cœur. Cela peut être une souffrance à propos d'un événement présent ou bien passé. Quand vous vous sentez prêt, vous pouvez commencer à exprimer votre souffrance sous la forme artistique que vous avez choisie. Votre expression artistique peut être symbolique ou réaliste. Cet exercice n'a pas pour objectif de montrer aux autres vos talents artistiques mais d'exprimer ce que vous avez sur le cœur.

DISCUSSION

A | *(15 min) En petits groupes ou groupes de deux.*

1. Partagez ce que vous voulez de ce que vous avez créé. Ou bien, si vous préférez, vous pouvez partager ce que vous avez vécu en exprimant votre souffrance de cette manière.
2. Avez-vous découvert quelque chose de nouveau ?
3. Priez les uns pour les autres.

A | *(5 min) En grand groupe. Demandez si quelqu'un aimerait parler de ce qu'il ou elle a créé.*

CONCLUSION   (2 MIN)

A | *(2 min) Donnez du temps à quelques participants pour écrire ou partager les réponses à la question qui suit. Encouragez les participants à lire le contenu du module et à rechercher les passages des Écritures après la session.*

Notez une chose importante que vous avez apprise dans ce module.

4. Que se passe-t-il quand on est en deuil ?

Avant de commencer :

- Pour la section 1 : choisissez la manière dont vous allez raconter l'histoire (voir page 214, « Histoires » dans « Préparation des modules »).
- Pour la section 3 : préparez le sketch du chemin de deuil et dessinez le chemin du deuil sur un tableau, un tableau à feuilles mobiles ou une grande feuille de papier.
- Prévoyez une courte pause avant de commencer la section sur la lamentation.
- Prévoyez du papier supplémentaire pour l'activité de lamentation.
- Si vous le souhaitez, choisissez un Psaume de lamentation à lire pendant la conclusion.
- Traducteurs en langue locale : Choisissez un mot pour « faire son deuil » qui inclut toutes sortes de deuils, pas seulement celle de pleurer la mort d'une personne. S'il n'existe pas de mot correspondant, élargissez le sens du mot deuil pour y inclure le fait de pleurer la perte d'autres choses.

Dans ce module nous allons :

- Reconnaître les différentes étapes du deuil.
- Discuter de la manière de bien vivre le processus de deuil dans notre propre vie et dans celle des autres.
- Exprimer notre souffrance à Dieu au moyen d'une lamentation qui est une partie importante du processus de deuil.

Section 1 : Histoire	10 min
Section 2 : Qu'est-ce que le deuil ?	5 min
Section 3 : Comment faire son deuil de façon à ce qu'il apporte la guérison ?	35 min
Section 4 : Qu'est-ce qui peut rendre un deuil plus difficile ?	10 min
Section 5 : Comment nous aider les uns les autres à faire notre deuil ?	15 min
Lamentations	40 à 55 min
Conclusion	5 min
Durée totale (approximative)	**2 heures à 2 heures 15 minutes**

4. Que se passe-t-il quand on est en deuil ?

A | *(1 min) Annoncez le titre et les objectifs du module. Indiquez aux participants où est le module dans le manuel* Guérir les traumatismes.

SECTION 1.   **(10 MIN)**

L'histoire du pasteur Silas

A | *(5 min) En grand groupe. Racontez l'histoire.*

Dans une autre région du pays, il y a eu de violents combats. Beaucoup de personnes ont été tuées, des femmes et des enfants aussi bien que des hommes engagés dans les combats. Silas, un ami du pasteur Marc, était pasteur d'une grande Église dans la ville principale de la région. Au fur et à mesure que la situation se détériorait, le nombre de membres de son Église tués ne faisait qu'augmenter et ceux qui restaient se cachaient dans leur maison.

Enfin, presque tous les habitants se sont enfuis et se sont réfugiés dans la brousse. Le pasteur Silas était accompagné d'un groupe de cent personnes et ils ont décidé de rejoindre à pied un endroit où ils se sentiraient hors de danger. En cours de route, la femme du pasteur Silas est tombée malade et, comme il était impossible d'obtenir des médicaments, elle est morte. À cause du danger, ils l'ont rapidement enterrée puis ils ont continué leur chemin. Ils ont marché trois semaines avant d'arriver dans un lieu sûr. Pendant leur marche, d'autres personnes sont tombées malades, surtout des petits enfants et des personnes âgées. Six personnes sont mortes avant leur arrivée dans le pays voisin.

Ils sont finalement venus dans la ville du pasteur Marc et se sont installés sur des terres appartenant à l'Église. Le pasteur Marc était très préoccupé par le groupe et a fait de son mieux pour les aider. Ils ont trouvé un moyen de se nourrir et de gagner un peu d'argent. Bientôt, d'autres membres sont venus les rejoindre et, après quelques semaines, le pasteur Silas avait retrouvé plus de la moitié de ses paroissiens. Ils ont continué à venir chez lui chercher de l'aide comme avant et chaque jour, surtout le dimanche, ils se réunissaient pour prier et lire la Parole de Dieu.

Peu de temps après, Silas a commencé à s'inquiéter de l'état de plusieurs chrétiens. Certains adultes, qui avaient perdu des membres de leur famille, étaient tristes et ils n'essayaient pas de trouver du travail ou de chercher de la nourriture. Ils semblaient se désintéresser de la vie en général. Un homme répétait sans cesse : « Si seulement je n'avais pas oublié d'apporter des médicaments, ma femme serait en vie aujourd'hui ! » Une femme qui avait perdu son mari disait continuellement à tout le monde qu'elle entendait son mari lui parler. Une autre était persuadée que son fils vivait toujours, bien que tout le monde ait vu son corps. Elle s'attendait à le voir arriver avec chaque nouveau groupe de réfugiés.

Silas lui-même avait souvent des cauchemars effroyables et se réveillait en appelant sa femme à haute voix. Il éprouvait aussi de la colère, mais il savait qu'il ne devait pas le montrer. Il était en colère contre Dieu, mais aussi contre sa femme car celle-ci l'avait abandonné. Il se fâchait aussi contre les rebelles qui avaient provoqué la guerre. Comme il ne pouvait pas montrer publiquement sa colère, elle le rongeait intérieurement et lui donnait de terribles maux de tête et de ventre.

Parfois Silas voulait pleurer et crier vers Dieu ; mais il se disait qu'un bon chrétien ne se comportait pas de cette manière. Chaque fois qu'il essayait d'aider les membres de son assemblée, il leur disait de ne pas pleurer. Cependant, un jour, la situation est devenue accablante. En ville, il a vu une femme qui ressemblait à sa femme décédée. Il ne pouvait plus gérer ses émotions. Il est vite retourné chez lui, s'est enfermé dans sa chambre et a beaucoup pleuré. Après cela, il a dormi profondément pendant plusieurs heures et le lendemain matin, quand il s'est levé, il se sentait mieux.

DISCUSSION

A | *(5 min) En grand groupe. Discutez.*

1. Qu'est que Silas est en train de vivre ?
2. Citez quelques comportements de personnes de l'histoire après la perte de quelqu'un qu'elles aimaient.
3. Avez-vous déjà ressenti les mêmes sentiments que Silas ?

A | *Si les participants utilisent le manuel, demandez-leur de les fermer jusqu'à la fin du module.*

SECTION 2. (5 MIN)

Qu'est-ce que le deuil ?

DISCUSSION

A | *(4 min) En grand groupe. Donnez la définition du deuil (ressentir une peine profonde causée par la perte de quelqu'un ou de quelque chose). Discutez la question ci-dessous. Ensuite ajoutez sous la question ce qui n'aurait pas été mentionné. Dessinez de nouveau le diagramme « traumatisme/deuil » (Module sur les blessures du cœur).*

Quels sont les types de pertes pour lesquelles nous observons un deuil ?

Être en deuil veut dire ressentir une peine profonde causée par la perte de quelqu'un ou quelque chose. Cela peut être la perte d'un membre de la famille ou d'un ami. Cela peut être la perte d'un membre de son corps ou de la fonction d'une partie du corps. Cela peut être la perte de biens ou de la position qu'on occupe. Petites ou grandes, toutes les pertes nous affectent et nous font éprouver un certain chagrin (Néhémie 1.3-4). Le deuil fait partie du processus normal qui nous permet de nous rétablir après une perte. Un traumatisme implique toujours une perte, mais on peut éprouver une perte sans traumatisme, par exemple lorsqu'un parent âgé meurt paisiblement.

Quand des personnes perdent quelqu'un ou quelque chose de très important pour elles, elles peuvent perdre le sens de qui elles sont, de leur identité. Par exemple, elles ne sont plus la femme de _____, ou la mère de _____, ou le président de _____. Leur vie ne sera plus jamais la même. Au travers du processus de deuil, il va se produire un changement dans la façon dont la personne perçoit son identité. Cela prend du temps.

À cause du péché d'Adam et d'Ève, la mort est entrée dans le monde. C'est seulement au ciel qu'il n'y aura plus de larmes (Apocalypse 21.4). Les chrétiens peuvent faire leur deuil et en même temps avoir de l'espérance. (1 Thessaloniciens 4.13).

RÉFLEXION INDIVIDUELLE

A | *(1 min) Donner du temps aux participants pour réfléchir à la question.*

Quelles sortes de pertes avez-vous vécues ?

Comment faire son deuil de façon à ce qu'il apporte la guérison ?

4

A *(20 min) Lisez le paragraphe ci-dessous pour expliquer le sketch du chemin du deuil[3] (voir la note de bas de page). Certains animateurs préfèrent décrire les trois villages en premier, en demandant aux participants de donner des exemples, avant de démarrer le sketch.*

Le processus de deuil prend du temps et de l'énergie. (Psaumes 6.6—7). C'est comme un long chemin à travers plusieurs villages. Chaque personne passe plus ou moins de temps dans chaque village et fait des allers-retours à des moments différents. Il faut réaliser que le chemin du deuil n'enlève pas la souffrance, mais qu'il peut nous aider à être plus patients envers nous-mêmes et envers les autres. Si nous décidons d'emprunter ce chemin, il nous conduira à la guérison.

[3]**Sketch du chemin de deuil**

Placez dans trois endroits de la salle des pancartes indiquant le village du refus et de la colère, le village sans espoir et le village du nouveau départ. Vous pouvez placer ces pancartes sur le mur ou sur des chaises ou encore une ou plusieurs personnes peuvent tenir les pancartes de chaque village.

La taille de votre groupe peut influencer la façon de faire le sketch. Dans un grand groupe, demandez à cinq personnes de se placer à l'avant de la salle et répartissez les autres participants dans les trois villages. Dans un petit groupe, placez tous les participants à l'avant de la salle.

Décrivez un événement tragique aux participants situés à l'avant de la salle. Par exemple, celle d'une famille dont la mère ou la femme vient de mourir dans un accident de voiture. Ensuite, suivez les indications de l'animateur de A à F. Utilisez les noms des participants au lieu de « Personne A, B, C, etc. ». (Si vous préférez, vous pouvez également demander aux participants de penser à une perte qu'ils ont vécue et de jouer ce qu'ils ressentaient et disaient à chaque village).

Les personnes se souviendront davantage de ce chemin de deuil s'ils mettent en scène leurs différentes pensées et émotions. Habituellement les participants acceptent volontiers de faire ce sketch, cependant si les personnes sont timides et hésitantes, l'animateur peut lui-même jouer la colère, le refus etc. dans chaque village.

Figure 4.1 Le Chemin de Deuil

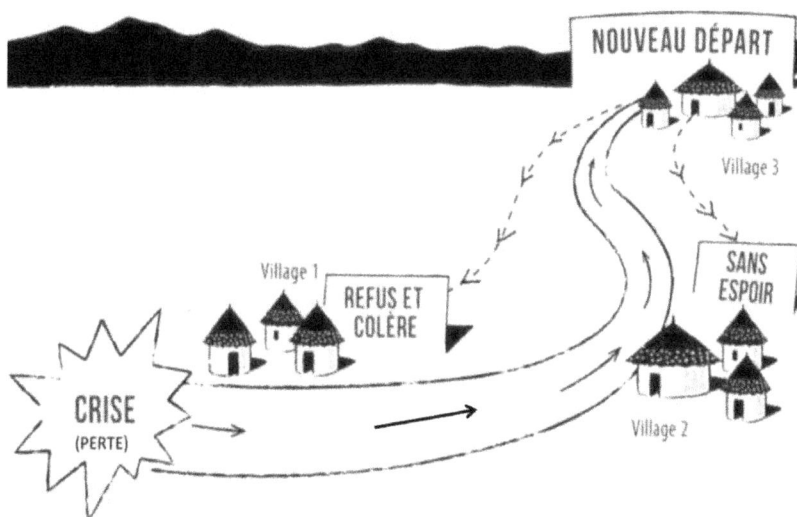

A. Le village du refus et de la colère

A *Dites : « Immédiatement après l'événement tragique, la famille est dans le village 1, le village du refus et de la colère. Cela dure souvent 1 mois ou plus. » Lisez ce qui est ci-dessous.*

Juste après une perte, le refus et la colère sont normaux et peuvent vraiment aider d'une manière ou d'une autre.

- Le refus nous permet d'absorber peu à peu le choc de la perte et nous empêche d'être submergés.
- La colère peut être un moyen de lutter contre la perte quand nous nous sentons impuissants ; elle peut nous donner de l'énergie et nous empêcher d'être submergés.

A *Demandez : « Comment décrivez-vous les personnes dans le village du refus et de la colère ? ». Recueillez les réponses. Complétez ce qui n'a pas été déjà mentionné grâce à la liste ci-dessous. Expliquez que ces attitudes dans chaque village sont normales quand une personne est en chemin vers la guérison après une crise.*

Attitudes habituelles :
- Hébété.
- Pas conscient de ce qui se passe autour de soi.
- Ne peut pas croire que la personne soit morte ou que l'événement soit arrivé.
- Peut subitement se mettre à pleurer ou se mettre en colère.
- Peut éprouver de la colère contre Dieu.
- Peut éprouver de la colère contre la personne qui est morte, pour avoir été abandonné par elle.
- Peut se dire « Si seulement j'avais fait ceci ou cela, il/ elle ne serait pas mort(e) », ou « J'aurais dû… »
- Peut se dire « Pourquoi cela m'est-il arrivé ? »
- Peut chercher un responsable pour la mort de la personne.
- Peut se venger, ce qui provoque conflit et douleur supplémentaire.
- Peut penser entendre ou voir la personne morte.

A *Dites (et faites jouer les rôles) : « Les personnes A et B sont très en colère contre les personnes qui sont la cause de l'événement et veulent maintenant se venger ! Elles sont en colère contre tous ceux qui sont dans la pièce et leur crient dessus. (Demandez à A et B de jouer ces rôles, ainsi qu'à chaque personne dont le comportement est décrit ensuite.) C est très en colère contre lui-même car il pense qu'il aurait pu empêcher l'événement tragique. D est très en colère contre Dieu qui a permis que cela arrive. E dit que la personne aimée n'est pas réellement morte et qu'ils seront bientôt réunis. » Lisez le paragraphe suivant.*

Cette étape peut commencer pendant le temps des funérailles ou tout de suite après la perte pendant que l'entourage est encore en train de venir réconforter la famille en deuil. Les pleurs et les cérémonies de la veillée et de l'enterrement peuvent souvent aider.

B. Le village sans espoir

A *Dites : « Au bout d'un moment, on arrive au village 2, le village sans espoir. Cela dure souvent entre 6 à 15 mois, cependant cela est très variable selon les personnes. » Lisez les phrases suivantes.*

Le village 2 est le plus sombre dans le processus de deuil. On n'y attend plus rien de bon pour la suite.

A *Demandez : « Qu'est-ce qui caractérise les personnes endeuillées dans le village sans espoir ? » Recueillez les réponses. Complétez ce qui n'a pas été déjà mentionné grâce à la liste ci-dessous. Expliquez que ces attitudes dans chaque village sont normales quand une personne est en chemin vers la guérison après une crise.*

Attitudes habituelles :

- Se sent triste et désespéré.
- A du mal à organiser sa vie.
- Continue à désirer que la personne morte revienne.
- Peut se sentir seul et isolé.
- Peut vouloir se suicider.
- Peut se sentir coupable même s'il n'y a pas de raison.
- Peut prendre de la drogue ou de l'alcool pour ne plus ressentir la douleur.

A *Dites (et faites jouer les rôles) : « La personne A reste dans le village du refus et de la colère car elle est toujours très en colère et pense toujours à se venger. (Demandez à A de jouer ce rôle, ainsi qu'à chaque personne dont le comportement est décrit ensuite.) B, C et D ne ressentent plus autant de colère et vont au village sans espoir. B veut tout le temps rester au lit, C boit beaucoup d'alcool et D est suicidaire. E accepte finalement que la personne aimée est morte et va aussi au village sans espoir. Soudain, C voit quelque chose qui lui rappelle le premier événement et cela ranime sa colère. (L'animateur revient avec C au village du refus et de la colère où ils rejoignent A.) »*

Dites : « Après quelques semaines les personnes A et B sentent que leur colère s'apaise, ils rejoignent donc les autres au village sans espoir. Ils se sentent tous tristes ; ils ne trouvent aucun intérêt à la vie. »

C. Le village du nouveau départ

A *Dites : « Au bout d'un moment, on peut arriver au village 3, le village du nouveau départ. » Lisez le paragraphe suivant.*

Dans le village 3, on accepte de mieux en mieux la perte et sa nouvelle identité. Ce qui est « normal » maintenant est différent de ce qui était normal avant le deuil – c'est une nouvelle normalité. On peut être plus conscient de ce qui est réellement important dans la vie. Si le deuil s'est bien passé, les personnes sont plus fortes et pourront aider d'autres personnes.

A *Demandez : « Comment décrivez-vous les personnes dans le village du nouveau départ ? » Recueillez les réponses. Complétez ce qui n'a pas été déjà mentionné grâce à la liste ci-dessous.*

Attitudes habituelles :

- Réfléchit à la construction d'une nouvelle vie.
- Prêt à sortir avec des amis et à se divertir.
- Peut songer à se remarier si le conjoint est mort, ou à avoir un autre enfant si un enfant est mort.
- Sera transformé par la perte, peut-être plus fort, plus sensible aux souffrances des autres.

A *Dites (et faites jouer les rôles) : « Dix mois après la crise, D et E commencent à se sentir plus intéressés par la vie. Ils vont au village du nouveau départ. D veut passer du temps avec ses amis. E veut trouver du travail. (Demandez à D et E de jouer ces rôles, ainsi qu'à chaque personne dont le comportement est décrit ensuite.) Ils commencent à rejoindre leurs amis dans diverses activités. Mais A, B et C continuent à se sentir tristes et seuls dans le village sans espoir. Douze mois après l'événement tragique, B et C vont aussi au village du nouveau départ. Mais A reste dans le village sans espoir; la personne qui est morte lui manque toujours beaucoup. Cependant, à Noël, B, C et D se rappellent douloureusement comment se passaient les Noëls avant la crise et ils retournent au village sans espoir pendant un certain temps. Enfin, après un peu plus d'un an, tous vont au village du nouveau départ et rejoignent E. »*

Dites : « Le parcours de chacune des cinq personnes a été différent. Chaque personne a passé plus ou moins de temps dans chaque village et a fait des allers-retours à différents moments. »

D. Le chemin de deuil n'est pas toujours direct

A *Lisez ce qui suit.*

Il est tout à fait normal que les gens retournent pour quelque temps aux villages précédents. Cela peut arriver en réaction à certains événements, comme l'anniversaire d'un décès. Avec le temps, la personne va arriver peu à peu dans le « village du nouveau départ ».

Il arrive que des personnes restent trop longtemps dans les villages 1 et 2, ils ont alors probablement besoin d'une aide spéciale pour avancer. En voici quelques exemples :

- Une femme qui pense qu'elle voit et entend son mari des années après sa mort.
- Une mère qui a perdu son enfant et qui, par exemple, après un an ou plus, continue à garder ses vêtements et ne veut pas s'en séparer.
- Un homme qui refuse encore de sortir avec ses amis et de participer à la vie sociale deux ans après le décès de sa femme.

E. Le faux pont

A *Dites : « Maintenant un autre événement tragique vient juste d'arriver à la personne A. » (Placer la personne A au moment de la crise.)*

Dites : « Que va-t-il se passer si quelqu'un vient au moment de la crise et prend la main de A et essaye de le ou la tirer vers le village du nouveau départ en disant : « Ne sois pas en colère, ne sois pas triste. Si tu fais confiance à Dieu, tu peux te sentir heureux tout de suite. Reprends juste le cours de ta vie comme si rien ne s'était passé. » (Jouer cela avec A, en le ou la tirant vers le village 3. Puis demandez à A de s'écrouler au sol avant d'arriver au village 3.) Demandez : « Est-ce que ça marche ? » (Non)
Lisez ce qui suit. Ajouter le faux pont à votre dessin du chemin de deuil.

Quelquefois, nous croyons que, puisque nous avons l'Évangile et toutes les promesses de Dieu, nous ne devrions pas éprouver de la colère ou de la tristesse après une perte. Nos cultures peuvent renforcer cette idée. On appelle cela le « faux pont » parce qu'il paraît offrir un passage direct de la perte au « nouveau départ », sans s'arrêter aux villages 1 ou 2. Cette façon de voir les choses n'est pas biblique et elle n'apportera pas la guérison.

Figure 4.2 Le faux pont

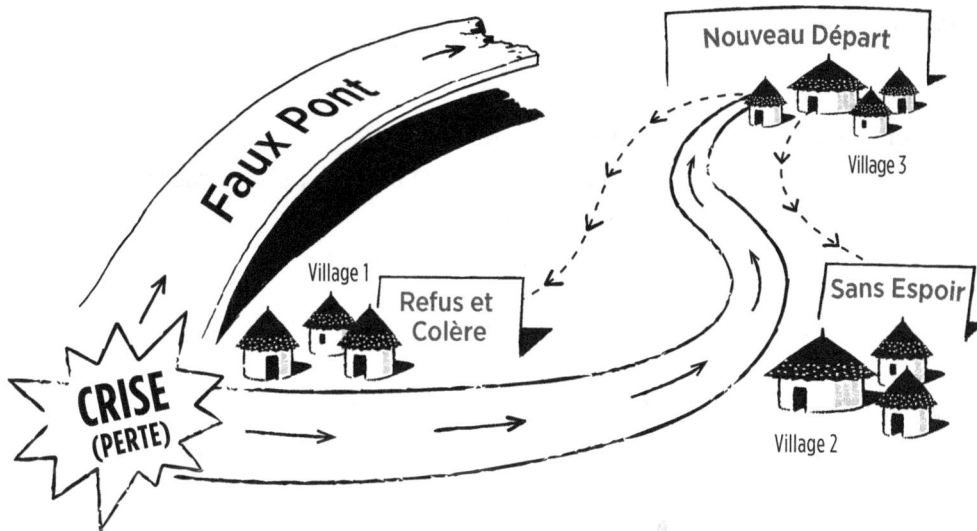

Dieu nous a créés avec la faculté de pleurer nos pertes. Jésus a exprimé de fortes émotions sur la croix quand il a dit : « Mon Dieu, mon Dieu, pourquoi m'as-tu abandonné ? » (Matthieu 27.46). Le psalmiste a pleuré devant Dieu jour et nuit quand il était en exil et qu'il se souvenait de tout ce qu'il avait perdu (Psaumes 42.3-6).

Faire face à la douleur de la perte demande du courage. Nous sommes tentés de l'éviter. Parfois, nous nous plongeons dans le travail pour Dieu afin d'éviter de ressentir la douleur. C'est dangereux, parce que si nous ne pleurons pas une perte quand elle se produit, la douleur ne disparaîtra pas et pourra causer des problèmes pendant de nombreuses années.

F. Il arrive que le chemin de deuil soit retardé

> A *Lisez ce qui suit. Si nécessaire, lisez ici l'activité du conteneur : Module « Comment demeurer efficace en aidant les autres ».*

Il peut arriver que nous devions mettre de côté des pertes pour assurer notre survie. Le contexte peut nous demander de continuer à avancer et à travailler, par exemple, à cause des responsabilités ou encore si parler de l'événement présente un risque sécuritaire. Quand nous serons en sécurité et que la vie sera de nouveau stable, nous devrons prendre le chemin de deuil. Comme nous l'avons vu dans l'activité des « bouteilles sous l'eau », garder nos émotions enfouies en nous demande beaucoup d'efforts.

DISCUSSION EN GROUPES DE DEUX

A | *(10 min) Groupes de deux. Voir la note de bas de page pour une autre possibilité de discussion.*[4]

Pensez à une perte que vous avez subie.

1. Comment s'est passé votre chemin de deuil ?
2. Êtes-vous retourné en arrière ou êtes-vous resté bloqué à un moment donné ?
3. Avez-vous essayé de prendre le faux pont ?
4. Avez-vous été obligé de retarder votre chemin de deuil ?

A | *(5 min) En grand groupe. Recueillez les réponses.*

---

[4]Autre possibilité au lieu de la discussion en groupes de deux **(15 min)**

Prenez 4 à 5 grandes feuilles de papier. Écrivez sur chacune les titres suivants : Refus et colère, Sans espoir, Nouveau départ, Faux pont, Retarder le chemin de deuil (si nécessaire). Placez les feuilles ainsi que des fournitures de dessin sur des tables différentes.

Dites : « Pensez à une perte que vous avez subie. Comment s'est passé votre chemin de deuil ? Prenez du temps à chaque table exprimez vos sentiments ou vos pensées sur les papiers, soit en mots, soit par des couleurs, soit en dessinant. Par exemple, écrivez ou faites un dessin de ce que vous avez ressenti ou pensé quand vous étiez dans le village sans espoir. Sentez-vous libre de commencer sur n'importe quelle table. » (Si tout le monde essaie de travailler dans l'ordre des étapes il risque d'y avoir trop de monde à une même table.)

Placez les papiers sur les murs ou donnez du temps aux participants pour regarder ce que les autres ont exprimé.

SECTION 4. (10 MIN)

Qu'est-ce qui peut rendre un deuil plus difficile ?

A | *(1 min) Annoncez le titre de la section et lisez le paragraphe ci-dessous.*

Le processus de deuil n'est pas facile, mais certaines situations peuvent le rendre encore plus difficile. Cela peut être la façon dont la perte est arrivée, ou à cause des croyances au sujet du deuil ou des personnes qui disent ou qui font des choses qui montrent leur manque de compréhension.

A. Le genre de perte

A | *(2 min) Dites : « Certaines pertes sont particulièrement difficiles, par exemple la mort d'un enfant. Quels autres genres de pertes sont particulièrement difficiles ? » Recueillez les réponses et complétez ce qui n'a pas été dit à l'aide des éléments suivants.*

*   Trop de morts ou de pertes à la fois.
*   La mort ou la perte est soudaine ou violente, par exemple, un suicide ou un meurtre.
*   Il n'y a pas de corps à enterrer ou aucun moyen de confirmer que la personne est réellement morte.
*   Vous êtes loin et vous ne pouvez pas participer aux rituels de deuil.
*   La mort d'un membre qui soutient la famille ou du chef de la communauté.
*   Lorsqu'on a des problèmes non résolus avec celui qui n'est plus.
*   La mort d'un enfant.

B. Les croyances au sujet des larmes

DISCUSSION

(4 min) En grand groupe. Discutez les questions ci-dessous et complétez ce qui n'a pas été dit à l'aide des éléments suivants.

1. Qu'est-ce que votre culture ou votre famille dit au sujet des hommes qui pleurent ? Au sujet des femmes qui pleurent ?
2. De quelle façon ces croyances aident ou empêchent les personnes à faire leur deuil ?

Certaines cultures exigent que les gens pleurent publiquement quand quelqu'un meurt. On soupçonne ceux qui ne pleurent pas de ne pas se soucier de la personne décédée ou d'avoir causé sa mort. Par conséquent, les gens pleurent d'une façon spectaculaire, qu'ils éprouvent de la tristesse ou non.

D'autres cultures ne permettent pas de pleurer, surtout aux hommes. Par conséquent, les gens retiennent leur souffrance, plutôt que de la montrer.

Les gens ne doivent pas retenir leurs larmes. Dieu a créé les larmes pour les moments où nous sommes tristes. Pleurer est une phase importante du deuil, pour les hommes comme pour les femmes. Même Jésus a pleuré quand son ami Lazare est mort (Jean 11.33-38a). Le psalmiste a pleuré (Psaume 6.7, 39.13, 42.4), de même que les prophètes (Ésaïe 22.4, Jérémie 9.1).

Dieu voit nos larmes ; elles lui sont précieuses (Ésaïe 38.3-5, Psaume 56.9).

C. Les consolateurs désolants

DISCUSSION

(3 min) En grand groupe. Discutez brièvement et complétez ce qui n'a pas été dit à l'aide des éléments suivants.

1. Connaissez-vous l'histoire de Job dans la Bible ? De quoi vous souvenez-vous ?
2. Qu'est-ce que les amis de Job ont fait ou dit d'utile pour l'aider ?
3. Quelles sont les choses qu'ils ont faites ou dites mais qui ne l'ont pas aidé ?

Job était un homme riche qui avait une grande famille. En un instant, il a tout perdu : ses enfants, son bétail, sa richesse, sa santé. Quand trois de ses amis ont entendu parler des problèmes de Job, ils sont venus le consoler. (Job 2.11) Ils sont restés assis avec lui en silence pendant une semaine avant de parler. Alors Job a rompu le silence en exprimant sa douleur. Ses amis l'ont aussitôt accusé de manquer de foi (Job 4.3-6). Ils ont dit qu'il souffrait à cause de ses péchés et de ceux de ses enfants (Job 4.7-8). Bien que Job ait déclaré qu'il n'avait pas péché, ils étaient certains que, s'il était innocent, Dieu n'aurait pas permis que cela arrive (Job 8.6-8, 11.2-4, 22.21-30). Ils l'ont accusé à maintes reprises pour essayer de le forcer à reconnaître ses torts. Finalement Job dit : « en fait de consolateurs, vous êtes tous désolants » (Job 16.2, TOB). Au lieu de consoler Job, ils ont augmenté sa souffrance.

Comment nous aider les uns les autres à faire notre deuil ?

DISCUSSION

A | *(5 min) En petits groupes ou groupes de deux. Annoncez le titre de la section puis répartissez les questions entre les groupes.*

1. Quand vous avez pleuré la perte de quelqu'un ou de quelque chose, qu'est-ce que d'autres personnes ont fait ou dit qui vous a aidés ? Qu'est-ce que d'autres personnes ont fait ou dit qui n'était pas du tout une aide pour vous ?

2. Comment votre communauté aide-t-elle traditionnellement ceux qui sont en deuil ? Quelles coutumes sont utiles ? Lesquelles ne le sont pas ? Quelles traditions sont en accord avec les Écritures ?

A | *(10 min) En grand groupe. Recueillez les réponses. Si vous utilisez un tableau ou un tableau à feuilles mobiles, divisez-le en deux colonnes « utile » et « inutile », puis placez chaque réponse dans la colonne appropriée. Complétez ce qui n'a pas été déjà mentionné à l'aide de la liste ci-dessous.*

Des moyens pour aider des personnes à faire leur deuil sont mentionnés ci-dessous :

A. Aide émotionnelle

- Leur rendre visite, quand c'est convenable.
- Quand ils sont prêts, les encourager à parler de leurs émotions. Les laisser exprimer leur colère et leur tristesse.
- Écouter leur souffrance. Écouter plus que parler. La guérison viendra quand ils exprimeront leur souffrance. Ils ne peuvent recevoir ni enseignements ni sermons à ce moment-là (Job 21.2, Proverbes 18.13).
- Leur expliquer qu'il est normal de faire son deuil et que ce processus prendra du temps. Ils ne ressentiront pas toujours les choses comme aujourd'hui. Il est important qu'ils n'engagent pas de changements majeurs, comme se marier, sur la base de leurs émotions quand ils passent par les villages 1 et 2. Une fois arrivés au village 3, ils seront capables de prendre de meilleures décisions.
- Quand une personne est prête, vous pourrez prier ensemble ou pour elle (Éphésiens 6.18). Vous pourrez aussi lui lire une promesse de la Parole de Dieu et l'encourager à l'apprendre par cœur. Par exemple, « Le Seigneur est proche de ceux qui ont le cœur brisé, il sauve les gens découragés » (Psaumes 34.19).
- Enfin, ils éprouveront le besoin d'apporter leur souffrance à Dieu. Plus ils seront précis au sujet de leur perte, plus cela les aidera. Par exemple, ils ont peut-être perdu non seulement une personne aimée, mais un revenu, une amitié, du respect, ou la sécurité. Ils doivent présenter ces pertes au Seigneur l'une après l'autre.

B. Aide pratique

Si ceux qui sont en deuil sont préoccupés de prendre soin d'eux et de leur famille, ils n'auront pas l'énergie de pleurer et ainsi de se rétablir. Ils seront peut-être trop épuisés pour travailler comme avant et faire en plus tout ce que faisait la personne décédée.

- Les soulager de leurs responsabilités habituelles pour qu'ils puissent se remettre de leur perte. Surtout au moment des obsèques et de l'enterrement, il y a de nombreuses façons pratiques d'aider une personne en deuil. Les veuves et les orphelins en particulier ont besoin de secours, et nous devons prendre soin d'eux (Jacques 1.27).

- S'il n'y a pas de corps à enterrer, organiser un service à l'Église en souvenir de la personne et pour déclarer publiquement sa mort. Une photo de la personne ou une croix peut remplacer le corps. Si la famille est dispersée, ceux qui sont éloignés peuvent organiser des cérémonies semblables.

- Il arrive souvent qu'une personne ait de la difficulté à dormir pendant les premières semaines et les premiers mois après la perte d'un être cher. Si des personnes ne peuvent pas dormir, les encourager à pratiquer des exercices physiques. Selon les circonstances, on peut les encourager à marcher, à travailler en plein air, ou à pratiquer un sport. La fatigue les aidera à mieux dormir la nuit.

- Si quelqu'un refuse d'admettre la mort d'une personne aimée, l'aider à en prendre conscience peu à peu. Par exemple, on peut l'aider à se séparer des biens personnels de la personne disparue.

A | *Prenez une pause avant de commencer les lamentations.*

LES LAMENTATIONS

A | *(10 min) Lisez ce qui suit. Faites remarquer que la seule partie qui est obligatoirement présente dans une lamentation est la plainte.*

Dans le Psaume 13.2, David dit : « Seigneur, tu continues à m'oublier, mais jusqu'à quand ? » Mais au verset 6, il dit : « Moi, je suis sûr de ton amour, mon cœur est joyeux parce que tu me sauves ! Je veux chanter le Seigneur pour le bien qu'il m'a fait ! » Comment David peut-il dire ces deux choses à la fois ? N'est-ce pas une contradiction ?

Dieu nous a donné un outil pour nous aider à exprimer notre douleur. Cela s'appelle une lamentation. De nombreux psaumes sont des lamentations. Dans une lamentation, les gens ouvrent leur cœur à Dieu pour se plaindre, afin qu'il intervienne et les aide. Tout en se lamentant, ils continuent à affirmer leur foi en lui (Psaumes 62.9). Une lamentation peut être écrite par une personne seule ou en groupe.

Les lamentations peuvent être divisées en sept sections :
- Appel à Dieu (Ô Dieu / Seigneur)
- Rappel de la fidélité de Dieu dans le passé
- **Plainte**
- Confession de péché ou affirmation d'innocence
- Supplication pour recevoir une aide
- Réponse de Dieu (souvent implicite)
- Promesse de louer Dieu, ou affirmation de confiance en lui

Tous ces aspects ne sont pas présents dans chaque lamentation et ils ne le sont pas toujours dans cet ordre. La seule partie essentielle est la plainte.

Les lamentations permettent aux gens d'exprimer leur souffrance librement, même jusqu'au point d'accuser Dieu. Souvent (pas toujours) elles sont suivies d'une affirmation de confiance en lui. (Comparer le psaume 88 et le livre des Lamentations). Cette association forme des prières puissantes. La douleur n'est pas cachée, mais est exprimée ouvertement à Dieu. Les lamentations aident les personnes à être honnêtes devant Dieu, à dire la vérité sur leurs sentiments et leurs doutes. Exprimer notre lamentation auprès de Dieu est un signe de foi, pas de doute.

Dans une lamentation les personnes ne cherchent pas à résoudre le problème eux-mêmes, mais elles crient vers Dieu pour qu'il les secoure. Elles regardent vers Dieu plutôt que vers l'ennemi parce que c'est l'Éternel qui, finalement, contrôle la situation. Au lieu d'agir elles-mêmes ou de maudire l'ennemi, elles demandent à Dieu d'agir pour révéler sa justice (Psaume 28.4-5).

Beaucoup d'ethnies emploient des lamentations. Elles sont une bonne manière d'exprimer nos émotions profondes.

ACTIVITÉ

A | *(5 min) En grand groupe, lisez à haute voix le Psaume 13 (ci-dessous) et repérez les diverses parties de la lamentation (v. 1 et 2, appel et plainte ; v. 3 et 4, supplication ; v. 5a, affirmation de confiance en Dieu ; v. 5b et 6, promesse de louer Dieu). Puis lisez les instructions sur les lamentations au point 2 ci-dessous.*

1. Pouvez-vous repérer les sections de cette lamentation ?

Psaume 13

1 *Seigneur, tu continues à m'oublier, mais jusqu'à quand ?*
Tu me caches ton visage, mais jusqu'à quand ?

2 *Tous les jours, je me fais du souci,*
et mon cœur est rempli de tristesse, mais jusqu'à quand ?
Mon ennemi est plus fort que moi, mais jusqu'à quand ?

3 *Seigneur, mon Dieu, regarde, réponds-moi !*
Éclaire mes yeux de ta lumière, sinon je vais m'endormir dans la mort,

4 *sinon mon ennemi va crier : « Je l'ai vaincu. »*
Et si je tombe, mes adversaires seront fous de joie.

5 *Moi, je suis sûr de ton amour,*
Mon cœur est joyeux parce que tu me sauves !

6 *Je veux chanter le Seigneur*
pour le bien qu'il me fait !

2. Prenez du temps pour créer une lamentation à adresser à Dieu. Votre lamentation peut être une chanson, du rap, un poème, une prière, une danse, ou tout autre moyen créatif d'exprimer vos sentiments à Dieu. Il n'est pas nécessaire que la lamentation soit composée de toutes ses parties, mais la plainte doit obligatoirement être présente.

A *(20 à 30 min)* **Activité de lamentation.** *Il est préférable de laisser les personnes travailler en silence, sans musique de fond, car la musique pourrait les distraire. Demandez aux participants de rester en silence jusqu'à que vous les rappeliez.*

Si les participants ont vécu un événement traumatique de manière communautaire, il peut être utile de créer une lamentation en groupe. C'est souvent la composition d'un chant à chanter ensemble. Faites-les travailler soit en petits groupes soit en grand groupe. Pour commencer le processus, demandez à des participants de trouver le thème de leur lamentation. Demandez-leur de découvrir leurs sentiments et les questions qu'ils posent à Dieu à propos de cette situation.

DISCUSSION

A *(5 à 10 min) En petits groupes ou groupes de deux.*

Partagez ce que vous voulez de votre lamentation. Ou bien, si vous préférez, vous pouvez partager ce que vous avez vécu en l'écrivant.

CONCLUSION   (5 MIN)

A *(5 min) Donnez du temps à quelques participants de partager leur lamentation avec le grand groupe. Vous pouvez aussi chanter un chant de lamentation ensemble ou choisir un psaume de lamentation à lire à haute voix comme prière finale. Puis donner leur du temps pour réfléchir à la proposition qui suit.*

Encouragez les participants à lire le contenu du module et à rechercher les passages des Écritures après la session.

Notez une chose importante que vous avez apprise dans ce module.

A *Si nécessaire, entre ce module et le suivant, vous pouvez insérer un ou plusieurs des modules facultatifs suivants :*

- *Comment pouvons-nous aider les enfants qui ont vécu des événements traumatisants ?*
- *Comment aider les victimes d'agression sexuelle ?*
- *Le ministère auprès des personnes vivant avec le VIH et le SIDA*
- *Les violences familiales*
- *Le suicide*
- *Les addictions*
- *Comment demeurer efficace en aidant les autres ?*

5. Apporter nos souffrances à la croix

Avant de commencer :

- Bien avant ce module, lisez la « Note à l'attention de l'animateur » ci-dessous et discutez-en les détails avec votre hôte, afin de vous assurer que vous présenterez le module de la manière la plus culturellement appropriée.
- Choisissez un ou plusieurs participants pour vous aider à présenter le module et passez-le en revue avec eux au minimum une journée avant la présentation du module.
- Prévoyez une pause à la fin de ce module, afin que les participants aient le temps de réfléchir à ce qu'ils ont vécu.
- Préparez le matériel (voir la liste ci-dessous)
- Arrangez les chaises de la façon la plus adaptée à la cérémonie (par exemple en cercle ou toute autre disposition différente d'une salle de classe) :
- Pour la section 1 : Décidez si vous allez utiliser l'histoire « Le papier du pasteur Marc » en plus de l'histoire « Jésus guérit une femme ». Si c'est le cas, racontez-la en premier, avant l'histoire de la femme. Cela peut être utile si vos participants ne sont pas prêts à faire une cérémonie. Ajoutez 15 minutes au temps total du module. Choisissez la manière dont vous allez raconter l'histoire (voir page 80, « Histoires » dans« Préparation des modules ».
- Pour les Sections 2 et 3 : Choisissez les chants et la musique à utiliser.

Dans ce module nous allons :

- Découvrir quelles sont nos blessures du cœur et en parler avec une autre personne.
- Discuter du fait que Jésus est mort pour nous guérir de nos blessures et pour pardonner nos péchés.
- Apporter notre souffrance à la croix de Jésus et aider les autres à faire de même.

Section 1 : Une histoire	15 min
Section 2 : Découvrez quelles sont vos blessures du cœur	50 min
Section 3 : Apportez votre souffrance à Jésus	25 min
Durée totale	**1 heure et 30 minutes**

NOTE À L'ATTENTION DE L'ANIMATEUR

Il est préférable de faire cet exercice vers la fin des modules, après que les participants ont eu le temps de réfléchir à leurs blessures du cœur et se sentent prêts à apporter leur souffrance à Dieu. Faites-en sorte que les participants sachent que ce qu'ils écrivent ne sera jamais lu par quelqu'un d'autre. Cet acte n'est pas un rituel magique mais un moyen de commencer à vivre le travail de guérison de notre souffrance que Dieu accomplit en nous.

Détails à discuter à l'avance avec votre hôte :

- Faut-il qu'un responsable de l'Église aide à animer ce module ? Si oui, qui ?
- Est-ce possible d'utiliser une croix ? Si c'est le cas, y a-t-il des soucis concernant le type de croix à utiliser ? Est-ce qu'on peut clouer du papier sur la croix ? Si ce n'est pas le cas, peut-on le scotcher sur la croix ou bien le mettre dans une boite au pied de la croix ?
- Est-ce qu'on peut porter la croix ?
- Est-il plus approprié de présenter le module sous le titre « Apporter notre souffrance à Jésus » ?
- Le fait que les participants écrivent leur souffrance peut-il représenter un danger pour eux ?
- Quelle est la meilleure façon de répartir les participants en petits groupes pendant le temps de partage de la section 2 ? (Voir « Autres aspects à considérer », ci-dessous).

Autres aspects à considérer

- Si vous êtes au courant qu'un ou plusieurs participants ont vécu un événement traumatique lié au feu, réfléchissez à la possibilité d'utiliser une méthode pour détruire les papiers qui n'utilise pas de feu (voir liste de méthodes ci-dessous). Si l'événement traumatique était lié à l'eau, pensez à ne pas utiliser d'eau au cours de la cérémonie.
- Choisissez la meilleure façon de répartir les participants en petits groupes pendant la section 2 durant laquelle le grand groupe est divisé en petits groupes de deux ou trois personnes, dans lesquels chacun a la possibilité de partager sa souffrance la plus profonde. Il est souvent important de mettre les hommes entre eux, les pasteurs entre eux et les femmes entre elles. Si un but du groupe d'accompagnement est la réconciliation entre ethnies, des personnes de groupes ethniques différents peuvent être mis ensemble. La guérison se produit souvent quand les personnes se font assez confiance pour partager et écouter les plus profondes souffrances de chacun. Encouragez les participants à trouver quelqu'un avec qui ils aimeraient partager. Soyez attentif à ne laisser personne seul, à moins que ce soit le choix de la personne.
- Lors de la rencontre suivante, il peut être utile de parler de ce qui a été vécu et de discuter de ce que les participants ont ressenti et de ce qu'ils ressentent en ce moment.
- Si vous avez traité le module sur les blessures morales avec votre groupe, réfléchissez à la possibilité de changer le module sur la souffrance à la croix de cette façon :

  - Ajoutez une carafe d'eau, un bol et une serviette de toilette sur une petite table placée pas très loin de la croix.
  - À la section 2, pendant le « temps seul », changez les instructions du premier paragraphe tel que c'est indiqué par le texte en gras qui suit : *Prenez du temps seul et réfléchissez à la souffrance ou aux souffrances que vous voulez apporter à Jésus pour qu'il vous en guérisse. Écrivez sur un papier les choses qui vous font souffrir—les choses qu'on vous a faites **ainsi que les choses que vous avez faites, celles qui ont été négligées ou encore celles dont vous avez été témoins et qui vous ont blessé.** Si vous préférez, vous pouvez aussi faire un dessin ou créer une autre forme d'expression de la souffrance dont vous aimeriez être guéri.*
  - À la section 3, quand vous invitez les participants à apporter leur souffrance à la croix, invitez-les en même temps à se laver les mains avec la carafe d'eau (vous pouvez aussi demander à une personne de tenir la carafe et de verser de l'eau sur les mains de chaque participant). Rappelez aux participants que ce n'est pas un « nettoyage magique » des

blessures de leur âme mais un rappel symbolique que l'on reçoit la purification des péchés et le pardon de Dieu.

Le matériel à préparer à l'avance

Une croix, par exemple :

- Une croix en bois, si l'on va clouer les papiers sur la croix.
- Tout autre type de croix, si l'on ne va pas clouer les papiers sur la croix.
- Une croix dessinée sur une boîte.
- Si les participants n'acceptent pas le symbole de la croix, utilisez une simple boîte dans laquelle ils mettront leurs papiers.
- Si l'utilisation d'une croix n'est pas appropriée, discutez avec votre hôte de la meilleure façon de faire la cérémonie.

Du papier et un crayon pour chaque personne :

- Certains animateurs préfèrent donner à chaque participant plusieurs petits papiers et demandent d'écrire seulement une souffrance sur chaque papier.
- Certains animateurs préfèrent utiliser du papier qui se dissout.
- Si on ne peut se procurer du papier, ou si les participants ne sont pas alphabétisés, ou s'ils craignent pour leur sécurité en écrivant leur souffrance, procurez-vous des bâtonnets ou autre chose qui puisse être brûlé, afin de représenter symboliquement chaque souffrance.

Un moyen pour détruire les papiers, comme :

- Les brûler : des allumettes, un récipient résistant au feu dans lequel brûler les papiers, un bâton ou un autre ustensile pour attiser le feu et un endroit pour brûler les papiers.
- Les dissoudre : du papier qui se dissout, un seau d'eau et un bâton ou tout autre outil pour remuer l'eau.
- Les déchiqueter : un déchiqueteur de papier, ou bien demandez aux participants de les déchirer en petits morceaux.
- Les recouvrir : de la peinture noire à verser sur les papiers et un bol ou un plateau dans lequel placer les papiers.
- Toute autre méthode créative pour détruire les papiers.

Des clous et un marteau si les papiers doivent être cloués sur la croix, ou du scotch pour les coller à la croix, ou un panier si les papiers doivent être déposés au pied de la croix.

Des feuilles de chants ou de la musique enregistrée. Choisissez des chants que la majorité connaît, si ce n'est tout le monde ; ce n'est pas le moment d'apprendre de nouveaux chants.

5. Apporter nos souffrances à la croix

A | *(1 min) Présentez le titre et les objectifs du module. Indiquez aux participants le module correspondant dans* Guérir les traumatismes. *Expliquez brièvement la cérémonie "souffrance à la Croix," afin que les participants sachent à quoi s'attendre.*

5

SECTION 1.

(15 MIN)

Jésus guérit une femme

A | *(3 min) En grand groupe. Racontez l'histoire.*

Un jour, un père demande à Jésus de guérir sa fille qui est très malade. Tandis qu'il est en route pour y aller, des foules de gens l'entourent, se poussant pour s'approcher de lui. Dans la foule, il y a une femme qui perd du sang depuis douze ans. Elle a souffert des soins de nombreux médecins et a dépensé beaucoup d'argent. Au lieu de l'aider à aller mieux, ils ont rendu sa situation pire. Elle a entendu que Jésus va passer par là, alors elle marche derrière lui et elle touche son vêtement. Elle se dit : « Si seulement je peux toucher le bord de son vêtement, je serai guérie ! » Et elle l'est ! Au moment même où elle touche son vêtement, son saignement s'arrête, et elle sent dans son corps qu'elle est libérée de sa maladie.

Mais au même moment, Jésus sent qu'une force est sortie de lui. Il se retourne et il demande : « Qui a touché mon vêtement ? »

Ses disciples lui disent : « Maître, tu vois bien cette foule serrée autour de toi. Comment peux-tu demander qui t'a touché ? »

Mais Jésus continue à regarder tout autour de lui pour voir qui a fait cela. Avec beaucoup de courage, la femme vient vers lui, toute tremblante. Elle se jette à ses pieds. Toute la foule écoute ; elle raconte qu'elle l'a touché, et qu'elle a aussitôt senti qu'elle était guérie ! Jésus lui dit : « Ma fille, ta foi t'a guérie. Va en paix et sois guérie de ta maladie. » (D'après Marc 5.24-34)

DISCUSSION

A | *(12 min) En grand groupe, sauf pour les questions 5 et 6.*

1. Cette femme souffrait de quoi ?
2. Que s'est-il passé quand elle a touché Jésus ?
3. Pourquoi pensez-vous que Jésus ne l'a pas laissée disparaître dans la foule ?
4. Quelle réaction attendait-elle lorsqu'elle a raconté les détails de son histoire à Jésus ? Comment Jésus a-t-il répondu ?

En petits groupes de deux ou trois :
5. Avez-vous déjà eu honte de votre histoire ?
6. Comment pensez-vous que Jésus répondrait si vous lui racontiez tous les détails de votre histoire ?

A | *Si les participants utilisent les manuels, demandez-leur de les fermer jusqu'à la fin du module.*

OPTION : LE PAPIER DU PASTEUR MARC (15 MIN DE PLUS)

A *(5 min) En grand groupe. Racontez l'histoire. Si ça fait longtemps que vous avez traité le module sur le deuil, dites : « Vous vous souvenez du pasteur Marc, dont le père est mort quand il avait trois ans et qui a été élevé par un oncle méchant. Il est maintenant responsable d'une Église dont les membres ont vécu de nombreuses crises depuis quelques années. Vous vous souvenez sûrement aussi du pasteur Silas, qui a fui dans la brousse avec sa famille et des membres de son Église pour se cacher du groupe armé qui avait envahi la ville. Alors qu'ils fuyaient, la femme de Silas est morte. Après la crise, il a continué son ministère de pasteur de l'Église. »*

Après que le pasteur Silas s'est laissé aller à pleurer la perte de sa femme, il a commencé à mieux dormir. Ses cauchemars étaient moins fréquents et il ne se sentait pas aussi en colère qu'avant. Mais il y avait encore une profonde blessure dans son cœur, une tristesse qui parfois le faisait se sentir impuissant. Un jour, au marché, il a rencontré son camarade de l'école biblique, Marc. Marc l'a invité à une réunion spéciale des gens de l'Eglise à sa maison. Quand Silas est arrivé, il a regardé autour de lui et il a vu une petite croix de bois appuyée contre un mur avec un panier à son côté. L'épouse de Marc donnait à chacun un morceau de papier et un stylo.

Le pasteur Marc a expliqué ce qu'ils allaient faire, il a dit : « Nous avons tous des problèmes. Certains d'entre nous ont perdu des êtres chers. D'autres ont perdu des membres de leur corps. D'autres encore ont perdu des maisons. Nous avons tous des blessures dans nos cœurs. Nous pouvons apporter toute notre douleur à Jésus. Ésaïe 53 dit qu'il a porté notre chagrin et nos peines. Il est mort sur la croix pour nos péchés et pour tout le mal que le péché apporte : la maladie, la mort et la guerre. Il comprend notre douleur et nous demande de lui permettre de porter notre souffrance. Écrivez des choses qui vous font souffrir sur le papier et ensuite amenez-les à la croix. »

Chacun a écrit sur son papier pendant un certain temps. Silas a commencé à pleurer quand il a écrit. Puis Marc a invité tout le monde à former des groupes de deux ou trois personnes pour prier les uns pour les autres. Il a dit qu'ils pourraient partager ce qu'ils avaient écrit les uns avec les autres, s'ils le voulaient. La pièce était remplie d'un bourdonnement de partage et de prières et de sanglots.

Finalement, Marc a commencé à chanter et quand tout le monde a fini de prier, il a dit : « Maintenant il est temps d'apporter votre douleur à la croix de Christ. Apportez vos papiers et mettez-les dans le panier au pied de la croix et dites : "J'apporte ma souffrance à Jésus" ».

Après avoir mis leurs papiers dans le panier, ils les ont emportés à l'extérieur et les ont brûlés. Marc a mis son papier dans sa poche, espérant que personne ne le remarquerait.

Alors Marc a dit au groupe, « En brûlant ces papiers, nous demandons à Jésus de prendre notre souffrance et de commencer un processus de guérison. Ce n'est pas magique. Mais nous demandons qu'Il entende notre prière. » Après avoir prié ensemble, ils sont tous rentrés chez eux tranquillement. Silas se sentait comme si un énorme fardeau avait été pris de ses épaules.

Plus tard dans la nuit, alors qu'il était avec sa femme Anne, le pasteur Marc a sorti son papier de sa poche. Des larmes ruisselaient sur ses joues. « Anne, mon père m'a laissé seul il y a tant d'années ! Pourquoi ça me fait encore mal ? » Anne a pris son mari dans ses bras et a prié pour lui. Puis Marc a approché le papier d'une bougie, l'a laissé prendre feu, l'a placé dans un bol et l'a regardé brûler, en disant : « Jésus, je te remets cette peine que j'ai portée depuis très longtemps. »

Marc a bien dormi cette nuit-là.

A   (10 min) En grand groupe. La réponse à la question 3 est qu'il ne sentait pas encore prêt à apporter sa souffrance à la croix.

1. Qu'a fait Jésus sur la croix pour nous ?
2. Pourquoi pensez-vous qu'écrire la douleur sur le papier, l'apporter à la croix, puis brûler le papier a aidé le groupe de Marc à guérir de les blessures du cœur ?
3. Pourquoi pensez-vous que Marc a mis le papier dans sa poche ?
4. Comment pouvez-vous expliquer la douleur que Marc a apportée à la croix ?

A   Si les participants utilisent les manuels, demandez-leur de les fermer jusqu'à la fin du module.

SECTION 2. (50 MIN)

Identifiez les blessures de votre cœur

A   (5 min) Commencez par un chant puis lisez ce qui suit.

De la même façon que la personne dans l'histoire a apporté sa souffrance à Jésus, nous pouvons aussi le faire.

Les Saintes Écritures nous enseignent que Jésus est venu pour porter non seulement nos péchés mais aussi nos souffrances et pour nous guérir. L'Évangile selon Matthieu cite le livre d'Ésaïe, qui dit : « Il a pris ce qui nous fait souffrir et il a porté sur lui nos maladies » (Matthieu 8.16-17, citant Ésaïe 53.4). Dans ce même texte d'Ésaïe, il dit aussi :

> Tout le monde le méprisait et l'évitait.
> C'était un homme qui souffrait, habitué à la douleur.
> Il était comme quelqu'un que personne ne veut regarder.
> Nous le méprisions, nous le comptions pour rien.
> Mais il était blessé à cause de nos fautes,
> il était écrasé à cause de nos péchés.
> La punition qui nous donne la paix est tombée sur lui.
> Et c'est par ses blessures que nous sommes guéris. (Ésaïe 53.3-5 PDV)

Jésus ressent tout le fardeau humain de la souffrance et du péché. Jésus connaît la souffrance qui afflige notre cœur et nous devons la lui apporter pour qu'il nous guérisse.

PRENEZ DU TEMPS SEUL

A   (20 min) Distribuez le ou les papiers. Lisez ce qui suit. Dites aux participants de combien de temps ils disposent et comment vous allez les rappeler (par exemple, par une parole ou une cloche ou un morceau de musique). Il est préférable que cette partie soit faite en silence.

Maintenant vous allez prendre du temps seul pour réfléchir à la souffrance ou aux souffrances que vous voulez apporter à Jésus pour qu'il vous en guérisse. Écrivez sur un papier les choses qui vous font souffrir — les choses qu'on vous a faites ou celles que vous avez faites. Si vous préférez, vous pouvez aussi faire un dessin ou créer une autre forme d'expression de la souffrance dont vous aimeriez être guéris. Maintenant sentez-vous libre de trouver un endroit tranquille et isolé et nous vous rappellerons ici à la fin.

A | (5 min) *Quand le temps est écoulé, rappelez les participants. Chantez un chant ensemble.*

DISCUSSION

A | (20 min) *En petits groupes de deux ou trois. Dites aux participants combien de minutes ils auront ou bien qu'ils devront revenir quand ils entendent la cloche ou la musique.*

Maintenant, si vous le souhaitez, vous allez avoir la possibilité de parler de ces souffrances avec quelqu'un d'autre. Selon votre souhait, partagez ce que vous voulez de ce que vous avez écrit sur votre papier. Ou bien vous pouvez partager ce que vous avez vécu en l'écrivant. Après le partage, prenez un temps pour prier les uns pour les autres. Si vous n'êtes pas à l'aise de partager ce que vous avez sur le cœur, il n'y a pas de problème ; vous pouvez simplement prier ensemble. Quand le temps est écoulé, rappelez les participants par une parole ou une cloche ou en chantant un cantique.

SECTION 3. (25 MIN)

Apportez votre souffrance à Jésus

A | (1 min) *Lisez à haute voix le paragraphe ci-dessous. Modifiez les instructions selon vos besoins si vous utilisez du papier qui se dissout ou bien si votre hôte est d'accord pour que les participants clouent à la croix les papiers exprimant leur souffrance.*

Jésus a dit : « Venez auprès de moi, vous tous qui portez des charges très lourdes et qui êtes fatigués, et moi je vous donnerai le repos. Je ne cherche pas à vous dominer. Prenez donc, vous aussi, la charge que je vous propose, et devenez mes disciples. Ainsi, vous trouverez le repos pour vous-mêmes. » (Matthieu 11.28—29 ; PDV). Jésus vous invite à venir à lui. Quand vous êtes prêts, vous pouvez apporter vos papiers à la croix. Si vous le souhaitez, vous pouvez dire, « J'apporte ma souffrance à Jésus. ». Sentez-vous libre de rester à la croix autant de temps que nécessaire. Si vous n'êtes pas prêts à apporter votre papier à la croix, sentez-vous libre de rester à votre place.

TEMPS OÙ L'ON APPORTE SA SOUFFRANCE A JÉSUS

A | (10 min) *Invitez les participants à apporter leur souffrance à la croix. Si vous le souhaitez, chantez un chant ensemble. Puis apportez les papiers à l'extérieur (en procession avec la croix si c'est approprié) puis brûlez-les, tout en lisant ce qui est ci-dessous.*

> *A* *Si vous le souhaitez, lisez Apocalypse 21.1 à 5 en plus de Ésaïe 61.1-4 (note de bas de page).*[5]

En détruisant nos papiers, nous demandons à Jésus de prendre notre souffrance et de continuer à nous guider sur le chemin de la guérison. Ce n'est pas magique. C'est quelque chose que nous faisons en impliquant tout notre corps pour aider notre cœur et notre esprit à comprendre que nous demandons à Jésus de prendre notre souffrance.

Dans Luc 4, Jésus a lui-même lu une partie du passage suivant et a aidé les personnes à comprendre que ce texte parlait de lui-même.

Ésaïe 61.1-4 dit :

> *L'esprit du Seigneur Dieu est sur moi.*
> *Oui, il m'a consacré*
> *pour apporter une bonne nouvelle aux pauvres.*
> *Il m'a envoyé pour guérir ceux qui ont le cœur brisé,*
> *pour annoncer aux déportés : « Vous êtes libres ! »*
> *et à ceux qui sont en prison : « Vous allez revoir la lumière du jour ».*
> *Il m'a envoyé pour annoncer :*
> *« C'est l'année où vous verrez la bonté du Seigneur ! »*
> *« C'est le jour où notre Dieu se vengera de ses ennemis ! »*
> *Il m'a envoyé pour redonner de l'espoir à ceux qui sont en deuil. Ils sont en deuil à cause de Sion.*
> *Mais je dois leur donner un beau turban, pour remplacer la cendre sur leur tête.*
> *Je dois verser sur eux une huile parfumée qui marque la joie et non le deuil,*
> *je dois leur mettre un vêtement de fête pour remplacer le découragement.*
> *Alors on les comparera à des arbres qui honorent Dieu,*
> *à une plantation qui montre la gloire du Seigneur.*
> *Ils relèveront les murs écroulés d'autrefois,*
> *ils reconstruiront les maisons détruites depuis longtemps.*
> *Ils redresseront les villes démolies,*
> *ce qui est resté en ruines pendant plusieurs générations.*

PARTAGE

> *A* *(10 min) Posez la question ci-dessous et accordez du temps aux participants pour partager.*

Voulez-vous partager quelque chose que Dieu a fait pour vous durant notre temps ensemble ?

---

[5]APOCALYPSE 21.1 À 5

Ensuite, je vois un ciel nouveau et une terre nouvelle. En effet, le premier ciel et la première terre ont disparu, la mer n'existe plus. Et je vois la ville sainte, la Jérusalem nouvelle. Elle descend du ciel, envoyée par Dieu. Elle s'est faite belle comme une jeune mariée qui attend son mari. Alors j'entends une voix forte qui vient du siège royal. Elle dit : « Maintenant, la maison de Dieu est au milieu des êtres humains. Il va habiter avec eux. Ils seront ses peuples, Dieu lui-même sera avec eux et il sera leur Dieu. Il essuiera toutes les larmes de leurs yeux. La mort n'existera plus, il n'y aura plus ni deuil, ni cri, ni souffrance. Oui, le monde ancien a disparu. » Celui qui est assis sur le siège royal prend la parole et dit : «Maintenant, je transforme ce qui existe, tout devient nouveau. » Puis il ajoute : « Écris : Ces paroles sont sûres et vraies.»

A | *(4 min) En conclusion, dites aux participants que c'est normal de se sentir plus fatigué ou plus ému que d'habitude à la fin de ce module. C'est parce qu'ils ont laissé sortir des émotions profondes. Cela fait partie du processus de guérison. Encouragez-les à prendre soin d'eux-mêmes et à prendre contact avec les animateurs s'ils ont besoin d'un soutien supplémentaire.*

Priez pour les participants. Chantez un chant approprié ensemble. Conclure le module.

6. Comment pouvons-nous pardonner aux autres ?

S'il s'agit du dernier module de votre groupe d'accompagnement, choisissez si vous allez utiliser la section « Regarder en arrière et regarder vers l'avenir » (page 57) et quelles activités de fin de module vous utiliserez (Section de fin du groupe d'accompagnement).

Avant de commencer :

- Section 1 : Choisissez l'histoire ou les sketchs. Si des membres de votre groupe ont été victimes de violences familiales et que vous utilisez l'histoire plutôt que les sketchs, il est important de présenter le module facultatif sur les violences familiales avant de présenter le module sur le pardon. Si vous utilisez les sketchs, demandez à l'avance à huit participants de les jouer. Si nécessaire, faites-leur des copies des sketchs. Si vous utilisez l'histoire, choisissez entre l'histoire de la chèvre ou celle de Bilhatou selon votre contexte, et décidez de la manière dont vous allez la raconter (voir page 214, « Histoires » dans « Préparation des modules »).
- Section 3 : Habituez-vous au sketch du téléphone portable.
- Section 3 : Dessinez le cycle du pardon au tableau, sur un tableau à feuilles mobiles ou sur une grande feuille de papier.
- Section 4 : Habituez-vous au sketch de la corde ou à un autre des sketchs supplémentaires. Procurez-vous une corde ou quelque chose que vous pouvez utiliser pour attacher deux personnes ensemble.
- Sections 3, 4 et 5B : Si besoin, préparez des feuilles de papier ou des fiches avec des versets bibliques ou téléchargez les versets bibliques.

Dans ce module nous allons :

- Discuter de ce qu'est le pardon et de ce qu'il n'est pas.
- Expliquer comment pardonner aux autres – le processus.
- Expliquer pourquoi nous devons pardonner, en particulier en tant que chrétiens.
- Expliquer le processus de la véritable repentance.
- Découvrir ceux à qui nous devons pardonner et ceux à qui nous devons demander pardon.

Section 1 : Histoire ou sketchs	10 min
Section 2 : Qu'est-ce que le pardon et qu'est-ce que ce n'est pas ?	15 min
Section 3 : Comment pouvons-nous pardonner aux autres ?	43 min
Section 4 : Pourquoi devons-nous pardonner aux autres ?	32 min
Section 5 : Et si c'est nous-mêmes qui avons causé du tort ?	15 min
Conclusion	5 min
Durée totale (approximative)	**2 heures**

6. Comment pouvons-nous pardonner aux autres ?

A | *(1 min) Annoncez le titre du module et ses objectifs. Indiquez aux participants le module correspondant dans* Guérir les traumatismes.

SECTION 1.

(10 MIN)

L'histoire sur le pardon ou sketchs

La chèvre

A | *(5 min) En grand groupe. Racontez l'histoire.*

Jacques et sa femme Esther vivent avec leurs six enfants dans un petit village. Ils arrivent à peine à tirer de quoi vivre d'un petit terrain dont Jacques a hérité de son père. Esther élève des poulets et deux chèvres pour aider la famille à survivre. Elle a quatre poules pondeuses et l'une d'elles a une couvée de poussins. Chaque soir, Esther enferme soigneusement les poules et les poussins dans une cage pour les garder en sécurité.

Un matin, quand elle va les faire sortir, une des poules a disparu ! Ses poussins pépient de toute leur force ! Tandis qu'elle cherche la poule qui manque, elle entend Jacques crier : « Notre chèvre a disparu ! » Ils ont beau chercher partout, ils ne retrouvent ni la poule ni la chèvre.

Après quelque temps, Esdras envoie un de ses amis chez eux. Ce dernier dit à Jacques que Esdras a volé les animaux et qu'il regrette. Il voudrait que Jacques lui pardonne.

« Eh bien, dit Jacques, cela a été très difficile pour nous d'avoir perdu la chèvre et la poule. »

« Oui, oui ! » dit l'ami.

Jacques continue : « Nous dépendions vraiment des œufs, et du lait de la chèvre. Et maintenant nos enfants ont faim le soir. »

« Oui, oui ! » dit l'ami.

Et Jacques ajoute : « Je vais demander à Dieu de m'aider à pardonner à Esdras, mais il doit nous rendre nos animaux. »

« Aïe ! dit l'ami. Il a déjà vendu la poule ! Et de plus, si tu lui as vraiment pardonné, tu ne lui demanderais pas de rendre ces animaux.

« Eh bien, je peux pardonner à Esdras, mais il doit quand même assumer les conséquences de ce qu'il a fait. Dis-lui d'acheter une autre poule et de nous l'apporter avec la chèvre. Il peut même ajouter un coq, s'il veut ! »

La semaine suivante, à l'Église, le pasteur Marc prêche sur le pardon. Il dit que si nous ne pardonnons pas à quelqu'un, c'est nous qui souffrons. Esther écoute. Elle sait qu'elle souffre. Elle se sent amère. À chaque fois qu'elle pense à Esdras, elle a mal à la tête.

De retour à la maison, elle dit à Jacques : « Je sais que si je pardonne à Esdras, j'oublierai ce qui s'est passé. J'essaie de lui pardonner mais je n'arrive pas à oublier ce qu'il a fait ! » Jacques répond : « Mais qui t'a dit ça ? Comment peux-tu oublier ce qui s'est passé ! Tu avais deux chèvres et maintenant tu n'en as qu'une seule ! Nous nous souviendrons toujours de ce qui s'est passé, mais quand nous avons pardonné, nous cessons de nous sentir mal. »

Mais c'est un combat pour Jacques aussi. Chaque fois que ses enfants pleurent parce qu'ils ont faim, il est en colère contre Esdras. Alors il prie et il demande à Dieu de l'aider encore à pardonner à Esdras.

Environ un mois plus tard, l'ami d'Esdras revient chez eux. Cette fois-ci, Esdras est avec lui. Et ils amènent une chèvre avec son chevreau ! Esdras dit : « Plus je pensais à votre famille qui avait faim, plus je me sentais mal. Je suis vraiment désolé de vous avoir volé. Ma famille était privée de viande depuis une semaine quand je suis passé devant votre cour et que j'ai vu les animaux. J'ai été tenté de les prendre et j'ai pensé qu'on ne m'attraperait pas. Maintenant je sais que j'ai mal agi. S'il vous plaît, pardonnez-moi et prenez cette chèvre et le chevreau. J'apporterai une poule dès que je le pourrai ! »

Jacques sourit. Esther sourit. Maintenant leur chèvre est de retour, et leur ami aussi ! Mais désormais ils surveillent de près leurs animaux, au moins pendant un certain temps.

DISCUSSION

A | *(5 min) En grand groupe.*

1. Pourquoi est-ce que Jacques et Esther ont des difficultés à pardonner à Esdras ?
2. Même si Jacques et Esther ont pardonné à Esdras, est-ce que Esdras a fait face aux conséquences de ses actes ? Expliquez.
3. Que pensez-vous de la façon dont Jacques a expliqué le pardon à Esther ?

A | *Si les participants utilisent les manuels, demander-leur de les garder fermés pour le reste du module. Encouragez-les aussi à lire le contenu du module et à rechercher les passages des Écritures après la session.*

Bilhatou

A | *(5 min) En grand groupe. Racontez l'histoire.*

Bilhatou vivait dans un petit village avec son mari et leurs trois jeunes enfants. Une nuit, des terroristes sont venus dans le village. Ils ont tué son mari et brûlé leur voiture. Elle et les enfants étaient dévastés.

Plusieurs semaines après l'enterrement, Bilhatou a commencé à penser à la famille de son mari. Depuis sa mort, aucun d'eux ne l'avait visitée. Elle se demandait si elle les avait offensés. Comme ils étaient tous chrétiens, elle s'étonnait qu'ils ne lui aient pas proposé de l'aider après la perte de son mari.

Finalement, deux des frères de son mari sont venus rendre visite à Bilhatou. Après les salutations, le frère aîné, Moussa, lui a dit le but de leur visite. « Nous sommes venus au nom de la famille de votre défunt mari. Selon la tradition, toutes ses propriétés deviennent maintenant les nôtres. Donc, nous sommes venus les chercher. » Bilhatou était choquée. Elle a fait des objections mais en vain. Moussa et le frère cadet Lawal ont chargé presque tous les biens dans leur voiture et sont partis. Ils ont pris la télévision, la radio, les poulets et trois sacs de grain. Elle a pleuré amèrement. En larmes, elle a tenté de rassurer ses enfants.

Deux mois plus tard, le frère cadet, Lawal, est revenu rendre visite à Bilhatou. Il l'a salué et s'est assis. Il a dit qu'il se sentait très mal à cause de ce que la famille avait fait à Bilhatou. Il était désolé. Bilhatou répondit rapidement : « Oh, ça va. Ça ira bien. » Mais dans son cœur elle se sentait très en colère. Lawal a cru qu'elle avait parlé honnêtement et il est rentré chez lui, pensant que le problème était résolu. Mais Bilhatou a continué à se plaindre amèrement à ses amis à propos de sa belle-famille et leur égoïsme.

Un mois plus tard, alors que Bilhatou lisait sa Bible, elle a commencé à argumenter avec Dieu dans la prière. Elle a dit à Dieu : « Je suis tellement blessée par ce que les parents de mon mari ont fait. Tu vois ma douleur. S'il te plaît, prends-la et guéris les blessures de mon cœur. Je sais que je dois leur pardonner, mais je n'ai pas envie de le faire, et je ne peux pas le faire par moi-même. Tu m'as tellement pardonné, ainsi donne-moi la volonté de leur pardonner. Je sais que tu veux que je laisse aller cette amertume. » Enfin, après un long moment, elle a éclaté en sanglots et a dit à Dieu : « Seigneur, je leur pardonne. Tu as dit, c'est à Toi la vengeance, je te remets cette affaire. »

Le lendemain, le frère aîné, Moussa, est venu chez Bilhatou. Il l'a salué et a demandé de lui parler. Elle lui a servi du thé et l'a écouté. Moussa lui a dit que sa famille était très triste de ce qu'ils lui avaient fait. Dieu leur avait montré qu'ils avaient mis leur tradition au-dessus de l'amour de Dieu. Il avait demandé à Dieu de leur pardonner. Et il était venu demander à Bilhatou de leur pardonner.

Bilhatou a pris son courage et a dit à Moussa exactement ce qu'elle ressentait. Elle a dit, « Moussa, ce que vous avez fait nous a vraiment blessés, les enfants et moi. Nous survivons à peine. Mais Dieu m'a pardonné, et je vous ai pardonné, toi et la famille. Ça n'a pas été facile, mais Dieu m'aide. »

Lorsque Moussa a entendu cela, il a été soulagé. Puis il est allé à sa voiture, et a sorti la télévision et la radio pour les donner à Bilhatou. Il a dit : « Ce sont les vôtres. Je vous les rends. Je ne peux pas rapporter les poulets et le grain parce que nous les avons déjà mangés. » Bilhatou a dit : « Merci, frère Moussa. Je vous pardonne pour ce que vous m'avez fait. »

À ce moment, Bilhatou s'est sentie comme si elle avait été libérée d'un poids lourd qu'elle portait jusque-là. Elle s'est souvenue encore de ce que les frères lui avaient fait, mais elle ne sentait plus la douleur quand elle y pensait. Elle attend avec impatience de voir à nouveau les membres de la famille de son mari, mais elle a encore un peu de crainte quant à ce qu'ils pourraient faire.

Quant aux terroristes, elle se sent toujours très en colère contre eux. Comment pourrait-elle pardonner aux mauvaises personnes qui ont ôté la vie à la personne la plus chère dans sa vie ? Mais elle sait que Dieu va l'aider aussi pour cela en temps opportun.

DISCUSSION

A | (5 min) En grand groupe.

1. Quand est-ce qu'il y a eu un faux pardon dans cette histoire ? Quand est-ce qu'il y a eu un vrai pardon ?

2. Si nous pardonnons à quelqu'un, cette personne doit-elle encore faire face aux conséquences de ses actes ?

A | *Si les participants utilisent les manuels, demandez-leur de les garder fermés pour le reste du module. Encouragez-les aussi à lire le contenu du module et à rechercher les passages des Écritures après la session.*

B. Sketchs sur le pardon

SKETCH 1

(Caleb est assis avec son ami Timothée)

Caleb : « La semaine dernière, Simon m'a vraiment blessé. Il a dit devant tous les autres pasteurs que je ne prêche pas bien. Je n'arrive pas à surmonter cela ; je suis encore blessé quand j'y repense. »

(Timothée sort, et Simon arrive.)

Simon : « S'il te plaît, pardonne-moi pour ce que j'ai dit la semaine dernière, que tu ne prêches pas bien. Je n'aurais pas dû dire une chose pareille. »

Caleb : « Ne t'inquiète pas de cela. Il n'y a rien à pardonner, ça ne m'a rien fait. »

SKETCH 2

(Jacques parle à Adama, son ami proche.)

Jacques : « Adama, ça va ? Il semble que quelque chose te dérange ? »

Adama : « Mon père m'a traité cruellement quand j'étais enfant, j'ai essayé de lui pardonner, mais c'est difficile. »

Jacques : « Tu dois oublier tout cela. Si tu n'oublies pas, tu ne peux pas prétendre que tu lui as pardonné. »

SKETCH 3

Ruth : Salut Anne, merci d'avoir donné le cours à ma place la semaine dernière.

Anne : Je n'enseignerai plus jamais ce cours ! J'essayais de parler des lamentations dans les Psaumes mais Sara n'arrêtait pas de répéter qu'il ne fallait pas prononcer le mot « Pause ». Elle ne voulait tout simplement pas s'arrêter. Je me suis sentie très embarrassée et pas respectée.

Ruth : Bon, est-ce que tu en as parlé avec Sara ?

Anne : Non.

Ruth : Est-ce que tu voudrais que je t'accompagne pour lui parler ?

Anne : Tu ferais ça ? Ça serait vraiment bien !

(Ruth et Anne y vont et frappe à la porte de Sara.)

Sara : Bonjour, mesdames ! Entrez. Vous voulez une tasse de thé ? Au fait, Anne, je pensais justement à toi. Je suis vraiment désolée de la façon dont je n'ai pas arrêté de perturber le cours biblique la semaine dernière. Tu étais en train de faire un bon travail à la place de Ruth et moi je me focalisais sur le mot « Pause ». C'était arrogant et irrespectueux de ma part. Je suis vraiment désolée. Peux-tu me pardonner, s'il te plaît ?

Anne : Merci, Sara, j'apprécie que tu me dises cela. J'étais très embarrassée par tes interruptions et je ressentais que tu ne me respectais pas beaucoup. Je vois maintenant que ce n'était pas ton intention. Bien sûr que je te pardonne.

Sara : Oh, merci, Anne. J'apprécie tellement ton honnêteté et ton pardon. As-tu le temps de rester pour un thé ?

DISCUSSION

A | *(5 min) En grand groupe.*

Laquelle de ces situations exprime un pardon réel ? En quoi cette situation est-elle différente des autres ?

A | *Si les participants utilisent les manuels, demander-leur de les garder fermés pour le reste du module.*

SECTION 2. (15 MIN)

Qu'est-ce que le pardon et qu'est-ce que ce n'est pas ?

DISCUSSION

A | *(5 min) En grand groupe. Discutez de la question ci-dessous.*

1. Qu'est-ce qui se dit habituellement sur le pardon dans votre culture ?

A | *(5 min) En petits groupes. Posez la question ci-dessous, puis répartissez les points « a. » à « j. » entre les petits groupes ou les groupes de deux pour en discuter.*

2. D'après vous, Les affirmations suivantes sont-elles vraies ou fausses ?

   a. Le pardon consiste à dire que l'offense n'a pas d'importance ou que nous n'avons pas été blessés par ce que la personne a fait. (Faux)
   b. Le pardon est un processus qui peut prendre du temps. (Vrai)
   c. Le pardon consiste à agir comme si l'événement n'avait jamais eu lieu. (Faux)
   d. Le pardon consiste à comprendre pourquoi la personne a agi de cette façon. (Faux)
   e. Le pardon ne dépend pas du fait que l'offenseur s'excuse d'abord ou change de comportement. (Vrai)
   f. Le pardon signifie que je vais oublier ce qui s'est passé. (Faux)
   g. Le pardon est différent de la réconciliation. (Vrai)
   h. Le pardon signifie que je vais faire entièrement confiance à la personne à qui j'ai pardonné. (Faux)
   i. Le pardon signifie qu'il n'y aura pas de conséquences pour l'action commise. (Faux)
   j. Le pardon ne signifie pas que je laisserai l'agresseur me faire du mal ou faire du mal à d'autres personnes innocentes. (Vrai)

A | *(5 min) En grand groupe. Recueillez les réponses et passez-les en revue.*

SECTION 3.

COMMENT POUVONS-NOUS PARDONNER AUX AUTRES ?

A | *(1 min) Annoncez le titre de la section. Lisez le paragraphe ci-dessous.*

Si nous pensons que pardonner est trop difficile pour nous, nous avons raison. Mais Dieu est capable de nous donner la force pour tout faire. (Philippiens 4.13).

DISCUSSION

A | *(5 min) En petits groupes. Donnez la question 1 ci-dessous à la moitié des groupes et la question 2 à l'autre moitié.*

1. Dans le module précédent nous avons apporté notre souffrance à Jésus. Comment le fait d'apporter sa souffrance à Jésus vous aide-t-il à pardonner ?
2. Lisez Actes 7.59—60 et Romains 12.17-19. Comment pardonnons-nous, si la personne qui nous a offensés n'a pas demandé pardon ?

A | *(8 min) En grand groupe. Recueillez les réponses et complétez ce qui n'a pas été déjà mentionné en vous aidant des points A. et B. ci-dessous.*

A. Soyez honnête au sujet de votre douleur et apportez-la à Jésus

Pardonner à quelqu'un signifie que nous reconnaissons que la personne nous a fait du tort et que nous reconnaissons la souffrance qu'elle a provoquée en nous. Nous ne minimisons pas la souffrance mais, comme le psalmiste, nous sommes honnêtes devant Dieu par rapport à ce que nous ressentons (Psaumes 6.2-3, 6-7).

Notre souffrance peut durer longtemps, mais nous continuons à l'apporter à Jésus qui comprend la douleur d'être blessé par d'autres (Luc 18.31-33, Ésaïe 53.3). En recevant la guérison de Jésus, nous pourrons pardonner à ceux qui nous ont blessés.

B. Remettre à Dieu la personne qui nous a offensé sans attendre qu'elle demande pardon

Souvent, nous ne voulons pas pardonner avant que la personne qui nous a blessé se soit excusée. Ou bien nous voulons nous assurer que cette personne a changé de comportement avant de lui pardonner. Cependant, Jésus et Étienne ont demandé à Dieu de pardonner à ceux qui étaient en train de les tuer. (Luc 23.34, Actes 7.59-60).

Quand nous pardonnons, nous remettons à Dieu la personne qui nous a offensé et notre envie de la voir souffrir. Au lieu de nous venger de la personne, nous la plaçons entre les mains de Dieu (Romains 12.17-19). Nous ne gardons pas notre propre droit de juger et nous laissons Dieu le faire, sachant qu'il jugera avec justice et droiture (Psaumes 9.8).

C. Laisser du temps pour le processus de pardon

A | *(5 min) En grand groupe. Lisez le paragraphe suivant et demandez à un volontaire de jouer le sketch pendant que vous le lisez à haute voix.*

Le pardon n'est pas instantané. Nous prenons la décision de pardonner, mais parfois quand nous nous souvenons de l'offense nous retournons à des sentiments amers. Quand cela arrive, nous devons continuer à apporter la souffrance à Jésus et à réaffirmer notre engagement de pardon.

SKETCH - TÉLÉPHONE PORTABLE

Des voleurs ont pris l'argent et le téléphone d'Élisabeth et ont endommagé beaucoup de ses affaires. Elle a passé du temps dans le village du refus et de la colère. Puis elle a prié : « Dieu, je sais que tu veux que je pardonne aux voleurs ; aide-moi s'il te plaît. ». **Elle fait cinq pas en avant.**

Puis elle a dû faire la queue debout pendant trois heures pour avoir un autre téléphone portable. Elle se sent très en colère contre les voleurs — **elle fait trois pas en arrière.** Elle prie de nouveau que Dieu l'aide à pardonner — **cinq pas en avant.**

Ensuite ses enfants viennent lui demander de l'argent pour les fournitures scolaires — et elle n'en a pas. Elle ressent encore de la colère contre les voleurs — **trois pas en arrière.** Elle prie de nouveau que Dieu l'aide à pardonner — **cinq pas en avant.**

Deux mois plus tard c'est Noël et elle n'a pas d'argent pour les cadeaux et pour préparer les repas de fête qu'elle prépare normalement chaque année. Elle se sent en colère — **trois pas en arrière** — et prie de nouveau que Dieu l'aide à pardonner — **cinq pas en avant.**

Un an après le vol, elle est capable de prier Dieu sans ressentir l'ancienne colère.

A | *(5 min) Demandez aux participants, « Qu'avez-vous remarqué ? » et discutez le sketch.*

(3 min) Dessinez le cycle du pardon au tableau, sur le tableau à feuilles mobiles ou sur une grande feuille de papier puis lisez la description du cycle inscrite en dessous. Voir la note de pied de page pour un schéma supplémentaire.

Figure 6.1 Le cycle du pardon

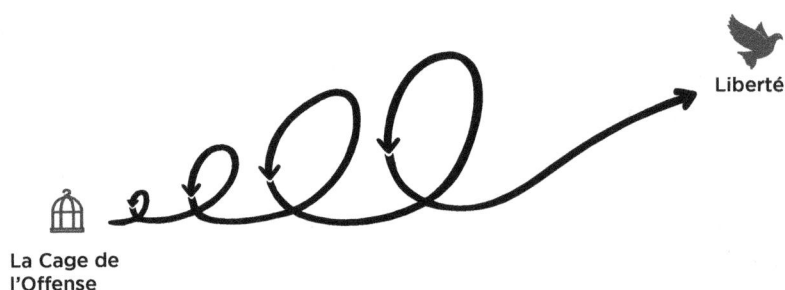

Liberté

La Cage de l'Offense

Figure 6.1.B Schéma supplémentaire du pardon

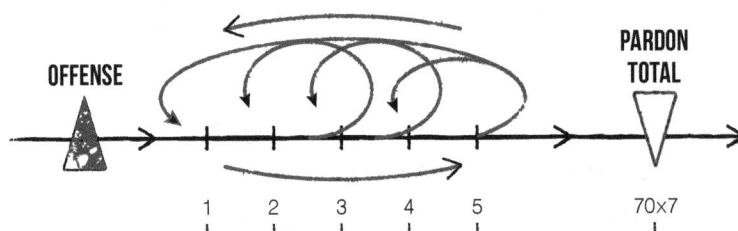

OFFENSE

PARDON TOTAL

1   2   3   4   5   70x7

L'engagement de pardonner vient souvent avant que nous ressentions des sentiments de pardon — parfois bien longtemps avant. Comme l'oiseau sur le dessin, on peut faire de nombreux allers-retours dans nos cœurs depuis la « cage » de l'offense. Au fur et à mesure que nous allons pardonner, nous ressentirons de moins en moins de douleur quand nous nous rappellerons l'événement. Comme l'oiseau vole de plus en plus haut et plus loin de la cage, vers la liberté, nous nous rapprochons toujours plus de la liberté à chaque fois que nous renouvelons notre engagement à pardonner.

D. Laisser la personne qui a fait du mal affronter les conséquences de ses actes

DISCUSSION

A | (10 min) *En grand groupe. Discutez-en puis complétez ce qui n'a pas été dit à l'aide des éléments suivants.*

Lisez Romains 13.1-4 et Nombres 5.5-7. Quelle est la relation entre le pardon et les conséquences ?

Pardonner à quelqu'un ne signifie pas qu'il restera impuni pour le mal qu'il a fait. Même si nous avons pardonné à quelqu'un, il peut être nécessaire de poursuivre cette personne en justice pour l'empêcher de blesser d'autres personnes dans le futur et lui donner l'occasion de se repentir.

Dieu a aussi donné aux dirigeants nationaux et traditionnels la tâche de punir les criminels et de protéger les innocents (Romains 13.1-4). Dieu a aussi chargé les responsables d'Église de protéger les innocents. Ils ne devraient jamais ignorer ou couvrir le péché mais ils doivent le traiter honnêtement (Proverbes 18.5, Éphésiens 5.11, Galates 6.1).

Le pardon ne signifie pas que celui qui a fait le mal soit dispensé de rendre ce qu'il a pris. Certaines choses ne pourront jamais être restituées. Mais si quelqu'un a volé quelque chose, le voleur doit le rendre ou le remplacer (Nombres 5.5-7, Philémon 18-19).

E. Découvrir si vous pouvez de nouveau faire confiance à la personne qui a fait du mal et quand

DISCUSSION

A | (5 min) *En grand groupe. Discutez-en puis complétez ce qui n'a pas été déjà mentionné à l'aide de ce qui suit.*

Quels sont les signes que Joseph a vus dans ses frères qui lui ont montré qu'il pouvait de nouveau leur faire confiance ? (Lisez Genèse 42.21 et 44.30-34)

Si nous pardonnons à quelqu'un, cela ne signifie pas que nous lui refaisons immédiatement confiance. Le seul fait d'avoir pardonné à quelqu'un ne signifie pas qu'il a changé. Et même s'il a changé, notre confiance en lui a été brisée et il faudra du temps pour la rétablir. Petit à petit, alors que nous faisons des expériences positives avec cette personne, nous recommencerons à lui faire confiance. Mais lui faire à nouveau pleinement confiance, si ça arrive un jour, prendra beaucoup de temps.

Avant de faire confiance à ses frères, Joseph les a mis à l'épreuve quand ils sont venus en Égypte, pour voir s'ils avaient changé (Genèse 42-44)

Le pardon peut conduire à la restauration de notre relation avec la personne. Il peut entraîner la personne qui a fait du mal à se repentir et à se réconcilier. Mais elle peut choisir de ne pas se réconcilier avec nous. Même si nous voulons que la relation soit rétablie, cela nécessite une action des deux parties. La réconciliation n'est pas toujours souhaitable, c'est le cas, par exemple, pour certains types d'abus.

Conclusion pour la Section 3

A | *(1 min) Lire le paragraphe qui suit.*

Le pardon est la décision d'abandonner notre droit de nous venger de la personne qui nous a fait du mal. Il s'agit d'accepter ce qui nous est arrivé et ce que cela a provoqué en nous. C'est un long processus de réaffirmation de notre décision de lâcher prise chaque fois que nous nous rappelons l'offense. Cela n'entraîne pas obligatoirement que nous allons de nouveau faire confiance à la personne ni que la personne sera libérée des conséquences de l'offense.

SECTION 4. (32 MIN)

Pourquoi devons-nous pardonner aux autres ?

A | *(5 min) Lire le titre de la section. Faites le sketch de la corde (voir ci-dessous) ou l'un des sketchs supplémentaires (voir note de bas de page) pour illustrer pourquoi nous devons pardonner.*

Le sketch de la corde

A | *Prendre deux volontaires (deux hommes ou deux femmes). Attachez les deux personnes dos à dos avec une corde ou un long tissu. (Si vous préférez, ils peuvent s'accrocher l'un à l'autre par les bras.) Puis lisez le sketch ci-dessous pendant que les volontaires exécutent vos instructions.*

Sam (ou Samantha) a été offensé(e) par son ami(e). Partout où Sam se déplace, il traîne son ami avec lui comme un poids mort. C'est épuisant et exaspérant.

- Quand Sam va se promener, son ami est là.
- Quand Sam prend son repas, son ami est là.
- Quand Sam essaie de travailler, son ami est là.
- Quand Sam prie, son ami est là.
- Quand Sam essaie de s'enfuir, son ami est là.
- Quand Sam essaie de se cacher, son ami est là.
- Quoi que fasse Sam, il ne peut échapper à ses pensées et sentiments envers son ami. Il ne peut pas s'échapper avant d'avoir pardonné.

(Puis demandez à Sam de pardonner à son ami. Au moment où il le fait, dénouez la corde.)

Garder l'amertume c'est comme si nous avions la personne qui nous a fait du mal attachée à nous et comme si nous l'amenions avec nous partout où nous allons. Le pardon est un cadeau que nous recevons de Dieu, et nous devons aussi le transmettre aux autres. (Matthieu 18.22–35)

Sketchs supplémentaires en note de bas de page

⁶Première variante du sketch de la corde

Utilisez une très longue corde, tissu ou ficelle. Trouvez des volontaires pour jouer le rôle de chaque personne mentionnée.

Dites : « Jean (ou Jeanne) ne peut pas pardonner à sa mère quelque chose qu'elle a fait dans son enfance. » (Donnez une extrémité de la corde à Jean et demandez à sa mère de tenir la corde. « Il l'amène partout avec lui depuis son enfance ». (Demandez à Jean et à sa mère de faire quelques pas ensemble.)

Dites : « Jean s'est disputé avec son patron le mois précédent, et bien que le patron se soit excusé, Jean ne lui pardonne pas. Ainsi, il l'ajoute à la mère. » (Demandez au patron de tenir la corde. Demandez-leur de faire quelques pas ensemble.)

Ajoutez d'autres personnes jusqu'à ce que Jean traîne un grand groupe avec lui.

Demandez : « Que ressent Jean ? Que pensez-vous qu'il devrait faire ? (Quand les participants disent : « Il doit pardonner », demandez-lui de lâcher la corde.)

Discutez des conséquences d'un refus habituel de pardonner.

Deuxième variante du sketch de la corde

Demandez à deux participants de tenir les deux bouts d'une serviette de toilette ou d'un autre tissu ou encore d'une corde solide. Décrivez une situation dans laquelle un des participants est celui qui fait du mal et l'autre celui qui doit pardonner. Demandez aux participants de tordre les extrémités de la serviette dans des sens opposés afin qu'elle se resserre et fasse des nœuds au milieu. Expliquer que c'est une image du fait de ne pas pardonner et de ses conséquences : tension, nœuds à l'estomac etc.

Demandez : « Que faut-il faire pour se débarrasser des nœuds ? » (Au moins une des deux personnes doit, de son côté, abandonner le conflit, la dispute ou son envie de se venger. Si l'autre aussi abandonne, il peut y avoir réconciliation.) Demander à une personne de lâcher la serviette.

Dites : « La Bible nous dit : «Amis très chers, ne vous vengez pas vous-mêmes, mais laissez la colère de Dieu agir. En effet, dans les Livres Saints, le Seigneur Dieu dit : -- À moi la vengeance ! C'est moi qui donnerai à chacun ce qu'il mérite ! --» (Romains 12.19 PDV). Nous devons choisir d'abandonner notre rancune et laisser la personne qui nous a fait du mal entre les mains de Dieu. Ensuite, nous pourrons avancer dans les plans que Dieu a pour nous. »

DISCUSSION

A *(5 min) En petits groupes. Répartissez les versets entre les groupes.*

1. Que nous disent les versets suivants sur les raisons pour lesquelles nous devons pardonner ?

Éphésiens 4.26-27   2 Corinthiens 2.10-11   Hébreux 12.14-15

Matthieu 6.12   Éphésiens 4.32   Matthieu 18.21-35

A *(12 min) En grand groupe. Recueillez les réponses, puis complétez ce qui n'a pas été dit à l'aide des éléments suivants.*

A. Pardonner nous libère de la colère et de l'amertume

C'est normal de nous sentir en colère quand quelqu'un nous a causé du tort. Mais si nous laissons notre colère nous entraîner à pécher ou si nous la laissons s'infecter, nous risquons de laisser Satan avoir une emprise sur notre cœur (Éphésiens 4.26-27, 2 Corinthiens 2.10-11) Nous devenons esclaves de notre colère et de notre amertume et elles commencent à nous ronger intérieurement. Si nous ne pardonnons pas à quelqu'un qui nous a fait du tort, c'est nous qui en souffrons. Refuser de pardonner peut nous rendre malades physiquement, avec des maux de tête, des ulcères d'estomac, ou des problèmes cardiaques. Nous pouvons devenir violents ou méchants comme ceux qui nous ont fait du mal. Le pardon nous libère de ces conséquences.

Si nous ne pardonnons pas aux autres, nous transmettons notre haine à nos enfants. Cela peut engendrer, entre des groupes, des cycles de vengeance et de violence qui se poursuivront pendant des générations (Hébreux 12.14-15). Seul le pardon peut rompre le cycle de la vengeance.

Figure 6.2 Le pardon nous libère des chaînes de l'amertume

B. Si nous pardonnons nous montrons que nous comprenons combien Dieu nous a pardonné

Quand nous comprenons combien nous avons une dette envers Dieu à cause de nos péchés (Matthieu 18.21-35) et comment il a effacé notre dette en Jésus (Éphésiens 4.32), nous voulons nous aussi pardonner aux autres. Mais si nous refusons de pardonner aux autres, cela nous montre que nous ne comprenons pas la dette que nous avions envers Dieu et combien il nous a pardonné (Matthieu 6.12).

DISCUSSION

A | (10 min) *En petits groupes ou groupe de deux, choisissez soit les questions du point 1 soit celles du point 2. Si vous choisissez celles du point 1, recueillez les réponses.*

1. Parmi vos traditions, quelles sont celles qui vous aident à pardonner aux autres ? Et celles qui vous empêchent de pardonner ?
2. Quel aspect vous a semblé le plus difficile pour pardonner à quelqu'un ? Qu'est-ce qui vous a le plus aidé pour pardonner aux autres ?

Et si c'est nous-mêmes qui avons causé du tort ?

A (5 min) Lisez le titre de la section puis demandez : « Comment pouvons-nous nous repentir ? » Discutez-en puis complétez ce qui n'a pas été dit à l'aide des éléments suivants.

6

A. Comment pouvons-nous nous repentir ?

- Nous permettrons à l'Esprit de Dieu de nous montrer combien notre péché le blesse et blesse d'autres personnes. Cela peut nous attrister et même nous faire pleurer (Jacques 4.8—9). Cette tristesse peut nous être salutaire. « En effet, la tristesse qui plaît à Dieu change notre cœur. De cette façon, nous pouvons être sauvés et nous n'avons pas à regretter cette tristesse. Mais la tristesse qui ne change pas le cœur produit la mort » (2 Corinthiens 7.10). Pierre et Judas étaient tous deux tristes d'avoir renié Jésus. Mais la tristesse de Pierre l'a amené plus près de Dieu, celle de Judas l'a conduit au suicide.
- Nous assumerons la responsabilité de ce que nous avons fait et nous déclarerons clairement notre péché (Proverbes 28.13, Psaumes 32.3-5).
- Nous serons d'accord pour écouter la personne à qui nous avons fait du mal exprimer la souffrance que nous avons provoquée.
- Nous demanderons à Dieu de nous pardonner ce péché et nous croirons qu'il le fait (1 Jean 1.9).
- Nous demanderons à ceux à qui nous avons fait du tort de nous pardonner, sans nous défendre ou sans leur demander de nous refaire immédiatement confiance (Jacques 5.16). Nous demanderons pardon de façon à ce que tous ceux qui ont été affectés par notre péché soient conscients de notre repentance. Par exemple, si nous avons insulté quelqu'un devant d'autres personnes, nous devrions lui demander pardon aussi devant ces mêmes personnes.
- Si nous nous sommes repentis dans notre cœur, nous le démontrerons par notre façon d'agir (Actes 26.20b).
- La repentance peut impliquer le remboursement ou la restitution de ce que nous avons pris (Nombres 5.5-7).

B. Comment nous pardonner nous-mêmes ?

DISCUSSION

A (10 min) En grand groupe. Discutez de la question ci-dessous, puis demandez aux participants de lire 1 Jean 1.9 et Psaumes 103.2, 3—12. Complétez ce qui n'a pas été déjà mentionné à l'aide de ce qui suit.

Certaines personnes continuent à ressentir de la culpabilité, de la honte et des regrets après avoir fait tout ce qu'elles pouvaient pour se repentir et réparer leur tort. Pourquoi pensez-vous que c'est le cas ?

Si nos sentiments nous font croire que Dieu s'est éloigné de nous, nous pouvons en parler à Dieu. Nous pouvons lui demander de nous aider à vivre la vérité qu'il nous a pardonné et a éloigné nos péchés de nous aussi loin que l'Est est éloigné de l'Ouest. (1 Jean 1.9, Psaumes 103.2, 3 et 12). Il se peut que nous ayons besoin d'autres personnes pour nous aider dans ce processus ; cela peut être un pasteur, un psychologue ou un ami de confiance. Si nous faisons partie d'une Église qui nous montre son amour et son pardon, cela peut nous aider à vivre le pardon accordé par Dieu. Ce processus peut prendre du temps car les racines de notre trouble peuvent être profondes. Petit à petit, nos sentiments peuvent changer pour correspondre à la vérité que nous acceptons dans notre tête.

CONCLUSION   (5 MIN)

A *(5 min) Donnez du temps aux participants pour réfléchir à la question 1. À la fin de ce temps, lisez ensemble et à haute voix 1 Jean 1.9. Puis donnez-leur du temps pour réfléchir à la question 2. Encouragez les participants à lire le contenu du module et à rechercher les passages des Écritures après la session.*

1. Demandez à Dieu de vous montrer les péchés dont vous devez vous repentir et les personnes auxquelles vous devez pardonner. Confessez vos péchés à Dieu et recevez son pardon. Demandez à Dieu de vous aider à pardonner aux autres.

   Dieu fait ce qu'il promet et il est juste. Alors, si nous avouons nos péchés, il nous les pardonnera et il enlèvera tout le mal qui est en nous. (1 Jean 1.9 PDV).

2. Notez une chose importante que vous avez apprise dans ce module.

A *Si nécessaire, entre ce module et le suivant, vous pouvez insérer le module : « Se préparer aux difficultés à venir ».*

Regarder vers le passé et vers l'avenir

Vous pouvez utiliser cette section à la fin du module sur le Pardon, ou pour une rencontre finale, quand les participants ont eu un peu de temps pour réfléchir sur ce qu'ils ont vécu dans le groupe d'accompagnement.

Avant de commencer :

- Pour la section 2 : Si nécessaire, préparez des bandes de papiers ou des fiches cartonnées où vous avez écrit les versets bibliques ou utilisez le téléchargement des versets bibliques.
- Planifiez les activités de conclusion (Section finale)

Pendant cette séance nous allons :

- Illustrer de manière visuelle le chemin de guérison des traumatismes que nous avons parcouru, et que nous allons continuer à suivre.
- Discuter comment nous avons commencé à donner du sens à notre foi en Dieu au sein de la souffrance.

Section 1 : Le chemin de guérison	5 min
Section 2 : Comment Dieu utilise-t-il la souffrance dans la vie des gens ?	20 min
Conclusion	5 min ou plus
Durée totale	**30 minutes**

Regarder vers le passé et vers l'avenir

A | *(1 min) Annoncez le titre de la section et ses objectifs.*

SECTION 1.

Le chemin de guérison

A | *(4 min) Dessinez l'arc sur un tableau ou un tableau à feuilles mobiles et expliquez-le.*

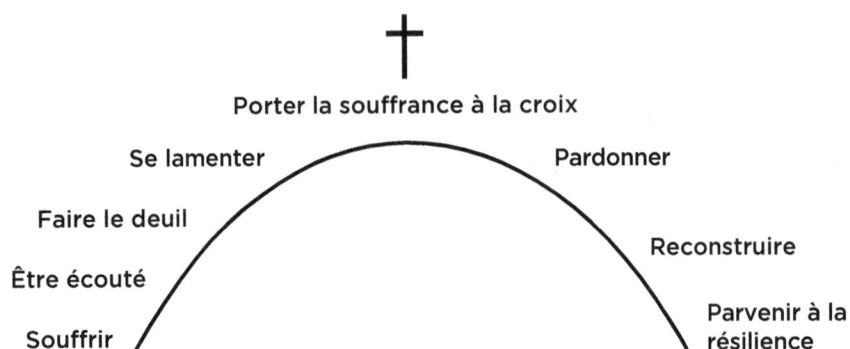

Guérir des blessures du cœur est un processus. Nous avons compris de nombreuses étapes de ce processus – nous souvenir de l'amour de Dieu, exprimer notre douleur par des mots ou l'art, faire notre deuil, nous lamenter, amener nos souffrances à la croix, et pardonner. Quand nos blessures sont profondes, nous pouvons avoir besoin de revoir ce que nous avons appris, pour donner du temps à Dieu pour qu'Il continue à soigner nos cœurs. Ce sont aussi des choses qui peuvent nous aider à faire face à des difficultés nouvelles dans nos vies. En pratiquant ces choses, nous pourrons nous reconstruire, et être mieux équipés pour faire face aux souffrances à venir. C'est ce qu'on appelle la résilience. Nous aurons des hauts et des bas dans notre vie – tel est notre chemin. Et nous avons appris ensemble que nous pouvons en parler à Dieu à chaque étape.

SECTION 2.

(20 MIN)

Comment Dieu utilise-t-il la souffrance dans la vie des gens ?

DISCUSSION PAR DEUX OU EN PETITS GROUPES

A | *(10 min) En petits ou par groupes de deux. Pour la Question 2, donnez à chaque groupe un des versets.*

1. Comment Dieu a-t-il utilisé la souffrance dans votre vie ?
2. Lisez les versets suivants et discutez comment Dieu a utilisé la souffrance dans la vie des gens : 2 Corinthiens 1:3–5, Genèse 50:18–20, 1 Pierre 1:6–7

A | *A 10 min) En grand groupe. Recueillez les réponses à la Question 2 puis complétez ce qui n'a pas été dit à l'aide des éléments suivants, surtout la partie D.*

A. Dieu nous réconforte dans nos souffrances pour que nous puissions consoler les autres

Dieu nous réconforte quand nous souffrons et son bras nous soutient avec tendresse (Ésaïe 40.11). Il nous réconforte par sa parole (Psaume 119.50, 92). Nous pouvons ainsi consoler ceux qui souffrent. (2 Corinthiens 1.3–5).

B. Dieu œuvre pour que du bien sorte du mal

Les frères de Joseph l'ont vendu comme esclave, mais Dieu a utilisé cette situation pour libérer les Israélites de la famine (Genèse 50.18–20). Dieu a transformé le plus grand mal jamais fait en un bien le plus grand pour nous tous quand Jésus a été crucifié (Actes 3.13-15, Philippiens 2.8-11). Nous ne comprenons pas toujours comment Dieu agit, mais nous pouvons toujours lui faire confiance pour apporter le bien en fin de compte, même si nous ne le voyons pas pendant notre vie. (Romains 8.28, 11.33-36).

C. Dieu utilise la souffrance pour renforcer notre foi

La souffrance renforce notre foi si nous la laissons agir, et augmente notre capacité à faire face (Romains 5:3–5, Jacques 1:2–4). La souffrance est comme le feu : ça fait mal, mais par lui notre foi en Dieu est purifiée. Quand l'or est chauffé sur un feu très chaud, des poussières remontent à la surface. Celles-ci sont écartées, laissant de l'or pur. (1 Pierre 1.6–7).

D. Dieu utilise la souffrance pour tourner nos regards vers les nouveaux cieux et la nouvelle terre

Quand nous souffrons, nous pouvons tourner nos pensées vers le royaume éternel que Dieu nous prépare (2 Corinthiens 4.16–18) quand Satan sera vaincu (Apocalypse 20.10) et Dieu mettra fin au mal et à la souffrance. (Ésaïe 65.17, 25, Apocalypse 21.1-5).

CONCLUSION   (5 MIN OU PLUS)

A | *Voilà quelques idées pour terminer la session du groupe d'accompagnement :*
  - *Chanter un cantique ensemble.*
  - *Donner du temps aux participants pour prier les uns pour les autres en petits groupes.*
  - *Donner du temps aux participants pour échanger leurs coordonnées, prendre une photo de groupe s'ils le veulent. Décidez ensemble si cette photo de groupe peut être partagée sur les médias sociaux. Si nécessaire, faire signer au groupe le formulaire d'autorisation (annexe)*
  - *Donner aux participants l'occasion de remplir le formulaire de commentaires (annexe)*

Quelle est la chose dont vous voulez vous souvenir de ce module ?

MODULES FACULTATIFS

7. Les blessures morales

Avant de commencer

- Section 1 : Choisissez quelle histoire vous allez utiliser, et comment vous allez la raconter (Cf. page 214, « Histoires » dans « Préparer les modules »).
- Sections 4 et 5 : Si nécessaire, préparez les versets bibliques sur un support papier ou sur des fiches, ou téléchargez-les en format PDF. Si les participants utilisent le livret d'accompagnement, vous devrez imprimer les versets pour les discussions, car ils ne sont pas entièrement inclus dans le livret.
- Conclusion : Choisissez quel exercice vous voulez préparer.

Dans ce module, nous allons :

- Décrire quelques causes et conséquences des blessures morales.
- Identifier les réponses émotionnelles, spirituelles et comportementales courantes suite aux blessures morales.
- Montrer ce que la Bible nous dit sur comment gérer les sentiments de culpabilité et de honte.
- Identifier des approches qui aident à prendre soin de ceux qui expérimentent des blessures morales.

Section 1 : Histoire	10 min
Section 2 : Qu'est-ce qu'une blessure morale ?	20 min
Section 3 : Quelles sont les conséquences d'une blessure morale ?	20 min
Section 4 : Les blessures morales dans la Bible	20 min
Section 5 : Comment aider une personne souffrant d'une blessure morale ?	45 min
Conclusion	5 min
Durée totale	**2 heures**

7. Les blessures morales

A | (1 min) Annoncez le titre et les objectifs du module. Indiquez aux participants où est le module dans le manuel « Guérir les traumatismes ». Choisissez l'une de ces deux histoires, selon les besoins des participants.

SECTION 1.

DEUX HISTOIRES DE BLESSURE MORALE

A. L'histoire de Thomas (10 min)

A | (5 min) En grand groupe. Racontez l'histoire.

Thomas était tendu et aux aguets. Son unité spéciale de combat patrouillait dans une zone extrêmement dangereuse, et il se sentait responsable de la sécurité de son équipe. Soudain, ils aperçoivent un adolescent s'approchant au loin. Le garçon les appelle en faisant de grands gestes.

Thomas était devant. Il a crié d'une voix forte : « Arrête-toi ! Stop ! » en pointant son arme sur le garçon. « Arrête-toi ou on tire ! » Deux autres soldats de son unité ont fait la même chose, mais le garçon a continué à s'approcher d'eux ; il tenait quelque chose à la main. Pour Thomas, c'était comme si le temps s'était arrêté. Il savait qu'il devrait tirer si le garçon continuait à avancer. Mais ce n'était qu'un jeune garçon ! Il réfléchissait furieusement à une autre solution. Il a répété en criant : « Stop ! », mais le garçon a fait le pas de trop. L'instinct et la formation ont pris le dessus, et Thomas a vidé son chargeur ; le garçon s'est écroulé, mort, un paquet de pain roulant de sa main pendante.

Cette scène reste gravée dans l'esprit et le cœur de Thomas depuis deux ans. Il n'a jamais raconté cette histoire à personne, pas même à son pasteur. Il lutte avec la culpabilité et la honte. L'horreur d'avoir pris une vie innocente est toujours présente, mais il n'en parle jamais. Il pense être une personne terrible, et s'est éloigné de ses amis et de sa famille. Il ne peut pas se pardonner, et pense que même Dieu ne peut lui pardonner.

Paul, son propre fils, a aujourd'hui treize ans. Chaque fois que Thomas le regarde, une vague de souffrance l'envahit. Il aime son fils profondément, et pourtant il prend de plus en plus ses distances avec lui. Thomas doute de pouvoir être un bon père pour Paul. Il se demande s'il ne s'en sortirait pas mieux sans lui. La pensée de mettre fin à sa propre vie lui vient à l'esprit de plus en plus souvent.

DISCUSSION

A | (5 min) En grand groupe.

1. Quels sont les sentiments de Thomas sur lui-même ? Sur les autres ? Sur Dieu ?
2. Pourquoi est-il si difficile pour Thomas de se remettre de cet événement ?

A | Si les participants ont le manuel, encouragez-les à les garder fermer pour le reste du module.

B. L'histoire de Josiane *(10 min)*

A | *(5 min) En grand groupe. Racontez l'histoire.*

Josiane prend conscience qu'elle va être en retard pour récupérer ses filles à la sortie de l'école. « Encore ! » pense-t-elle… Elle attrape son manteau, saisit son téléphone, et fonce hors de son bureau. Elle attendait une réponse importante d'un client, mais elle ne pouvait pas se permettre d'être une nouvelle fois en retard. L'école l'avait déjà avertie deux fois.

Josiane prend la route et accélère, en se faufilant dans la circulation. Elle doit rattraper le temps perdu. Ce n'est pas sa manière habituelle de conduire, mais aujourd'hui est une exception. Ses deux filles ont un match de handball ce soir ; une fois rentrée à la maison, elles auront à peine le temps de dîner avant de se rendre, vite fait, au stade.

Son téléphone sonne. Josiane jette un coup d'œil vers le bas et voit le message entrant : c'est la réponse qu'elle attendait. Si elle ne répond pas tout de suite, ce client risque de lui échapper. Elle a toujours été contre les distractions au volant. Mais elle se sait bonne conductrice. Elle peut se le permettre cette fois-ci.

Josiane n'a pas vu le vélo à sa droite. Comme elle regardait vers le bas, la voiture s'est légèrement écartée ce qui a suffi pour qu'elle touche le vélo et fasse voler le cycliste. Elle a senti le choc. Elle freine brusquement et se gare. La voiture derrière elle s'est aussi arrêtée, et son conducteur a couru vers l'homme étendu. Son corps est tout déformé. Josiane s'approche et comprend tout de suite qu'il est mort. Le temps s'arrête pour elle. Tout est ralenti. Quelqu'un l'écarte de la route.

Plus tard, elle se souviendra d'avoir appelé son mari, Stéphane, pour qu'il récupère les filles. On a recouvert le corps de l'homme. La police a pris les déclarations. Josiane, en larmes, a raconté la vérité au policier. Elle a expliqué pourquoi elle était pressée, et qu'elle n'a quitté la route des yeux qu'une petite seconde… Le policier a hoché tristement la tête.

Les jours et semaines suivantes restent floues dans sa mémoire. Elle pleurait souvent, n'arrivait pas à manger, dormait mal. Elle a appris que le jeune homme avait une femme et un bébé. Stéphane et les filles n'arrivaient pas à la consoler. Josiane ne voulait plus aller à l'Église. Elle se disait : « S'ils savaient ce que j'ai fait, quel monstre je suis, ils me détesteraient. » Elle ne pouvait pas se le pardonner, et pensait que même Dieu ne pouvait lui pardonner. Josiane a dit à sa meilleure amie, Catherine, qu'elle ne supportait plus sa vie. Catherine est inquiète pour Josiane; elle en parle avec Stéphane. Lui aussi s'inquiète, car il n'a jamais vu sa femme dans cet état-là. Elle ne peut plus travailler, elle évite le reste de la famille. La date de l'audience au tribunal approche, et elle semble se désintéresser complètement de ce qui va lui arriver.

DISCUSSION

A | *(5 min) En grand groupe.*

1. Quels sont les sentiments de Josiane sur elle-même ? Sur les autres ? Sur Dieu ?
2. Pourquoi est-il si difficile pour Josiane de se remettre de cet événement ?

A | *Si les participants ont le manuel, encouragez-les à le garder fermé pour le reste du module.*

SECTION 2.

QU'EST-CE QU'UNE BLESSURE MORALE ?

A | *(5 min) Lisez ce qui suit.*

Beaucoup décrivent les blessures morales comme un type de « blessure de l'âme ». Elles arrivent quand une personne pense qu'elle a agi d'une manière qui va à l'encontre de ses croyances les plus profondes quant à ce qui est bien ou mal, et que d'autres en ont été blessés. Par exemple, quand des personnes :

- se sentent obligées de faire quelque chose qu'elles pensent être mal ;
- sont empêchées de faire quelque chose qu'elles pensent être juste et bon ;
- sont dans une situation où il semble qu'il n'y ait pas de bonne possibilité d'éviter de faire du mal ou de faire le bon choix ;
- prennent conscience qu'elles ont agi d'une manière contraire à leurs convictions morales ;
- voient quelqu'un faire quelque chose de mal, ou ne pas faire quelque chose de bien, sans rien faire pour l'arrêter ;
- découvrent que le groupe auquel elles appartiennent, en pensant qu'il faisait le bien, fait en réalité le mal et cause de la souffrance ;
- ont le sentiment qu'ils sont responsables de la souffrance ou de la mort d'autres personnes.

Quand on identifie une blessure morale, le point important n'est pas de savoir si l'action était un péché, mais plutôt la question de l'impact de cette action sur la personne.

A | *(5 min) En petits groupes. Chaque groupe choisit une personne qui prend des notes et sera leur porte-parole (Si possible, que le groupe choisisse une personne différente à chaque fois).*

1. Quelles sortes d'événement peuvent causer des blessures morales ?
2. Connaissez-vous quelqu'un qui a vécu des blessures morales/blessures de l'âme?

A | *(10 min) En grand groupe. Ecouter les retours sur la Question 1. Complétez ce qui n'a pas été dit avec les éléments suivants.*

De nombreux événements peuvent causer des blessures morales. Des exemples courants sont ceux d'un soldat qui tue ou blesse un civil, d'un passant qui n'intervient pas alors qu'une personne est agressée, ou d'une personne qui soutient une organisation ou un système qui finit par faire du mal aux gens.

Comme nous l'avons vu dans le module 2, l'impuissance et l'horreur sont souvent au centre des blessures du cœur. Dans le cas d'une blessure d'âme, l'accent est généralement mis sur la culpabilité et la honte dues à quelque chose que la personne a fait ou pense avoir fait et qui était profondément mauvais. La blessure morale nécessite des soins particuliers pour que la guérison ait lieu, et même dans ce cas, elle peut prendre beaucoup de temps. Beaucoup ont le sentiment qu'ils ne guériront jamais.

Figure 7.1 La Blessure Morale

Ce diagramme illustre les relations entre la blessure morale, le traumatisme et la perte. Les expériences traumatiques ne produisent pas toujours une blessure morale ; de même, il y a des blessures morales qui ne sont pas le résultat d'une expérience traumatique. Le traumatisme est provoqué par quelque chose d'extérieur et se caractérise par une grande frayeur. La blessure morale vient de l'intérieur de la personne, de la tension entre ses croyances et ce qu'elle a vécu. Elle se caractérise par la culpabilité et surtout la honte.

La blessure morale montre que la personne sait ce qui est bien et est profondément affligée par le mal. C'est une réponse plus saine que l'indifférence au mal.

SECTION 3. (20 MIN)

Quelles sont les conséquences d'une blessure morale ?

A | *(1 min) Lisez ce qui suit.*

Les gens peuvent ne pas se rendre compte tout de suite qu'ils ont une blessure morale. Mais finalement, ils commencent à ressentir une douleur émotionnelle due à la culpabilité et à une honte profonde. La culpabilité résulte du sentiment d'avoir fait quelque chose que l'on juge mauvais. La honte est le sentiment que nous sommes mauvais ou profondément imparfaits.

La culpabilité et la honte peuvent être présentes dans de nombreuses blessures du cœur, mais elles sont toujours présentes et particulièrement profondes et douloureuses lorsqu'une blessure morale a été subie.

DISCUSSION

A | *(5 min) En petits groupes.*

1. En quoi la culpabilité et la honte affectent-elles la vie d'une personne ? Et leur relation avec Dieu ?
2. Quelles sont d'autres conséquences d'une blessure morale ?

A *(14 min) En grand groupe. Recueillez les réponses. Complétez ce qui n'a pas été dit avec les éléments suivants.*

Les personnes qui souffrent d'une blessure morale peuvent être en colère contre ceux qui les ont mis dans cette situation. Elles peuvent être en colère contre elles-mêmes pour avoir fait une mauvaise chose. Même les personnes qui ne croient pas en Dieu peuvent être en colère contre Dieu car Il aurait permis qu'une expérience aussi terrible se produise.

Elles peuvent se sentir impardonnables. Même si leurs actes ne seraient pas condamnés par un tribunal, elles ne peuvent se pardonner à elles-mêmes. Et elles ne peuvent pas imaginer non plus que Dieu, leurs proches ou la société puisse les pardonner un jour. Cela peut mener à l'isolement et à la rupture des relations.

La honte les pousse à se cacher, physiquement ou émotionnellement, et ne jamais laisser quiconque connaître la douleur de leur âme. Elles pensent que si quelqu'un découvre ce qu'elles ont fait, il les abandonnerait ; alors elles gardent cela secret.

Souffrir d'une blessure morale peut faire perdre l'espoir à quelqu'un. Il peut :

- ne plus pouvoir faire confiance à quelqu'un ;
- ne plus pouvoir croire ce que la Bible dit ;
- ne plus se croire capable de faire ce qui est bien ;
- essayer de se couper de ses émotions, pour ne plus ressentir celles qui sont douloureuses ;
- tomber dans un tel désespoir qu'il va essayer de se faire du mal, voire de se suicider ;
- ne plus être capable d'accepter l'aide qui lui est offerte.

SECTION 4.

(20 MIN)

Les blessures morales et la Bible

A *(1 min) Lisez ce qui suit.*

On ne trouve pas dans la Bible l'expression « blessure morale » ; mais on trouve bien des situations dans lesquelles des personnes éprouvent de la culpabilité ou de la honte, car ce qu'ils ont fait était contraire à ce qu'ils pensaient vraiment être juste, où qu'ils ont été témoins de telles choses.

DISCUSSION

A *(5 min) En petits groupes. Distribuez les exemples dans les différents groupes*

1. Dans les exemples suivants, comment chaque personnage se sent-il ?

   David : 1 Samuel 22.1–22
   Pierre : Matthieu 26.34–35, 69–75
   Paul : Actes 8.1–3, 22.4–5, 1 Timothée 1.13–16

2. Comment Dieu les a-t-il utilisés ensuite pour accomplir Ses plans ?

   David : 2 Samuel 23.1-4
   Pierre : Jean 21.15–19
   Paul : Actes 9.13–16

A | *(14 min) En grand groupe. Recueillez les réponses. Complétez ce qui n'a pas été dit avec les éléments suivants.*

Chacune de ces personnes a pu ressentir de la tristesse, des regrets, du désespoir, de la culpabilité et de la honte. Elles ont peut-être eu l'impression que Dieu ne pourrait plus jamais les utiliser pour ses plans merveilleux. Mais Dieu vient toujours à notre rencontre. Il nous aime, désire une relation avec nous et est prêt à pardonner lorsque nous revenons à lui. Dans Matthieu 26.69-75, Pierre a nié connaître le Christ et a ensuite pleuré amèrement à cause de cela. Mais plus tard, Jésus l'a restauré (Jean 21.15-19), et, après, Dieu a utilisé Pierre pour accomplir Ses plans.

David et Paul ont tous deux fait du mal à d'autres personnes. Cela les a profondément attristés, mais Dieu ne les a pas abandonnés. La grâce de Dieu est toujours là pour les personnes humbles qui se repentent (Ésaïe 57.15, Psaume 51.17, Jacques 4.6).

SECTION 5. (45 MIN)

Comment aider quelqu'un qui souffre de blessures morales ?

DISCUSSION

A | *(5 min) En petits groupes.*

1. Connaissez-vous quelqu'un qui a été blessé moralement de cette manière ? Qu'est-ce qui l'a aidé à s'en sortir ?
2. Qu'est-ce qui N'a PAS aidé ?

A | *(10 min) En grand groupe. Recueillez les réponses. Complétez ce qui n'a pas été dit avec les éléments suivants.*

Voici certaines des choses qui peuvent aider des personnes souffrant de blessures morales à en guérir :

- Raconter son histoire à une personne en qui elle a confiance. La personne qui écoute ne doit pas chercher à minimiser les sentiments de la personne ni se précipiter pour parler du pardon.
- Comprendre ce qu'est une blessure morale et comment cela les a affectés.
- Confesser leurs actions à une personne qu'ils respectent en tant que leader moral ou spirituel.
- Avec le temps, se pardonner à eux-mêmes et aux autres et commencer à accepter le pardon que Dieu promet (1 Jean 1.9).
- Rétablir des relations avec la famille et la communauté et faire des réparations, si possible.
- Passer du temps à aider les autres et à faire des choses utiles aux personnes ou à la communauté.
- Participer à une cérémonie communautaire ou religieuse de pardon et de réintégration.

Ce genre de blessure peut nous couper des autres et empêche que nous cherchions de l'aide. Que nous enseigne la Bible sur le fait de recevoir de l'aide des autres ?

DISCUSSION

A | *(5 min) En grand groupe.*

Lisez ces deux histoires de soldats qui ont eu besoin d'aide : l'un pour quelqu'un qui comptait pour lui ; l'autre pour lui-même. Matthieu 8.5–13, 2 Rois 5.1–14

1. Qu'est-ce qui a poussé ces personnes à demander la guérison ?
2. Qu'est-ce qui aurait pu leur rendre difficile cette demande d'aide ?

A | *(10 min) En grand groupe. Recueillez les réponses. Complétez ce qui n'a pas été dit avec les éléments suivants.*

En Matthieu 8, le centurion a demandé de l'aide pour son serviteur paralysé qui ne pouvait pas la demander pour lui-même. Il lui fallait de l'amour et de la compassion, et Jésus le qualifie d'homme de grande foi. Comme ce serviteur, les personnes blessées peuvent avoir besoin de l'intervention d'autres personnes qui se soucient d'elles.

Dans 2 Rois 5, Naaman a dû révéler sa maladie, la lèpre, à certaines personnes susceptibles de l'aider. C'était difficile pour lui de le faire, mais cela a permis sa guérison. Pour ceux qui ont des blessures du cœur ou des blessures morales, il faut du courage pour nommer l'événement et la douleur, mais c'est la clé de la guérison.

DISCUSSION

A | *(5 min) En petits groupes.*

Quelles sont les choses concrètes que l'Église ou la communauté peut faire pour aider les personnes à guérir de leurs blessures morales ?

A | *(10 min) En grand groupe. Recueillez les réponses. Complétez ce qui n'a pas été dit avec les éléments suivants.*

Les Églises devraient être comme des hôpitaux pour les personnes blessées spirituellement ou émotionnellement. Les Églises peuvent aider en recherchant les personnes blessées et en les invitant à se joindre à des groupes où elles sont respectées, aimées, écoutées, pardonnées et où elles ont la possibilité de s'engager au service des autres. Cela peut les aider à se reconnecter avec les autres ; ce qui constitue un élément important de la guérison des blessures du cœur et de l'âme.

CONCLUSION   (5 MIN)

A | *Choisissez dans la liste les versets que vous voulez lire, selon le temps et le contexte.*

Si vous le voulez, fermez les yeux, et écoutez ces versets tirés de la Bible. Ce sont des vérités qui concernent tous ceux qui sont en Christ.

Sophonie 3.17-18	2 Corinthiens 5.17-19
Romains 5.8	Éphésiens 2.1-10

A | *Terminez ce temps par une prière pour que les personnes qui souffrent de blessures morales expérimentent l'amour que Dieu a pour elles.*

Ce module se focalise sur les enfants qui ont été traumatisés. Les mêmes principes peuvent également s'appliquer à la parentalité normale.

Avant de commencer :

- Section 1 : Choisissez comment raconter l'histoire (Cf. page 214, « Histoires » dans « Préparer les modules »).
- Section 2 : Préparez le dessin aux traits d'un enfant.
- Section 3 : Si nécessaire, préparez les versets bibliques sur un support papier ou sur des fiches, ou téléchargez-les en format PDF.
- Section 4 : Préparez les réponses à la question 1.

Dans ce module, nous allons :

- Reconnaître quand les comportements problématiques chez les enfants sont causés par des traumatismes et des pertes.
- Explorer des façons de communiquer avec les enfants qui les aident à exprimer leur douleur dans les mots, dans le jeu et dans l'art.
- Discuter comment se comporter envers les enfants selon la Bible; si nécessaire, remettre en question la façon dont la culture agit sur les enfants.

Section 1 : Une histoire	10 min
Section 2 : Comment se comportent les enfants qui ont vécu des événements traumatisants ?	15 min
Section 3 : Que disent notre culture et la Bible à propos de la façon d'agir avec les enfants ?	20 min
Section 4 : Comment aider les enfants qui ont vécu des événements traumatisants ?	30 min
Section 5 : Cas particuliers	5-15 min
Conclusion	10 min
Durée totale	**1 heure 30 – 40 minutes**

8. Comment aider les enfants qui ont vécu des événements traumatisants ?

A | *(1 min) Annoncez le titre et les objectifs du module. Indiquez aux participants où se trouve le module, dans le manuel « Guérir les traumatismes ».*

SECTION 1.

L'histoire de Pierre

A | *(5 min) En grand groupe. Racontez l'histoire.*

Un garçon de sept ans nommé Pierre habite dans un village. Il a quatre frères et sœurs. Il aime aller à l'école chaque matin avec ses camarades.

L'instituteur dit à son père qu'il est un enfant éveillé et qu'il commence déjà à lire très correctement. Après l'école, Pierre s'amuse avec ses amis et puis fait de petits travaux pour sa mère jusqu'à l'heure du repas.

Un jour, Pierre remarque que son père passe beaucoup de temps à parler avec les hommes du village. Il se demande ce qui se passe mais il n'arrive pas à savoir quoi ! Personne ne lui en parle.

Soudain, une nuit, sa grande sœur le réveille en criant : « Pierre, Pierre, courons dans la brousse ! Vite ! Vite ! »

Toute la famille sort alors de la maison en courant pour se mettre en sécurité; Pierre entend des coups de feu. Il se retourne et se rend compte que la famille d'un de ses amis court aussi derrière eux; puis, chose terrible, il voit son ami tomber à terre.

Le lendemain, après avoir marché toute la nuit, toute sa famille ainsi que quatre autres arrivent à un endroit où il y a des plantations. Le père de Pierre prend la situation en main et tout le monde travaille dur pour construire des abris en paille.

Personne ne parle à Pierre de son ami tué sous ses yeux, et Pierre essaie tant bien que mal d'oublier.

Chaque jour, le père de Pierre dirige les prières et le chant pour tout le monde et ils lisent la Bible.

Chaque fois que quelqu'un tombe malade, tout le monde prie avec ferveur que Dieu guérisse cette personne, parce qu'ils n'ont aucun médicament avec eux pour la soigner. Pierre commence à avoir peur de tomber malade. La nuit, il a des cauchemars et il pousse des cris de frayeur.

Un mois plus tard, ils entendent la nouvelle qu'ils peuvent retourner dans leur village sans risque.

Après un certain temps, l'école reprend, mais Pierre n'a aucune envie d'y aller. Quand son père le persuade de s'y rendre, le maître d'école le gronde parce qu'il ne travaille plus aussi bien qu'auparavant.

Il a peur de quitter la maison. Chaque fois qu'il entend un grand bruit, il sursaute. La nuit, il réveille toute la famille en poussant des cris et en pleurant. Il fait parfois pipi au lit, alors qu'avant cela ne se produisait jamais. Il se promène d'un air triste et il a rarement envie de jouer avec ses amis. Quand il le fait, il joue à la guerre et il finit souvent par se battre. Chaque soir, il rassemble ses affaires au cas où tout le monde devrait à nouveau s'enfuir, et ses sœurs se moquent de lui.

Ses parents et son enseignant ne comprennent pas pourquoi il se conduit ainsi. Quand il fait pipi sur lui, sa mère le frappe. Cela le fait pleurer encore plus, mais son comportement ne change pas. Certains disent qu'il est devenu sorcier ou qu'il a un mauvais esprit en lui.

Ses parents finissent par rendre visite au pasteur Marc pour lui parler de la situation. Anne, la femme du pasteur, vient de suivre une formation, dans la capitale, sur la façon de prendre soin d'enfants ayant vécu des choses difficiles. Elle demande aux parents de Pierre : « Qu'est-ce que Pierre pense des événements survenus dans votre village? » Ses parents se regardent, interloqués. Enfin, son père dit : « Nous n'en avons aucune idée ! »

Anne répond : « Pierre a besoin de parler de ce qu'il a vécu. Pour un enfant, la meilleure façon consiste à lui faire dessiner ce qui s'est passé quand vous avez dû vous réfugier dans la brousse. »

Les parents de Pierre rentrent à la maison et lui donnent du papier et des crayons feutres. Il fait une série de dessins.

Puis son père s'assoit avec lui et demande : « Parle-moi de ce qui se passe dans ce premier dessin. » Pierre raconte alors ses souvenirs de la nuit de l'attaque. Puis son père lui demande : « Qu'as-tu ressenti à ce moment-là ? » Pierre raconte qu'il avait très peur. Son père demande : « Qu'est-ce qui a été le plus difficile pour toi ? » Pierre commence à sangloter en disant : « Je n'ai pas pu aider mon ami ! »

Au fur et à mesure que Pierre explique les dessins, ses émotions s'expriment.

Finalement, il pleure et pleure encore, et son père le prend dans ses bras.

Ce n'était que le début.

Plus Pierre parlait de ce qui s'était passé, plus son comportement s'améliorait. Après quelque temps, il est arrivé à surmonter ses frayeurs et est redevenu le garçon heureux qu'il était auparavant.

DISCUSSION

A (5 min) En grand groupe.

1. Comment Pierre se conduisait-il avant, pendant et après l'attaque ?
2. Pourquoi pensez-vous que sa conduite a changé après l'attaque ?

A *Si les participants ont le manuel, encouragez-les à le garder fermé pendant le reste du module.*

SECTION 2.

(15 MIN)

COMMENT SE COMPORTENT LES ENFANTS QUI ONT VÉCU DES ÉVÉNEMENTS TRAUMATISANTS ?

DISCUSSION

A *(5 min) En petits groupes. Dites: Pensez à l'enfant dans l'histoire et aux enfants que vous connaissez. Comment ont-ils été touchés par les mauvaises choses qu'ils ont vécues ? Je vais vous diviser en trois groupes, chacun pour discuter de l'une des questions suivantes. Demandez à une personne dans chaque groupe de noter vos réponses.*

1. Comment les enfants sont-ils touchés dans leur comportement ?
2. Comment les enfants sont-ils touchés dans leur corps ?
3. Comment les émotions des enfants sont-elles touchées ?

A   *(10 min) En grand groupe. Recueillez les réponses. Utilisez un grand papier avec le dessin aux traits d'un enfant. (Fig.8.1a). Au fur et à mesure que vous obtenez des commentaires de chaque groupe, écrivez les comportements à l'extérieur du corps, écrivez les réactions physiques dans le corps et écrivez les émotions à l'intérieur du cœur et de la tête. Ne vous inquiétez pas s'il se produit des recoupements entre ces catégories. Complétez ce qui n'a pas été déjà mentionné en A-C ci-dessous.*

Dites aussi : « Si un enfant commence soudainement à montrer des changements de comportement, dans son corps ou dans ses d'émotions, un parent devrait essayer de savoir si quelque chose de mauvais lui est arrivé, plutôt que de simplement le discipliner ».

Il est aussi possible de faire cette activité en grand groupe.

Figure 8.1a

8

A. Cela touche leur comportement.

*   Ils peuvent revenir à des comportements d'enfants plus jeunes. Par exemple, certains enfants peuvent recommencer à se sucer le pouce.
*   En jouant, ils peuvent reproduire quelque chose de semblable à la mauvaise situation qui leur est arrivée.
*   Ils peuvent pleurer souvent.
*   Ils peuvent être particulièrement bouleversés s'ils perdent des choses importantes pour eux, par exemple des vêtements, un jouet ou un livre.
*   Ils peuvent rester silencieux et ne pas réagir à ce qui se passe autour d'eux.
*   Ils peuvent avoir du mal à travailler à l'école par manque de concentration ou tout simplement en refusant d'y aller.
*   Vivre ou mourir peut leur être indifférent!
*   Les petits enfants s'accrochent à leurs parents.
*   Ils peuvent chercher à assumer la responsabilité de la famille et à agir comme des adultes.
*   Ils peuvent se battre beaucoup et se mettre facilement en colère ou devenir agressifs. Les petits enfants peuvent se battre avec leurs camarades plus souvent qu'auparavant. Les enfants plus âgés se rebellent contre leurs parents et leurs enseignants plus fréquemment qu'avant.
*   Des enfants plus âgés peuvent boire de l'alcool ou se droguer pour soulager leur souffrance, ou encore se livrer à des rapports sexuels.
*   Des enfants plus âgés peuvent se mettre à courir des risques, par exemple rouler vite en moto, pratiquer un sport dangereux. Ils manifestent parfois le désir de s'engager dans l'armée; cela leur donne l'impression d'être courageux face au danger.
*   Des enfants plus âgés peuvent se faire du mal, par exemple en se scarifiant des parties du corps ou même en cherchant à se suicider.

B. Cela touche leur corps.

- Certains enfants peuvent recommencer à faire pipi au lit.
- Ils peuvent avoir plus de cauchemars que d'habitude. (Certains petits enfants poussent des cris en dormant, sans même se réveiller. Cela s'appelle des « terreurs nocturnes ». Ils cesseront de le faire en grandissant.)
- Leur langage peut être affecté. Ils peuvent se mettre à bégayer ou ne plus parler du tout.
- Ils peuvent perdre l'appétit parce qu'ils sont anxieux, ou bien trop manger pour essayer d'oublier leur souffrance.
- Ils peuvent se plaindre de maux de tête, de maux de ventre ou d'autres douleurs physiques, avoir de l'urticaire ou de l'asthme.

C. Cela touche leurs émotions.

- Ils peuvent devenir peureux. Ils peuvent avoir peur de choses qui ne les effrayaient pas auparavant. Ils peuvent avoir peur que quelque chose de terrible arrive à nouveau.
- Ils peuvent se mettre en colère.
- Ils peuvent se sentir confus.
- Ils peuvent devenir tristes. Même si un enfant est très triste, par exemple après la mort de quelqu'un, il est normal que les périodes de tristesse et de jeux alternent pendant quelque temps.
- Ils peuvent perdre tout intérêt à la vie. Leur souffrance envahit leurs pensées. Elle épuise leur énergie.
- Ils peuvent se sentir responsables de ce qui est arrivé.
- Les enfants plus âgés peuvent se sentir coupables d'avoir survécu alors que d'autres sont morts.

SECTION 3.   (20 MIN)

Que disent notre culture et la Bible sur la façon d'agir avec les enfants ?

DISCUSSION

A | *(5 min) En grand groupe.*

1. Comment les parents de votre communauté réagissent-ils habituellement devant des enfants dont le comportement les dérange ?
2. Traditionnellement, dans votre région, les parents prennent-ils du temps avec leurs enfants pour les écouter et pour leur parler ? Si ce n'est pas le cas, pourquoi ?

DISCUSSION

A | *(5 min) En petits groupes. Répartissez les versets entre les différents groupes.*

1. Lisez les versets ci-dessous et comparez ce qu'ils disent à la façon dont les adultes s'occupent des enfants dans votre communauté.

Marc 10.13-16	Deutéronome 6.4-9
Colossiens 3.21	Matthieu 18.5-6

2. Lesquelles de ces façons culturelles de traiter les enfants sont utiles et lesquelles devrait-on changer ?

A (10 min) En grand groupe. Écoutez les retours sur les questions. Complétez ce qui n'a pas été dit avec les éléments suivants.

Jésus se souciait profondément des enfants, et le fait que des gens les rejettent ou les entraînent dans le péché le fâchait (Marc 10.13-16, Matthieu 18.5-6).

Les parents sont chargés de l'enseignement spirituel de leurs enfants (Deutéronome 6.4-9).

La Bible avertit les parents de ne pas rendre leurs enfants amers et de ne pas les décourager (Colossiens 3.21). En tant que chrétiens, nous devrions nous occuper des enfants comme Jésus le fait, même si cela va à l'encontre de notre culture.

SECTION 4.

Comment aider les enfants qui ont vécu des événements traumatisants ?

A Mentionnez le titre de cette section et présentez le paragraphe ci-dessous.

Le plus important, pour aider un enfant, c'est que ses parents se rétablissent de leurs propres blessures de cœur. Ils peuvent le faire en recensant les blessures de cœur qu'ils ont eux-mêmes vécues, en faisant leur deuil, et en soumettant leur souffrance à Jésus. Cela donne aux enfants un exemple à suivre. Les parents qui ne règlent pas leurs propres blessures de cœur ont du mal à aider leurs enfants.

DISCUSSION

A (5 min) En grand groupe.

1. Qu'est-ce qui a aidé l'enfant, mentionné au début de ce module, à trouver la guérison ?

A (5 min) En petits groupes. Après avoir lu la question 2, assignez à chaque groupe une des sections (de A à E) à lire en leur demandant de préparer ensuite un sketch dans lequel une personne jouera le rôle d'un parent bienveillant et une autre jouera celui d'un enfant. Cela ne devrait pas durer plus de quelques minutes. Si vos participants ne connaissent pas les jeux de rôles, commencez par en faire un à titre d'exemple.

2. Que pourrions-nous faire d'autre pour aider un enfant ayant vécu de mauvaises situations ?

A. Soyez doux et patient

Les enfants qui ont vécu de mauvaises situations peuvent se sentir accablés par les blessures de leur cœur et ainsi désobéir ou mal se comporter. Ils ressentent toujours de la douleur. Quand ils s'énervent, ils ne peuvent pas penser clairement, ni apprendre, ni changer de comportement. Cela rend les choses plus difficiles pour les parents. Plutôt que de recourir immédiatement à la réprimande ou à des mesures disciplinaires, il vaut mieux aider l'enfant à se calmer en lui parlant doucement, et peut-être même pour un parent en le serrant dans ses bras. Une fois calmé, il pourra peut-être parler de ce qui se passe et de ce qui le porte à se sentir fâché ou triste ou à avoir peur. Même s'il ne peut pas en parler, une réaction calme et compréhensive va le réconforter.

B. Écoutez la souffrance des enfants

Les enfants sont plus conscients que les adultes le pensent de ce qui se passe autour d'eux. S'ils n'ont pas l'occasion d'en parler, ils peuvent se faire des idées fausses et bizarres. Ils ont tendance à compléter les informations qui leur manquent d'une façon qui leur paraît raisonnable. Même si les parents n'ont pas l'habitude de discuter avec leurs enfants, il est très important qu'ils le fassent quand des événements traumatisants se produisent, et aussi après. Si l'enfant est en âge de donner une réponse réfléchie, utilisez les trois questions de l'écoute : « Qu'est-ce qui s'est passé ? Qu'as-tu ressenti ? Qu'est-ce qui a été le plus difficile pour toi ? » Ce n'est pas le moment de dire : « Va jouer ! »

Tous les membres de la famille doivent parler ensemble des événements douloureux. Chaque enfant de la famille doit pouvoir dire ce qu'il a ressenti quand les malheurs sont survenus. Il se peut que certains enfants ne manifestent pas leurs problèmes, alors qu'en fait ils en ont. Ils doivent tous avoir l'occasion d'en parler. Il est également important que les parents parlent à chaque enfant individuellement.

Les enfants d'âge préscolaire peuvent, dans bien des cas, mieux s'exprimer en jouant avec des objets plutôt qu'en répondant à des questions. Quand des enfants rejouent un événement douloureux, cela les aide à exprimer la souffrance qu'ils ont subie. Les parents devraient regarder l'enfant jouer et dire à ce dernier ce qu'ils voient, sans porter de jugement, pour ainsi montrer la volonté de comprendre leur enfant. Les enfants un peu plus âgés peuvent être capables de répondre à des questions à propos de ce qu'ils font en jouant. Les parents peuvent ensuite continuer la conversation et parler de l'expérience douloureuse.

Le dessin est une autre façon d'aider les enfants à exprimer leur souffrance. Les parents leur donnent une feuille de papier et un crayon ou de la craie, ou s'ils n'en ont pas, les enfants peuvent dessiner sur le sable. Demandez-leur de dessiner une personne, puis leur famille, puis l'endroit où ils ont habité précédemment. Demandez-leur de vous expliquer leur dessin. N'oubliez pas qu'il s'agit de les aider à exprimer leur souffrance et non pas de les enseigner.

Si les enfants font des cauchemars, expliquez-leur que les gens font souvent de mauvais rêves à la suite d'événements douloureux. Encouragez-les à parler de leurs rêves. Demandez-leur s'ils pensent que leur rêve a un rapport avec quelque chose qui leur est arrivé.

Figure 8.2 Un dessin d'enfant sur son expérience de la guerre.

C. Établissez une routine

Les enfants se rétablissent plus facilement quand les activités de chaque jour sont faciles à prévoir. Ils devraient chaque jour savoir comment la journée va se dérouler. On doit alors les encourager à aller à l'école, à faire des tâches de la vie quotidienne ou à jouer avec leurs amis. Les parents devraient trouver chaque jour un moment de partage familial, de lecture de la Bible, de prière et de chant ensemble, à l'heure du coucher par exemple. Dans le cas de personnes déplacées, songez à établir une routine que la famille pourra suivre alors qu'elle se trouve dans un refuge. S'amuser ensemble devrait faire partie des activités. Cela pourrait être sous forme de jeux ou en racontant des histoires s'il est dangereux de faire du bruit.

Il est important aussi d'essayer de finir les activités qui ont été commencées. Cela donne à l'enfant le sentiment de pouvoir accomplir quelque chose. Cela lui redonne un sentiment de sécurité et l'aide à penser que sa vie ne sera pas en désordre permanent.

Si les membres de la famille se sont trouvés séparés, essayez de les réunir rapidement après le mauvais incident, si possible. On s'y prendra cependant autrement si les enfants sont victimes de violence familiale : on devra alors protéger les membres de la famille dans un endroit sûr où l'agresseur ne pourra pas venir leur faire de mal.

D. Dites aux enfants la vérité sur la situation

Un enfant a besoin de comprendre, d'une façon appropriée selon son âge, la vérité sur ce qui s'est passé. Il doit aussi savoir si le danger existe toujours et si quelqu'un est mort ou pas. Connaître les vrais dangers vaut mieux que d'imaginer toutes sortes de dangers inexistants. Mais les parents ne doivent pas exagérer le danger, ni parler de tous les malheurs qui pourraient arriver. Demandez aux enfants s'ils ont des questions à poser plutôt que leur fournir des renseignements dont ils peuvent ne pas vouloir ou ne pas avoir besoin. Ne leur montrez pas de photos troublantes, et ne leur décrivez pas en détail des scènes de violence ni ensanglantées.

Les parents doivent dresser un plan d'action au cas où un autre événement pénible arriverait et il faut en discuter ouvertement en famille.

E. Passez du temps ensemble avec Dieu

Un traumatisme peut entraver la relation d'un enfant avec Dieu.

Les enfants peuvent poser des questions telles que : « Pourquoi Dieu a-t-il permis cela ? Était-ce de ma faute ? »

Il sera peut-être difficile de répondre complètement à certaines de leurs questions, mais les parents doivent faire de leur mieux et en disant la vérité.

Le fait de lire des versets de la Bible qui illustrent des lamentations et la réponse de Dieu peut aider à réconforter les enfants.

On devrait permettre aux enfants de formuler leurs requêtes de prière et de parler à Dieu à leur façon. Les enfants peuvent en effet parler à Dieu dès qu'ils peuvent parler à d'autres personnes.

Le fait de prier et de chanter ensemble peut également aider les enfants à se sentir aimés de Dieu et de leurs parents, ce qui peut réduire leur sentiment de peur.

Le Notre Père et la prière du Psaume 31(30).2-4 sont des prières que les parents peuvent utiliser avec leurs enfants.

Le fait de mémoriser des versets des Saintes Écritures peut aussi aider les enfants à se souvenir que Dieu est près d'eux et se soucie d'eux. Voici des exemples de versets :

- Psaume 121(120).4 : Dieu est un veilleur qui ne dort jamais.
- 1 Pierre 5.7 : Dieu peut enlever notre peur.
- Psaume 23(22).1 : Dieu prend bien soin de nos besoins.
- Psaume 46(45).2 : Dieu est toujours là comme notre refuge.
- Proverbe 3.5 : Dieu veut que nous nous confiions à lui.
- Matthieu 11.29 : Dieu est doux et patient.

A | *(10 min) Demandez à chaque groupe de présenter son sketch.*

SECTION 5.

Autres points à considérer

A | *(5-15 min) En grand groupe. Selon votre contexte, choisissez un ou plusieurs des sujets mentionnés à la section 5 pour en discuter à l'aide des questions suggérées.*

A. Les adolescents

A | *Demandez : « Quels besoins particuliers peuvent avoir les adolescents ayant vécu de mauvaises situations ? » Complétez ce qui n'a pas été dit avec les éléments suivants.*

Les adolescents traversent une étape difficile de la vie, même en l'absence de guerre ou d'autres événements traumatisants. Certains problèmes qui peuvent se présenter après un événement traumatisant sont peut-être simplement dus à l'âge du jeune homme ou de la jeune fille.

Les adolescents ont besoin d'avoir un espace privé. C'est particulièrement vrai pour les jeunes filles. Quand les familles sont déplacées ou en crise, le fait que les parents comprennent ce besoin peut aider la jeune fille, même s'ils ne sont pas en mesure de lui offrir cet espace privé.

Les adolescents ont besoin de discuter de leurs problèmes avec des jeunes de leur âge et on doit les encourager à le faire, en particulier après un événement traumatisant. Ils ont également besoin de parler à des adultes de confiance, outre leurs parents.

Les adolescents ont besoin de se sentir utiles, en particulier quand leur famille traverse des difficultés. S'ils peuvent faire quelque chose qui aide leur famille à survivre, cela leur donnera un sentiment de valeur.

B. Les enseignants et les directeurs d'école

A | *Demandez : « Pourquoi serait-il important d'aviser les enseignants et les administrateurs de l'école de ce qu'un enfant a vécu ? » Complétez ce qui n'a pas été dit avec les éléments suivants.*

Les parents et les autres responsables doivent organiser une rencontre avec le directeur de l'école et les instituteurs pour discuter de ce qui s'est passé. Si les enseignants sont au courant de la situation et comprennent comment les troubles ont influencé l'enfant et ses résultats à l'école, ils auront plus de patience avec l'élève et cela jouera un rôle dans le processus de guérison.

C. Cas graves

A | *Demandez : « Comment savoir si un enfant a besoin d'une aide particulière ? »*
Complétez ce qui n'a pas été dit avec les éléments suivants.

Si un enfant présente toujours un problème grave après un certain temps ou s'il se fait du mal ou fait du mal à d'autres, une personne sage devra lui consacrer beaucoup de temps. Cet enfant pourrait avoir besoin d'une conseillère ou d'un conseiller professionnel. Dieu peut guérir cet enfant, mais cela va nécessiter du temps et des soins particuliers.

Les ex-enfants-soldats et les ex-membres de gangs ont également besoin d'une aide particulière. Ils ont vécu des traumatismes et peuvent ne pas grandir de façon appropriée en tant qu'adultes si on ne leur accorde pas beaucoup d'aide. Ils ont souvent été témoins d'actes terribles et ils ont appris à se servir de la violence pour résoudre les problèmes de la vie. On les a peut-être forcés à commettre des actes horribles contre leur propre communauté ou leur famille. Dans la mesure du possible, il faut qu'ils retournent dans leur famille, mais cela peut être difficile, à cause de ce qu'ils ont fait. Les gens peuvent avoir peur d'eux ou les haïr.

Avant de pouvoir reprendre une vie normale, ces enfants vont devoir savoir que des personnes les aiment et se soucient d'eux. L'Église devrait aider la communauté à reconnaître la souffrance, le deuil et le traumatisme que ces enfants ont vécus. La communauté, tout autant que ces enfants, doit apporter leur souffrance à Dieu pour qu'Il puisse les guérir. Ils ont tous besoin de confesser leurs fautes, de se pardonner les uns les autres et de se réconcilier (I Jean 1.8-9).

Tout cela peut prendre des années d'efforts et de prière.

CONCLUSION   (10 MIN)

A | *(10 min) Deux par deux. Demandez aux participants de discuter des questions*
suivantes et de prier les uns pour les autres ainsi que pour les enfants dans le
besoin qu'ils connaissent.

1. Parmi les façons d'aider des enfants dont nous avons discuté, laquelle pourriez-vous commencer à mettre en pratique pour les aider immédiatement ?
2. Quels défis pensez-vous devoir affronter ?
3. Notez une chose importante que vous avez apprise dans ce module.

9. Le viol et les autres agressions sexuelles

Avant de commencer :

- Prévenez les participants de la matière à couvrir durant la présente leçon, et qu'ils n'auront pas à y assister s'ils ne sont pas à l'aise avec ce sujet.
- Si à la fois des hommes et des femmes doivent participer à cette séance, tâchez d'avoir tant un homme qu'une femme comme animateurs. Si cela n'est pas possible, étudiez la matière à l'avance en compagnie d'une personne chrétienne mûre de l'autre sexe qui va faire partie du groupe. Préparez ces personnes à animer la discussion de la section 3.
- Pour Section 1 : Demandez à une personne qui connaît cette histoire de la lire. Ne jouez pas ce récit. Le fait de jouer une agression sexuelle pourrait troubler certaines personnes et susciter de douloureuses réactions.
- Contenu pour l'Afrique : Si le temps le permet, prévoyez de recourir également au récit d'Amnon et de Tamar.
- Pour Section 3: Décidez si vous allez recourir à l'option 1 ou à l'option 2 pour fins de discussion et préparez-vous en conséquence.
- Pour Section 4: Renseignez-vous sur les aides médicales et juridiques disponibles dans la région pour les victimes d'agression sexuelle.
- Pour Section 4: Lisez l'énoncé de confidentialité (page 216). Cherchez ce qu'exige la loi en matière de divulgation des agressions sexuelles dans votre région. Dans la plupart des pays, les soignants ont l'obligation juridique de signaler tout cas de mauvais traitements à l'égard d'une personne mineure. Le fait de ne pas le signaler peut entraîner des conséquences juridiques.
- Sachez que votre groupe pourrait inclure à la fois des victimes et des agresseurs, certaines personnes pouvant avoir joué les deux rôles. La présente leçon porte sur ce qu'a vécu la victime. Recourez à l'annexe sur les agresseurs le cas échéant, selon votre groupe (page 113).

Dans ce module, nous allons :

- Définir le viol et d'autres formes d'agressions sexuelles.
- Expliquer comment le viol et les autres agressions sexuelles touchent une personne et les membres de sa famille.
- Discutez des façons d'aider des personnes ayant subi une agression sexuelle à se rétablir de leur traumatisme.
- Discuter des façons d'aider les communautés à accepter et à élever les enfants nés d'un viol.

Section 1 : Une histoire	25 min
Section 2 : Qu'est-ce que le viol et l'agression sexuelle ?	5 min
Section 3 : Quelles sont les conséquences du viol et de l'agression sexuelle ?	35 min
Section 4 : Comment aider une personne à guérir ?	30 min
Section 5 : Qu'en est-il des enfants nés à la suite d'un viol ?	10 min
Conclusion	5 min
Durée totale (approximative)	**1 heure 50 minutes**

9. Le viol et les autres agressions sexuelles.

A (1 min) *Annoncez le titre et les objectifs du module. Indiquez aux participants où se trouve le module dans le manuel « Guérir les traumatismes ». Lisez le paragraphe ci-dessous :*

Il s'agit d'un sujet délicat. Veuillez ne pas hésiter à quitter la salle si vous vous sentez mal à l'aise à un moment quelconque et si vous voulez faire une pause. Quelqu'un pourra vous accompagner, vous écouter et même prier avec vous, si vous le voulez.

SECTION 1.

L'histoire d'Ama

A (5 min) *En grand groupe. Racontez l'histoire. Si le temps le permet, servez-vous également du récit d'Amnon et de Tamar.*

Une femme appelée Ama vivait dans un village et prenait soin de sa belle-mère âgée. Un jour, quand Georges, son mari, était en voyage, des combattants sont arrivés. Les autres villageois se sont enfuis rapidement, mais il a fallu du temps à Ama pour sortir du lit sa belle-mère âgée et malade avant de s'enfuir.

Juste au moment où elles sortaient de la maison, les hommes armés sont arrivés. Ils ne se sont pas intéressés à la vieille femme, mais ils ont saisi Ama et trois soldats l'ont violée l'un après l'autre. Ama s'est tellement débattue qu'elle s'est fracturé un bras, mais ils étaient beaucoup plus forts qu'elle. Après un certain temps, le commandant a appelé ses hommes « Venez, partons avec le butin! » Alors Ama a pu s'enfuir avec sa belle-mère dans la forêt.

Ama était en état de choc à cause du viol et de la douleur à son bras fracturé. Après avoir marché pendant des heures dans la forêt, elles ont finalement retrouvé les autres. Ils ont aidé Ama quant à la blessure à son bras, mais elle n'a pas osé leur parler du viol.

Quand les villageois ont pu retourner dans leur village, Georges aussi est rentré. Sa mère lui a raconté ce qui était arrivé. Georges comprenait bien que le viol n'était pas la faute d'Ama, mais il ne voulait plus coucher avec elle. Ama avait honte, elle se sentait abîmée et sale. Elle se demandait même si un mauvais esprit n'était pas en elle. Elle était en colère contre Dieu et n'avait plus confiance en lui. Elle était si triste qu'elle pensait à se suicider.

Enfin, elle est allée chez le médecin, qui lui a dit : « Si tu étais venue dans les trois premiers jours après le viol, on aurait pu te donner un médicament contre le VIH. Mais on va faire des analyses. » Quand elle a eu les résultats des analyses, elle n'était pas séropositive, mais elle était enceinte. Elle ne pouvait pas imaginer comment elle pourrait aimer cet enfant.

Ne pouvant plus contenir sa douleur, Ama est allée en parler à Anne, la femme du pasteur Marc. Anne s'est montrée très compréhensive et a écouté attentivement tandis qu'Ama lui racontait ce qui s'était passé. Tout en parlant, Ama s'est mise à pleurer sans pouvoir s'arrêter, pendant longtemps. Anne a passé son bras autour d'Ama pendant que cette dernière pleurait. Une fois qu'Ama a eu fini de tout raconter, Anne a prié pour elle. Après cela, Ama s'est sentie un peu libérée de la pression et de la tristesse.

Anne a demandé à Ama la permission d'en parler à son mari, pour qu'il puisse aider Georges. Ama a donné son accord. Le pasteur Marc a passé du temps avec Georges en l'encourageant à exprimer ses émotions sur ce qui était arrivé. Tandis que George parvenait à exprimer sa propre douleur et passait du temps avec Marc, Ama et lui ont pu retrouver une relation normale et se réconforter mutuellement.

Quand le temps est venu pour leur bébé, un garçon, de naître, tous les deux en étaient venus à l'accepter. Ils ont donc décidé de l'appeler « Nathan », ce qui signifie « Don de Dieu ». À ce moment-là, bien des gens savaient ce qui s'était passé, et certains pensaient que l'enfant était quelque chose de mauvais et de sale. Lorsqu'est venu le temps de présenter le bébé à Dieu, le pasteur Marc a organisé un culte très particulier. Il a parlé ouvertement des origines du bébé, puis il a dit : « Ce bébé est un don de Dieu pour l'Église entière. Levez-vous si vous allez aider à enseigner à cet enfant la connaissance et l'amour du Seigneur. » Presque tous, dans l'Église, se sont levés !

Au fil du temps, avec l'aide de Dieu, Ama a finalement pu pardonner aux hommes qui l'avaient violée, bien que parfois le souvenir du viol la fasse encore souffrir.

DISCUSSION

A | *(5 min) En petits groupes ou deux par deux. Partagez les questions parmi les groupes. Chaque groupe choisit une personne qui prend des notes et sera son porte-parole (si possible, que le groupe choisisse une personne différente chaque fois).*

1. Pourquoi Ama n'a-t-elle dit à personne ce qui lui était arrivé ?
2. Comment Ama s'est-elle sentie alors que la femme du pasteur l'écoutait ?
3. Que pensez-vous de la façon dont le pasteur Marc et Anne ont traité cette situation ?
4. Comment traite-t-on les victimes de viol dans votre culture ?

A | *(15 min) En grand groupe. Recueillez les réponses. Si les participants ont le manuel, encouragez-les à le garder fermé pendant le reste du module.*

L'HISTOIRE D'AMNON ET TAMAR   (25 MIN)

A | *(5 min) En grand groupe. Racontez l'histoire.*

Amnon était le fils aîné du roi David et il allait hériter du trône de son père. Il est tombé tellement amoureux de sa demi-sœur, Tamar, que cela l'a rendu malade. Elle était vierge et il lui semblait impossible de l'approcher.

Un cousin a vu combien Amnon était triste et lui a demandé : « Qu'est-ce qui ne va pas ? Pourquoi le fils d'un roi a-t-il l'air si déprimé chaque matin ? »

Amnon lui dit : « Je suis amoureux de Tamar. »

Son cousin lui a proposé un plan : « Retourne au lit et prétends que tu es malade. Quand ton père viendra te voir, demande-lui que Tamar vienne te préparer de la nourriture. »

Amnon a suivi le conseil. Le roi David a accepté d'envoyer Tamar s'occuper d'Amnon.

Tamar est venue chez Amnon et a préparé des gâteaux pour lui. Mais quand elle les a placés devant lui, il a refusé de manger. Amnon dit : « Faites sortir tout le monde d'ici. » Et tous ceux qui étaient près de lui sortirent.

Puis il lui a dit : « Maintenant, sers-moi la nourriture dans ma chambre. » Elle l'a fait, mais comme elle lui donnait à manger, il l'a attrapée et lui a dit : « Viens, couche avec moi, ma sœur ! »

Elle a crié : « Non, ne m'oblige pas à faire cela ! On ne fait pas ce genre de chose en Israël, c'est révoltant ! Je serais déshonorée pour toujours ! Et toi, tu seras comme un homme qui ne vaut rien en Israël. Tu n'as qu'à demander au roi, et il te laissera te marier avec moi. »

Mais Amnon n'a pas voulu l'écouter, et comme il était plus fort qu'elle, il l'a violée. Tout de suite, Amnon s'est mis à la détester, encore plus fort qu'il ne l'avait aimée. Il lui a dit avec mépris : « Lève-toi et sors d'ici ! »

Tamar a crié : « Ne me renvoie pas ! Ce serait encore pire que ce que tu m'as déjà fait. »

Mais Amnon n'a pas voulu l'écouter. Il a appelé son serviteur et il a dit : « Jette cette femme dehors et ferme la porte à clé ! »

Et le serviteur l'a fait partir. Tamar portait une très belle robe longue. Elle l'a alors déchirée et s'est couvert la tête de cendres pour montrer combien elle était triste. Ensuite, cachant son visage entre ses mains, elle est partie en pleurant.

Quand son frère Absalom a appris ce qui lui était arrivé, il a essayé de la consoler en disant : « Puisque c'est ton frère, ne dis à personne ce qui est arrivé. Essaie de ne pas y penser. » Absalom l'a amenée dans sa maison, et Tamar a habité là tout le reste de sa vie, triste et solitaire.

Lorsque le roi David a appris ce qui était arrivé, il a été très en colère, mais il n'a pas puni Amnon, parce qu'Amnon était son fils préféré.

Absalom a détesté Amnon profondément à cause de ce qu'il avait fait, et il a décidé de le tuer. Deux ans plus tard, Absalom a réussi à tendre un piège à Amnon et il l'a tué. Il a ensuite dû s'enfuir dans un autre pays pour échapper à la colère de son père. Il y est resté pendant trois ans. David l'a finalement fait revenir à Jérusalem, tout en refusant de le voir. Absalom était plein d'amertume contre son père, et plus tard il a essayé de s'emparer du trône de David. Il est mort pendant cette tentative, ce qui a attristé le roi David encore davantage. (Voir 2 Samuel 13 et suivants.)

DISCUSSION

(5 min) En petits groupes ou deux par deux. Partagez les questions parmi les groupes. Chaque groupe choisit une personne qui prend des notes et sera son porte-parole (si possible, que le groupe choisisse une personne différente chaque fois).

1. Quels effets ce viol a-t-il eus sur Tamar ? Sur Amnon ? Sur la famille ?
2. Dans cette histoire, qu'est-ce qui montre que Tamar n'était pas en sécurité dans sa famille ?
3. Que pensez-vous de la façon dont David a traité cette situation ?
4. Comment traite-t-on les victimes de viol dans votre culture ?

(15 min) En grand groupe. Recueillez les réponses. Si les participants ont le manuel, encouragez-les à le garder fermé pendant le reste du module.

SECTION 2.

Qu'est-ce que le viol ? Qu'est-ce que l'agression sexuelle ?

(5 min) En grand groupe. Demandez au groupe de définir ce qu'est une agression sexuelle. Définissez ensuite le viol en tant que type d'agression sexuelle. Au besoin lisez les définitions fournies. Ajoutez le contenu de la présente section qu'on n'aurait pas mentionné.

Il y a agression sexuelle si une personne en contraint une autre au point de vue sexuel.

Parmi les genres d'agressions sexuelles, mentionnons l'attouchement non désiré des parties intimes du corps, la tentative de viol, le viol et le fait d'obliger une victime à user de gestes de nature sexuelle.

Plus particulièrement, le viol consiste à pénétrer l'anus, le vagin ou la bouche d'une personne sans son consentement.

Le viol et les autres formes d'agressions sexuelles font appel à la force physique, à la manipulation ou à des menaces en vue d'infliger du mal au cas où la victime ne veuille pas coopérer. Cela peut se produire à l'égard d'une femme, d'une fille, d'un homme ou d'un garçon.

La personne perpétrant l'agression peut être de sexe masculin ou féminin.

L'agression sexuelle est généralement commise par une personne que l'on connaît et à qui l'on fait confiance, mais elle peut également être perpétrée par une personne étrangère. L'agression sexuelle constitue un problème en temps de paix, et devient bien plus fréquente en temps de guerre.

Bien que l'agression sexuelle puisse renfermer un élément de désir sexuel, elle est surtout une question de pouvoir et de maîtrise. Son principal objectif consiste parfois à humilier une personne ou une communauté.

SECTION 3. (35 MIN)

Quelles sont les conséquences du viol et d'autres agressions sexuelles ?

A | *(1 min) Annoncez le titre de la présente section. Présentez le paragraphe suivant.*

L'agression sexuelle touche chaque domaine de la vie et laisse des blessures profondes et durables. Comme les victimes ont honte de l'agression, elles la gardent souvent secrète. Le fait qu'une personne ne parle pas d'une agression sexuelle ne veut pas dire que cela ne lui est jamais arrivé.

A | *Vous devrez traiter les questions de discussion des sections 3 et 4 différemment si votre groupe compte à la fois des hommes et des femmes. Choisissez une des options suivantes, selon le contexte.*

1. Formez un groupe d'hommes et un groupe de femmes quant aux deux questions de la section 3 et aux deux de la section 4. Dans la mesure du possible, un animateur de sexe masculin devrait animer le groupe des hommes, et une animatrice de sexe féminin devrait animer celui des femmes. Si cela n'est pas possible, assurez-vous que chaque groupe compte une personne chrétienne mûre qui comprend la leçon à l'avance. Cela aidera à éviter que des participants expriment des choses, en grand groupe, qui pourraient offenser les personnes de l'autre sexe et susciter un sentiment d'insécurité. Réunissez à nouveau tout le groupe pour que les gens se lisent les énoncés de la question 2 de la section 4 les uns aux autres.

2. Restez en groupes mixtes quant aux questions 1 et 2 de la section 3 et à la question 1 de la section 4. Séparez-vous en groupes d'hommes et de femmes quant à la question 2 de la section 4. Réunissez à nouveau tout le groupe pour que les gens se lisent les énoncés de cette question les uns aux autres.

DISCUSSION

A | *(5 min) Dites aux participants que la présente discussion va d'abord porter sur les conséquences du viol, puis sur les conséquences d'autres formes d'agressions sexuelles. Selon la grandeur du groupe, vous pourriez attribuer la question 1 à certains petits groupes et la question 2 à d'autres.*

1. Si une personne est violée, comment cela l'affecte-t-elle ?
2. Comment cela affecte-t-il son mariage ou sa famille ?

A | *(15 min) Recueillez les réponses quant à la question 1. Complétez du contenu de A qui n'a pas été déjà mentionné. Demandez aussi : « Comment les conséquences du viol diffèrent-elles entre les hommes et les femmes ? Quelles sont-elles pour un enfant ? » si des sujets n'ont pas été mentionnés. Recueillez ensuite les réponses à la question 2. Complétez du contenu de B qu'on n'a pas déjà mentionné.*

A. Comment le viol affecte-t-il la victime ?

Au point de vue physique

- Elle pourrait avoir contracté une infection transmise sexuellement, avoir subi des blessures aux organes sexuels ou d'autres genres de blessures physiques.
- Elle peut être tout le temps en alerte.

Au point de vue émotif

- La victime peut connaître un profond sentiment de honte et de saleté, et penser qu'elle est mauvaise.
- Elle peut se sentir dégradée, penser qu'elle n'a plus de valeur et n'est plus désirable.
- Elle peut tenter de minimiser sa douleur ou de la nier ou chercher à l'oublier.
- Elle peut se sentir coupable, penser qu'elle le méritait ou qu'elle l'a cherché.
- Elle peut être profondément triste. Elle peut noyer ses sentiments dans l'alcool, la drogue ou la nourriture.
- Elle peut tenter de se suicider.
- Une victime peut être en colère contre les gens. Par exemple, une femme violée peut être en colère contre tous les hommes.
- Elle peut en venir à commettre elle-même une agression et chercher à faire du mal à autrui, tout comme elle en a elle-même subi.
- Elle peut avoir peur d'en parler à qui que ce soit, surtout si cela peut déshonorer la famille et inciter des gens à la tuer.
- Elle peut se sentir confuse et impuissante.
- Elle peut avoir peur des relations sexuelles ou ne plus être capable d'éprouver du plaisir lors d'un rapport sexuel. Ou bien elle peut se mettre à avoir des partenaires multiples. Cela peut aussi avoir d'autres conséquences pour sa sexualité.

Au point de vue spirituel

- Elle peut penser que Dieu l'a punie.
- Elle peut être en colère contre Dieu, ne plus croire que Dieu puisse la protéger.
- Elle peut se croire possédée de démons.

Conséquences particulières aux victimes de sexe féminin, lesquelles peuvent varier selon la culture.

- Elles peuvent ne plus pouvoir se marier.
- Elles peuvent être forcées d'épouser leur violeur.
- Elles peuvent devenir enceintes par suite du viol et ainsi songer à se faire avorter.
- Elles peuvent se faire tuer par des gens qui veulent préserver l'honneur de la famille.
- Elles peuvent penser que « cela fait tout simplement partie de la vie d'une femme ».

Conséquences particulières aux victimes de sexe masculin.

- Ils peuvent devenir confus quant à leur identité masculine.
- Ils peuvent se sentir encore plus honteux que les victimes de sexe féminin.

Si un adulte a été victime de viol durant l'enfance sans jamais avoir obtenu d'aide à ce sujet, son rétablissement peut s'avérer plus difficile.

B. Comment le viol touche-t-il le mariage et la famille d'une victime ?

Si le viol a été commis par un inconnu, la famille et la communauté peuvent éprouver de la compassion pour la victime.

S'ils ont été témoins du viol, ils peuvent se sentir violés tout comme la victime.

Si la victime garde le viol secret :
- ses proches ne pourront pas comprendre pourquoi elle est triste et en colère ;
- il est possible que son conjoint ne comprenne pas pourquoi elle trouve maintenant si difficile d'avoir de relations sexuelles.

Si la victime parle du viol et qu'il a été commis par quelqu'un que la famille connaît, cela peut soulever d'autres problèmes :
- il est possible que la famille refuse d'admettre que cette personne ait commis un acte aussi mauvais ;
- les membres de la famille peuvent reconnaître que le viol a vraiment eu lieu, mais faire des reproches à la victime et la punir ; dans certaines cultures, on peut même tuer la victime ;
- ils peuvent avoir peur d'affronter l'auteur du viol, surtout si c'est un membre respecté de la communauté ;
- pour préserver la paix, ils peuvent nier les faits et accuser la victime de mentir ;
- il se peut qu'ils fassent des plans pour se venger.

Si une femme mariée est violée, son mari :
- peut craindre d'attraper une maladie sexuellement transmissible ;
- peut avoir le sentiment que sa femme est maintenant souillée et ne plus vouloir d'elle. Cela renforce les sentiments de honte et d'isolement de la femme.

C. Les conséquences pour les victimes d'autres genres d'agressions sexuelles

A | *(4 min) En grand groupe. Complétez ce qui n'a pas été dit avec les éléments suivants.*

1. À quels points de vue est-ce que les conséquences d'autres genres d'agressions sexuelles sont les mêmes que dans le cas d'un viol ? Comment diffèrent-elles ?

Les autres genres d'agressions sexuelles peuvent avoir les mêmes conséquences que le viol, à divers degrés. La victime et d'autres personnes peuvent plus facilement rejeter ces effets. La victime peut se sentir seule et confuse ; ce qui accroît son chagrin. Il peut également y avoir moins d'aide juridique offerte à ce genre de victime.

A (5 min) *En petits groupes. Pour l'option 2, formez un groupe d'hommes et un groupe de femmes pour la discussion suivante.*

2. Que voudriez-vous dire à l'autre groupe au sujet du viol ? Écrivez votre réponse et choisissez un ou une porte-parole pour partager en grand groupe.

A (5 min) *Ramenez tout le monde ensemble. Demandez à un porte-parole de chaque groupe de lire la réponse de ce dernier à la question 2, devant le grand groupe. Soyez attentif à tout commentaire susceptible d'offenser quelqu'un et intervenez au besoin.*

SECTION 4.

(30 MIN)

Comment aider une victime à se rétablir d'un viol ou d'une autre agression sexuelle ?

A (1 min) *Annoncez le titre de la section. Présentez le contenu ci-dessous.*

Pour aider les victimes à guérir d'une agression sexuelle, permettez-leur de prendre elles-mêmes autant de décisions que possible, même si vous n'êtes pas d'accord avec ces dernières : c'est un moyen de restaurer le pouvoir que l'agresseur leur a enlevé.

DISCUSSION

A (5 min) *En petits groupes. Répartissez les questions entre les différents groupes.*

1. De quelle sorte d'aide médicale et juridique une victime d'agression sexuelle a-t-elle besoin ? Lesquelles de ces ressources sont disponibles dans votre région ?
2. De quel genre d'aide a-t-elle besoin aux points de vue émotif et spirituel ?

A (24 min) *En grand groupe. Recueillez les réponses. Complétez le contenu de A et B qu'on n'a pas déjà mentionné. Présentez la section C.*

A. Aidez les victimes à obtenir de l'aide médicale et juridique

Aide médicale

- S'il existe dans votre région un centre d'aide aux victimes de viol, contactez-le immédiatement.
- Si la victime est considérée comme un adulte par les lois du pays, assurez-vous de lui demander la permission. Un centre d'aide connaîtra les meilleures étapes pour prendre soin de la victime.

- Les victimes doivent recevoir immédiatement des soins médicaux. Plus les soins sont donnés tôt, mieux c'est pour la victime. Même s'il y a un délai, les soins sont néanmoins utiles.
- Un médecin doit faire un bilan des infections et des blessures, par exemple des os fracturés ou des hémorragies internes.
- Il y a des médicaments qui peuvent être donnés immédiatement ou peu de temps après un viol pour diminuer les risques que la personne contracte le VIH ou d'autres maladies sexuellement transmissibles. Ces médicaments sont différents de ceux qui peuvent éviter une grossesse.
- Si la victime découvre être enceinte, elle aura besoin d'une aide particulière.

Aide juridique

- Le viol est considéré comme un crime dans la plupart des pays, tout comme beaucoup d'autres genres d'agressions sexuelles.
- Signalez l'agression à la police, mais pour des victimes adultes, le signalement ne peut se faire sans leur consentement. Ces adultes ne sont pas toujours disposés à le donner. Une personne qui a de l'expérience dans ce domaine peut les aider à décider quoi faire.
- Le plus souvent, les lois exigent que le viol d'une personne mineure soit signalé à la police.

Quelqu'un en qui la victime a confiance doit l'accompagner chez le médecin ou auprès de la police. Cette présence apporte réconfort et soutien. Des questions difficiles sont souvent posées aux victimes.

B. Offrez de l'aide aux points de vue émotif et spirituel

Aide au point de vue émotif :

- Les victimes doivent parler avec quelqu'un en qui elles ont confiance, une personne dont elles pensent qu'elle gardera le sujet entièrement confidentiel. Alors, laissez-les choisir qui elles veulent rencontrer.
- Elles ont besoin de personnes qui puissent les écouter en créant un contexte sécuritaire où elles peuvent tout exprimer, y compris la colère, la tristesse, des préoccupations d'ordre sexuel ainsi que des doutes quant à leur foi. Les personnes qui écoutent doivent le faire sans corriger ni accuser les victimes.
- Il faut que les écoutants soient attentifs et patients, parce que les blessures du cœur infligées par une agression sexuelle peuvent prendre longtemps pour guérir. Les écoutants doivent aider les victimes à prendre conscience de l'impact que l'agression a eu sur leur vie.
- Les écoutants doivent être conscients qu'un lien fort peut se nouer entre la victime et eux. L'écoutant doit s'assurer que ce lien n'évolue pas vers des conduites malsaines. Si l'écoutant est du sexe opposé à celui de la victime, une autre personne de confiance doit être présente.

Aide au point de vue spirituel :

- Les victimes peuvent accuser Dieu de ne pas les avoir protégées, ou elles peuvent être si en colère contre Dieu qu'elles ne désirent pas prier, ni écouter la Parole de Dieu, ni entendre parler de l'amour de Dieu pour elles, pendant un certain temps. Cela est normal.
- Les victimes ont besoin de personnes qui sont tout simplement disposées à leur démontrer que Dieu les aime. Quand elles voient que ces personnes continuent à leur accorder de la

valeur et à les aimer, elles prennent progressivement conscience qu'elles ne sont pas perdues. Leur conjoint et leur famille ont un rôle clé à jouer dans la situation.

- Les victimes doivent savoir qu'il leur est permis de se sentir fâchées contre Dieu. Ce dernier les comprend et continue de les aimer et de les accepter. Il vaut mieux que les victimes soient honnêtes avec leurs sentiments plutôt que de les cacher. Écrire une lamentation peut être un moyen de laisser s'exprimer les sentiments (voir le module 4, « Lamentations »).
- Au bout d'un certain temps, la victime pourra accepter de recevoir du réconfort par la Parole de Dieu et que d'autres prient pour elle. Les passages suivants des Écritures pourraient être utiles : Psaume 9.10-11, Psaume 10(9).17-18.
- Quand les victimes sont prêtes, elles peuvent apporter elles-mêmes leur douleur à Dieu en prière et lui demander la guérison. Il faut les encourager à être précises en disant à Dieu ce qu'elles ont perdu à cause de l'agression sexuelle – par exemple l'innocence, la pureté, la joie. Elles peuvent demander à Dieu de leur restituer ces choses perdues (Psaume 71(70).20-21).

Les victimes peuvent bénéficier d'une communauté chrétienne disposée à leur offrir du soutien. Les responsables de l'Église peuvent :

- aborder le sujet de l'agression sexuelle dans des prédications et prier pour les victimes : cela peut apporter une lueur d'espoir à des victimes qui ont gardé le secret sur leur viol, et leur donner le désir d'en parler avec quelqu'un ;
- recenser dans l'Église des personnes qui savent écouter, et les informer d'une formation pour améliorer leurs compétences ;
- aider leur assemblée dans l'exercice de la lamentation, pour amener les gens à comprendre qu'il est permis d'exprimer à Dieu sa colère et son chagrin.

C. Soutenir les victimes dans le processus difficile du pardon

Lorsque Dieu commence à guérir la souffrance de leur cœur, les victimes peuvent commencer le travail difficile de pardonner à leur agresseur.

Ce n'est pas facile et cela peut prendre beaucoup de temps.

Cela ne signifie pas que le violeur n'aura pas à affronter les conséquences de son acte. On peut pardonner véritablement et pourtant livrer le violeur à la justice. Le pardon peut ne pas aboutir à une réconciliation. Il faudra peut-être couper tout contact avec l'agresseur pour rester en sécurité.

Si l'on ne punit pas la personne ayant commis l'agression, il devient encore plus difficile de lui pardonner. Il peut être réconfortant pour les victimes de se souvenir que Dieu déteste l'injustice et qu'il va venger le mal qu'on leur a fait (Ésaïe 61.8a, Ésaïe 59.14-19).

SECTION 5.

(10 MIN)

Qu'en est-il des enfants nés à la suite d'un viol ?

A | *Annoncez le titre de la section.*

DISCUSSION

A | *(3 min) En petits groupes.*

Y a-t-il des enfants, parmi l'assemblée de votre Église, que l'on tourmente ou rejette à cause des événements entourant leur naissance ? Dans l'affirmative, comment les aidez-vous ?

A | *(7 min) En grand groupe. Recueillez les réponses, puis couvrez brièvement les points A et B.*

A. Quels sont leurs besoins ?

Dans certains cas, les enfants nés d'un viol sont rejetés par leur famille, surtout par leur mère. Ils peuvent être mal traités ou même tellement négligés qu'ils meurent.

Les gens peuvent les ridiculiser parce qu'ils n'ont pas de père.

Leurs frères et sœurs peuvent ne pas les considérer comme faisant pleinement partie de la famille.

B. Comment aider ces enfants ?

Dieu aime tout particulièrement l'enfant privé de son père (Deutéronome 10.18).

Dans le Psaume 68(67).6-8a, il est écrit : « Dans sa maison très sainte, Dieu est un père pour les orphelins, un défenseur pour les veuves. Dieu donne une famille à ceux qui sont seuls, il libère les prisonniers dans la joie. »

En tant que chrétiens, nous devons demander à Dieu de nous aider à aimer ces enfants comme Dieu lui-même les aime. Ils ont besoin de notre amour plus que les autres. Ils ont besoin d'un enseignement particulier de la Parole de Dieu pour avoir la certitude que leur vie n'est pas un accident.

Certains passages des Écritures qui peuvent être utiles sont : Psaume 139 (138).13-18 et Ésaïe 49.15. Ces enfants ne sont pas responsables des circonstances de leur naissance.

Quand un enfant commence à demander qui est son père, dites-lui la vérité, en tenant compte de son âge. Si possible, une personne ayant beaucoup d'expérience de travail avec de tels enfants pourra vous aider à savoir comment aborder ce sujet.

Accueillir un enfant né d'un viol, c'est pour les autres une image vivante de la manière dont Dieu nous accueille, quel que soit notre passé.

Les responsables de l'Église peuvent aider la famille et la communauté à accueillir l'enfant.

Ils peuvent demander une bénédiction particulière sur le bébé et la famille, lors de la présentation ou du baptême, d'une manière qui ne fasse pas honte à la famille.

CONCLUSION (5 MIN)

A | *(5 min) Donnez aux participants le temps de rédiger leur réponse à la question 1, puis demandez-leur de discuter de la question 2 deux par deux et de prier. Une fois que les paires de participants ont fini leur prière, priez pour l'ensemble du groupe, en incluant le verset 9 du Psaume 56 (55).*

1. Notez une chose importante que vous avez apprise dans ce module.
2. Faites en part les uns aux autres, deux par deux, puis prier l'un pour l'autre.

Toi, tu as bien noté comme j'ai dû m'enfuir.
Recueille mes larmes dans ton outre,
tu en as sûrement fait le compte. (Psaume 56[55].9 NFC)

Qu'en est-il des agresseurs ?

Les agresseurs doivent se repentir de leur péché et interagir avec la communauté. L'Église peut aider à ce sujet.

A. Les agresseurs doivent véritablement se repentir et le démontrer par leur comportement

DISCUSSION

A | *(7 min) En grand groupe. Après la discussion, ajoutez, sous la question, le contenu qu'on n'a pas mentionné.*

Quels sont les indices qu'une personne ayant commis une agression a véritablement entrepris un processus de repentance ?

Elle admet sincèrement :
- qu'elle reconnaît la vérité sur ce qu'elle a fait, devant elle-même et devant les autres ;
- qu'elle a du remords de ce qu'elle a fait ;
- qu'elle assume la responsabilité du mal qu'elle a commis ;
- qu'elle cherche à comprendre les racines de son désir de domination sur les autres ;
- qu'elle confesse son péché à Dieu et accepte son pardon.

Des efforts soutenus visant à compenser le tort fait à la victime :
- Si la victime consent à parler à la personne ayant commis l'agression, cette dernière peut lui demander pardon.
- La personne ayant commis l'agression montre sa repentance par des gestes appropriés (Nombres 5.5-7, Luc 3.8, Luc 19.8, Actes 26.20b).
- Elle accepte que rétablir la confiance prenne du temps.
- Elle accepte que la réconciliation puisse n'être jamais possible.

Une acceptation volontaire des mesures disciplinaires et de la supervision imposées :
- Elle se rend pleinement responsable envers une autre personne.
- Elle accepte les conséquences juridiques et sociales de ce qu'elle a fait.
- Si elle fait partie d'une Église, elle informe le pasteur de ce qu'elle a fait et se soumet à toutes les restrictions que l'Église peut lui imposer pour protéger des innocents.

B. Les agresseurs doivent faire l'expérience de la communauté d'une façon qui soit sécuritaire tant pour eux-mêmes que pour autrui

DISCUSSION

(6 min) En grand groupe. Après la discussion, ajoutez le contenu ci-dessous qu'on n'a pas déjà mentionné.

Comment une Église peut-elle offrir à un agresseur sexuel des occasions d'interaction communautaire d'une façon qui soit sans danger tant pour cette personne que pour autrui ?

Les agresseurs sexuels ont besoin d'une participation réelle à la vie de la communauté. Laissés seuls et isolés, ils risquent davantage de faire à nouveau du mal à d'autres personnes. L'Église pourra confier à une équipe de membres mûrs la tâche de rencontrer régulièrement la personne en question pour la former en tant que disciple.

Même si quelqu'un s'est sincèrement repenti d'une agression sexuelle, l'Église doit prendre des mesures pour s'assurer que les personnes vulnérables ne soient jamais seules avec lui ou elle.

Cela est également vrai pour les agresseurs qui étaient auparavant des leaders au sein d'une Église. Tout comme les sacrificateurs, en Israël, perdaient leur poste de leadership s'ils péchaient et égaraient les gens, ainsi en est-il des dirigeants au sein des Églises. Si ces agresseurs font véritablement preuve de repentance, on pourra leur permettre de servir le peuple de Dieu autrement, comme on le faisait pour les sacrificateurs d'Israël (Ézéchiel 44.10-14).

C. Les agresseurs doivent se rétablir des blessures de leur cœur s'ils ont eux-mêmes été des victimes

(1 min) En grand groupe. Présentez ce contenu.

Certaines personnes commettant des agressions ont elles-mêmes été victimes d'agression(s) ou de mauvais traitements sexuels. Elles peuvent avoir besoin d'aide dans le genre de ce qui est mentionné à la section 4 ci-dessus.

10. Le ministère auprès des personnes vivant avec le VIH

Avant de commencer:

- Pour la section 1 : Choisissez d'utiliser le sketch ou l'histoire, en fonction de ce qui correspond le mieux à votre contexte. Si vous choisissez le sketch, préparez les panneaux et trouvez 10 participants prêts à jouer les rôles. Si vous choisissez l'histoire, décidez de la manière dont vous allez la présenter (voir page 214, « Histoires » dans « Préparer les modules »).
- Si possible, trouvez un professionnel de santé connaissant le sujet qui pourra participer à cette session, en particulier pendant la Section 3.
- Choisissez si vous allez traiter la Section 4. (Voir la note sur le gain de temps sous cette section.)

Dans ce module nous allons:

- Expliquer comment une personne est infectée par le VIH et comment cela peut évoluer vers le SIDA.
- Identifier les croyances et les pratiques qui contribuent à propager le VIH et trouver des moyens de les traiter.
- Discuter de moyens de prévention contre le VIH.
- Apprendre comment aider l'Église à exercer son ministère auprès des personnes vivant avec le VIH et le SIDA.

Section 1 : Le sketch ou l'histoire	15 min
Section 2 : Que savez-vous au sujet du VIH et du SIDA ?	15 min
Section 3 : Quelles sont les idées fausses qui contribuent à la propagation du VIH ?	15 min
Section 4 : Quelles sont les pratiques qui contribuent à la propagation du VIH ?	10 min
Section 5 : Comment pouvons-nous empêcher la propagation du VIH ?	15 min
Section 6 : Comment pouvons-nous aider les personnes vivant avec le VIH ou le SIDA ?	15 min
Conclusion	20 min
Durée totale (approximative)	**1 heure 45 minutes**

10. Le ministère auprès des personnes vivant avec le VIH

A | *Ce module ne constitue pas une recommandation médicale pour le diagnostic ou le traitement du VIH. Le diagnostic et le traitement doivent être effectués par un professionnel de santé qui connaît bien la maladie. Sachez que les recommandations de traitement peuvent changer au fil du temps. Ce module utilise les médicaments antirétroviraux (ARV) comme exemple de traitement actuel du VIH. Les ARV aident à contrôler l'infection par le VIH et peuvent prolonger la vie, mais ne la guérissent pas.*

A *(1 min) Annoncez le titre du module et ses objectifs. Indiquez aux participants le module correspondant dans* Guérir les traumatismes.

SECTION 1.   (15 MIN)

Un sketch ou une histoire

Les guerres du sang : un sketch sur le VIH et le SIDA

A | *Préparez des badges que les personnes pourront épingler sur leur vêtement ou des pancartes à porter autour du cou : « VIH » (x2), « grippe », « paludisme », « pneumonie », « diarrhée », « soldat du sang » (x2) et « ARV » (x2). Remplacez le paludisme par une autre maladie si le paludisme ne sévit pas dans votre région.*

(5 min) Jouez le sketch.

1. Marquez un grand espace sur le sol qui représentera le corps de Didier.
2. Choisissez parmi les participants ceux qui vont jouer le sketch et donnez à chacun un badge ou une pancarte à porter. (Faites attention à certains contextes où le contact physique entre hommes et femmes n'est pas autorisé en public. Si c'est le cas, il faudra faire jouer les rôles par des hommes seulement ou des femmes seulement.)

   - Deux soldats du sang. Ils pourront faire semblant d'être armés.
   - Deux virus VIH.
   - Une personne pour jouer le rôle de chaque maladie : grippe, paludisme, pneumonie, diarrhée.
   - Deux soldats ARV.

3. Dites ce qui suit, pendant que les participants jouent leur rôle : « Dieu nous a créés avec des soldats du sang pour nous protéger. Didier a des soldats du sang dans son corps qui vont combattre les maladies. Leur fonction est de protéger Didier contre les maladies. Ils doivent rôder tout autour cherchant les envahisseurs. »

a. Les soldats du sang rôdent dans le corps de Didier à la recherche de toute maladie qui essaie d'entrer.

b. Invitez **Grippe** à envahir – il est rapidement jeté dehors (ne soyez pas trop violent). Demandez à **Paludisme** d'envahir – il est jeté dehors après une courte lutte.

4. Dites : « Tout le monde reste immobile. ». Puis dites ce qui suit, pendant que les participants jouent leur rôle : « Didier se porte bien, il est capable de vaincre les maladies en utilisant ses soldats du sang. Puis Didier est allé coucher avec une personne qui n'est pas sa femme. ».

a. Deux **VIHs** s'infiltrent dans son sang sans que les soldats du sang s'en aperçoivent et ils se cachent.

b. **Grippe** revient et il est jeté dehors aussi rapidement que la première fois. Maintenant, **Paludisme** envahit. Lui aussi, il est jeté dehors, après une petite lutte.

5. 5. Dites : « Tout le monde reste immobile. ». Puis dites ce qui suit, pendant que les participants jouent leur rôle : « Didier ne se rend pas compte qu'il est malade. Cependant, il est infecté et peut transmettre le VIH à d'autres personnes. Le temps passe et nous sommes un an plus tard. ».

a. Maintenant, l'un des **VIH** se met debout et immobilise l'un des soldats du sang de sorte qu'il ne peut plus rien faire.

b. **Grippe** revient et il y a une lutte. **Pneumonie** le rejoint. Il faut un long combat au soldat du sang qui reste pour les jeter dehors.

c. L'autre **VIH** se lève et immobilise le soldat du sang qui reste. **Grippe, Pneumonie, Paludisme et Diarrhée** envahissent le corps de Didier. Les soldats du sang sont éliminés, **Grippe** et toutes les autres maladies font une danse de victoire autour du corps de Didier.

6. Dites : « Tout le monde reste immobile. ». Puis dites ce qui suit, pendant que les participants jouent leur rôle : « Maintenant Didier a le SIDA. Le VIH, un petit virus, a affaibli la capacité du corps à combattre les infections. Cela permet à beaucoup d'autres maladies de l'envahir. Le SIDA n'est pas une maladie mais un ensemble de maladies. Finalement, le corps de la personne dépérit. Voyons maintenant ce qui se passe quand on utilise les ARV (médicaments antirétroviraux).

a. Deux ARVs entrent dans le corps de Didier. Ils immobilisent VIH en sorte que désormais quand Grippe, Paludisme, etc. envahissent le sang, les soldats du sang peuvent les jeter dehors.

7. Dites : « Tout le monde reste immobile. ». Puis dites : « Les analyses de sang sont importantes – c'est le seul moyen de reconnaître avec certitude l'infection par le VIH. Les ARV sont des médicaments qui ne débarrassent pas le corps du VIH, mais qui contrôlent le virus. Le médicament doit être pris pendant toute la durée de la vie ; si la prise est arrêtée, le VIH s'échappera et provoquera de nouveau des problèmes. »

DISCUSSION

(5 min) En petits groupes. Demandez à chaque groupe de choisir quelqu'un qui prendra des notes et qui parlera au nom du groupe. (Si possible, demandez à chaque groupe de choisir une personne différente à chaque discussion.)

1. Dans votre région, si les gens savent qu'ils ont le VIH ou le SIDA, le disent-ils aux autres ? Pourquoi ou pourquoi pas ?

2. Dans votre communauté, comment considère-t-on les personnes vivant avec le VIH ou le SIDA ?

A | *(5 min) En grand groupe. Recueillez les réponses. Si les participants utilisent les manuels, demandez-leur de les fermer jusqu'à la fin du module.*

L'histoire de Didier et de Monique

A | *(5 min) En grand groupe. Racontez l'histoire.*

Didier et Monique étaient mariés et heureux avec leurs cinq enfants. Tous deux étaient des chrétiens engagés. Un jour, leur village a demandé à Didier d'aller à la capitale suivre une formation sur les méthodes agricoles. Didier était très heureux d'avoir été choisi, et il est parti pour suivre cette formation pendant quatre mois.

Au bout de deux mois, la femme de Didier lui manquait beaucoup et de plus en plus il rêvait de femmes. Pendant les cours, il est devenu ami avec des hommes qui n'étaient pas chrétiens et qui l'invitaient constamment à sortir le soir. Pendant un certain temps il a refusé, mais il a commencé à s'inquiéter lorsqu'ils lui ont dit que si un homme ne couche pas régulièrement avec une femme, il peut devenir fou ! Un soir, la tentation et sa solitude étaient trop grandes. Il est allé au bar avec ces amis, puis il a couché avec une prostituée. Le jour suivant, il était plein de remords et bien résolu à ne jamais recommencer.

À la fin de la formation, Didier est retourné dans sa famille, et deux ans plus tard, Monique s'est retrouvée enceinte. À la même époque, Didier a commencé à aller mal. Au début, il était simplement fatigué et perdait du poids. Puis il a commencé à avoir d'étranges démangeaisons ainsi qu'une diarrhée fréquente. Il est allé consulter un médecin qui l'a examiné et a fait des analyses sanguines. Il a alors fait venir Didier à son bureau pour lui annoncer une triste nouvelle : il est séropositif, et il est probable qu'il a déjà infecté sa femme et même l'enfant qui va naître. Le médecin a soigneusement expliqué qu'il y avait trois liquides qui peuvent être porteurs du virus du VIH/SIDA : le sang, les fluides des organes sexuels et le lait maternel. Tout à coup, Didier s'est souvenu de la soirée qu'il avait passée avec la prostituée.

Didier est rentré chez lui, choqué et hébété. Dans un premier temps, il ne voulait en parler à personne, mais il s'est ensuite rendu compte qu'il devait le dire à sa femme. D'abord, elle n'a pas pu le croire, après, elle était en colère et triste.

Monique est allée à l'hôpital faire le test de VIH et elle a découvert qu'elle était aussi séropositive. On lui a dit que si elle suivait un traitement spécial pendant le reste de sa grossesse, le bébé aurait plus de chance de naître sans le VIH. Elle est allée régulièrement à l'hôpital pour son traitement et le bébé est né en bonne santé. Cependant Monique a commencé, elle aussi, à aller mal.

Didier et Monique étaient désespérés en pensant à l'avenir de leurs six enfants. Ils ont entendu parler de certains médicaments spéciaux appelés ARV (antirétroviraux) qui permettent de ralentir la progression de la maladie. Mais malheureusement ils ne pouvaient pas les obtenir dans leur ville.

Ils avaient peur de parler de leur problème à qui que ce soit, par crainte que les gens ne commencent à les éviter. Mais bientôt le problème est devenu trop lourd à porter et ils en ont parlé à leur pasteur. Le pasteur a passé beaucoup de temps avec eux au cours des mois suivants. Ils lisaient la Bible ensemble et réfléchissaient à qui pourrait s'occuper de leurs enfants. Au fur et à mesure qu'ils pouvaient exprimer leur douleur, ils ressentaient un véritable soulagement.

Didier a consacré le reste de sa vie à éduquer les enfants et les jeunes au sujet du VIH et du SIDA afin qu'ils ne commettent pas la même erreur que lui.

DISCUSSION

(5 min) En petits groupes. Demandez à chaque groupe de choisir quelqu'un qui prendra des notes et qui parlera au nom du groupe. (Si possible, demandez à chaque groupe de choisir une personne différente à chaque discussion.)

1. Dans votre région, si les gens savent qu'ils ont le VIH ou le SIDA, le disent-ils aux autres ? Pourquoi ou pourquoi pas ?
2. Dans votre communauté, comment considère-t-on les personnes vivant avec le VIH ou le SIDA ?

(5 min) En grand groupe. Recueillez les réponses. Si les participants utilisent les manuels, demandez-leur de les fermer jusqu'à la fin du module.

SECTION 2.

(15 MIN)

Que savez-vous au sujet du VIH et du SIDA ?

(15 min) Annoncez le titre de la section. Lisez à haute voix les questions ci-dessous et chaque personne écrit ses réponses. Ensuite, passez en revue les réponses correctes données à la fin de la leçon. Discutez tout point qui n'est pas clair. Voyez combien de gens ont trouvé toutes les réponses correctes, combien ont raté juste une réponse, ainsi de suite. Voir « Clarification sur la transmission mère-enfant du VIH » (note en bas de page).[7]

QUIZ

1. Que signifie le sigle SIDA ?
2. Que signifie le sigle VIH ?
3. Quelles sont les trois fluides qui transmettent le VIH ?
4. Quelle est la manière la plus fréquente d'attraper le VIH ?

---

[7] **Clarification sur la transmission mère-enfant du VIH**

1. Normalement, le virus du VIH ne traverse pas le placenta. Mais si le placenta est déchiré ou saigne, le sang de la mère, contenant le VIH, peut parvenir jusqu'au bébé.
2. Si une mère est positive au VIH et n'est pas traitée, le bébé peut attraper le VIH en avalant du liquide vaginal infecté pendant le processus de la naissance. Le virus peut aussi pénétrer par les yeux ou par des lésions ou plaies de la peau.
3. Le lait maternel peut devenir un problème si le bébé reçoit également une autre nourriture. Cette nourriture peut causer des lésions dans la paroi de l'estomac et le VIH peut alors traverser la paroi par ces lésions. Si le bébé est nourri uniquement au lait maternel, alors il n'y a pas de danger d'infection car le lait traverse le bébé sans abîmer la paroi de l'estomac. Les bénéfices du lait maternel sont plus grands que le risque de transmission. Donc, on conseille souvent aux mères d'allaiter leur bébé pendant six mois sans lui donner une autre nourriture, puis d'arrêter l'allaitement et de commencer à lui donner de la nourriture pour bébé.

5. Existe-t-il un remède au VIH ou au SIDA ?

6. Peut-on attraper le VIH en faisant les choses suivantes ? Répondez par oui ou non :

    a. Serrer la main de quelqu'un atteint du VIH.

    b. Recevoir une injection avec une aiguille non stérilisée.

    c. Manger dans le même bol qu'une personne atteinte du VIH.

    d. Utiliser les mêmes toilettes qu'une personne atteinte du VIH.

    e. Utiliser une lame de rasoir ayant déjà été utilisée par une personne atteinte du VIH.

    f. Avoir des relations sexuelles avec une personne atteinte du VIH.

    g. Serrer dans ses bras une personne ayant le SIDA.

    h. Nettoyer les plaies d'une personne atteinte du VIH sans porter de gants.

7. Peut-on voir si une personne a le VIH ou le SIDA juste en la regardant ?

8. Quel est le seul moyen de savoir avec certitude si vous êtes atteint du VIH ?

Les réponses au quiz se trouvent à la dernière page de la leçon.

SECTION 3. (15 MIN)

Quelles sont les idées fausses qui contribuent à la propagation du VIH ?

A | *Annoncez le titre de la section.*

DISCUSSION

A | *(10 min) En petits groupes*

Quelles sont les idées des gens de votre région sur la propagation du VIH ?

A | *(5 min) En grand groupe. Recueillez les réponses. Complétez ce qui n'a pas été déjà mentionné en vous appuyant sur qui suit. Invitez quelqu'un ayant une formation médicale, médecin ou infirmière par exemple, pour vous aider à reconnaître si ces idées sont justes.*

Quelques personnes ont des idées fausses sur la sexualité, le VIH et le SIDA. Ces mensonges les empêchent de se protéger. En voici quelques-uns :

- « Un homme qui n'a pas de relations sexuelles pendant un certain temps deviendra fou ou impuissant ». Ou bien « Les jeunes ont besoin d'avoir des relations sexuelles pour se développer normalement ». Ou encore « Avoir des relations sexuelles aidera un homme malade à guérir ». Ce sont des mensonges. Les hommes n'ont pas besoin d'avoir des relations sexuelles pour se développer normalement, se rétablir d'une maladie, être sains d'esprit, ou rester fertiles. Jésus et Paul étaient tous deux célibataires.

- « Une femme doit prouver qu'elle n'est pas stérile avant le mariage. » La valeur d'une femme ne dépend pas de sa capacité à avoir des enfants. Les enfants sont une bénédiction, mais ne sont pas indispensables dans un mariage chrétien. Quand Dieu a créé le mariage, son plan était que, dans le couple, l'homme et la femme soient fidèles l'un à l'autre et qu'ils n'aient jamais de relations sexuelles avec quelqu'un d'autre (Hébreux 13.4).

- « Si Satan vous tente et vous pousse à pécher sexuellement, vous ne pouvez pas résister. » La Bible dit, « Résistez à l'esprit du mal, et il va fuir loin de vous » (Jacques 4.7). Dieu vous donnera toujours un moyen d'échapper à la tentation. 1 Corinthiens 10.13 dit : « Toutes les tentations que vous avez rencontrées étaient normales pour des hommes et des femmes. Dieu est fidèle, et il ne permettra pas que vous soyez tentés au-dessus de vos forces. Quand vous serez tentés, Dieu vous donnera la force de le supporter et le moyen d'en sortir. »

- « Le SIDA est une malédiction de Dieu » ou « Le SIDA est causé par la sorcellerie ». Il n'y a aucun mystère dans la façon de contracter le SIDA. Il se répand par le contact avec le sang ou certains fluides corporels.

- « Si un homme a des relations sexuelles avec une fille vierge, il sera guéri du VIH/SIDA. » Actuellement, il n'existe pas ce remède au VIH/SIDA et cette idée est non seulement fausse mais cruelle.

SECTION 4.

(10 MIN)

Quelles sont les pratiques qui contribuent à la propagation du VIH ?

A | *Annoncez le titre de la section. Économie de temps : La section 4 peut être sautée, puisqu'elle est couverte en partie dans la section 3. Une autre possibilité est d'avoir quelques groupes qui discutent des fausses idées (section 3) et d'autres groupes qui discutent des pratiques (section 4).*

DISCUSSION

A | *(5 min) En petits groupes.*

Y a-t-il dans votre région des pratiques qui favorisent la propagation du VIH ? Quelles sont-elles ?

A | *(5 min) En grand groupe. Recueillez les réponses. Complétez ce qui n'a pas été déjà mentionné en vous appuyant sur qui suit.*

Quelques comportements ou coutumes qui favorisent la propagation du VIH sont :
- Avoir des relations sexuelles avec plusieurs partenaires.
- Avoir des relations sexuelles non protégées.
- Le statut inférieur des femmes qui les empêche de faire des choix concernant leur sexualité et les questions de santé qui sont liées à la sexualité.
- Utiliser les mêmes aiguilles que d'autres personnes pour des injections.
- Utiliser la même lame pour raser la tête ou la barbe de plusieurs personnes.
- Les pratiques funéraires qui impliquent le contact avec les liquides du corps de la personne décédée.
- La circoncision en utilisant la même lame pour plusieurs personnes l'une après l'autre.

- Un mariage selon le lévirat (par exemple, un homme est obligé d'épouser la veuve de son frère décédé). Si le frère est mort du SIDA, il est probable que la veuve transmettra le VIH à sa nouvelle famille.

SECTION 5.   (15 MIN)

Comment pouvons-nous empêcher la propagation du VIH ?

A | *(5 min) En petits groupes.*

DISCUSSION

Comment pouvons-nous empêcher la propagation du VIH ?

A | *(10 min) En grand groupe. Recueillez les réponses. Complétez ce qui n'a pas été mentionné. (Si vous avez le temps, demandez quand et comment la sexualité est enseignée aux enfants et à quel moment ce serait approprié de les enseigner à propos du VIH/SIDA.)*

- Enseignez le principe de « un seul homme pour une seule femme ». Le fait d'avoir plusieurs partenaires sexuels augmente le risque d'attraper le VIH et c'est un comportement qui déplaît à Dieu.
- Enseignez l'abstinence avant le mariage. Certaines organisations encouragent l'utilisation de préservatifs comme moyen de prévention contre le VIH. Les préservatifs réduisent la possibilité d'attraper le VIH, mais l'abstinence avant le mariage est le seul moyen totalement sûr pour éviter d'être contaminé. L'abstinence est aussi également conforme à l'enseignement biblique de n'avoir des relations sexuelles que dans le seul cadre du mariage (1 Corinthiens 6.13b à 20). Cet enseignement peut aller à l'encontre des pratiques sexuelles traditionnelles et les jeunes auront besoin de beaucoup d'encouragements pour réserver les relations sexuelles au seul cadre du mariage. L'exemple des adultes sera plus convaincant que n'importe quel enseignement donné. Les groupes de jeunes qui promettent ensemble de s'abstenir de relations sexuelles avant le mariage auront plus de chances de tenir leur promesse que des personnes qui se font à elles-mêmes cette promesse individuellement.
- Utilisez des aiguilles et des instruments tranchants propres.
- Enseignez aux enfants comment le VIH se propage. La façon la plus courante pour un jeune d'être infecté par le VIH, c'est par l'activité sexuelle. L'Église doit aider ceux qui enseignent la sexualité aux enfants à connaître les faits relatifs au VIH et au SIDA. Ils doivent commencer à les éduquer avant qu'ils ne deviennent sexuellement actifs, ou même avant, s'ils posent des questions. Si possible, procurez-vous des livres pour éduquer les enfants sur la sexualité, le VIH et le SIDA.
- Impliquez les jeunes dans la prévention du VIH. Les jeunes ont beaucoup d'énergie. Les jeunes peuvent développer différents moyens pour rendre les autres conscients des problèmes causés par le VIH, par exemple par le théâtre, le chant, des exposés ou des études bibliques. Ils peuvent rendre visite aux malades et leur lire les Écritures. Ils peuvent les aider sur le plan

pratique en leur apportant de l'eau ou de la nourriture. Lorsque l'Église implique les jeunes dans l'aide apportée aux personnes atteintes du SIDA, elle aide les jeunes à se sentir utiles et appréciés. Elle aide également les jeunes à comprendre les dangers de contracter le VIH.

SECTION 6. (15 MIN)

Comment pouvons-nous aider les personnes vivant avec le VIH ou le SIDA ?

A | *(1 min) Lisez le paragraphe ci-dessous.*

Avoir un diagnostic du VIH ne signifie plus qu'une personne va nécessairement mourir de la maladie. Si elle est diagnostiquée et traitée correctement, et si elle bénéficie d'un soutien adéquat, une personne séropositive peut vivre pleinement sa vie. Lorsque nous essayons d'aider les personnes séropositives, il est important de nous concentrer sur la façon dont elles peuvent vivre positivement plutôt que de nous concentrer sur la mort.

DISCUSSION

A | *(14 min) En grand groupe. Lisez la question et lancez une session de « remue-méninges » en recueillant des réponses « pop-corn », c'est à dire des réponses rapides qui s'enchaînent les unes après les autres. Complétez ce qui n'a pas été mentionné en vous aidant des points A à F ci-dessous.*

Comment pouvons-nous aider les personnes qui ont été testées séropositives au VIH ?

A. Aidez-les à établir des relations dans leur communauté

Les gens ont besoin les uns les autres ! Les personnes vivant avec le VIH ou le SIDA sont parfois rejetées par leurs amis et même leur famille. L'Église doit travailler avec la communauté pour l'encourager à accepter les gens malades et ne pas en avoir peur. En les acceptant dans une communauté, nous pouvons contribuer à répondre à leurs besoins émotionnels. Ceux qui vivent avec le SIDA peuvent s'aider les uns les autres en se retrouvant et en partageant leurs expériences. L'Église peut les aider à organiser ces réunions. L'Église peut également inclure les personnes vivant avec le VIH/SIDA dans ses activités, car les personnes qui ont le sentiment d'avoir un but vivent plus longtemps que celles qui n'en ont pas.

B. Encouragez-les à parler aux autres de leur maladie

Souvent, les personnes séropositives veulent le cacher. En général, cela n'aide ni la personne ni la communauté. S'ils ne donnent pas la cause réelle de leur maladie, les gens peuvent accuser à tort quelqu'un d'avoir provoqué la maladie par une malédiction ou la sorcellerie. Il faut beaucoup du courage pour être le premier à dire en public qu'on a le VIH ou le SIDA, mais cela peut aider d'autres personnes à faire de même.

C. Aidez-les à comprendre le processus de deuil

Quand une personne a une maladie chronique elle vit une grande perte et subit de profondes blessures du cœur. Elle passe souvent par les étapes du processus de deuil : colère et refus, sans espoir et enfin le nouveau départ. Les personnes qui aident les malades doivent savoir qu'il est normal d'être en colère au début. Les personnes séropositives peuvent aussi nier le fait qu'elles ont le VIH. Un état de dépression est aussi normal, et cela peut prendre plusieurs mois avant qu'elles acceptent leur situation. Elles peuvent marchander avec Dieu, lui promettant un certain comportement en échange de leur santé. Ces personnes auront besoin d'un soutien spécial pour traiter leurs blessures du cœur (2 Corinthiens 1.3-5).

D. Aidez-les à prendre soin de leur corps

Une personne atteinte du VIH peut vivre longtemps si elle prend soin de son corps. Si elle peut prendre des médicaments antiviraux, elle doit suivre exactement les instructions du médecin. S'ils sont utilisés correctement, ces médicaments peuvent ajouter de nombreuses années à leur vie. De plus, une bonne alimentation quotidienne aidera la personne à lutter contre la maladie. Il est particulièrement important que le malade mange suffisamment de fruits et de légumes afin d'obtenir les vitamines nécessaires pour garder son corps en bonne santé. Il aura besoin de beaucoup de repos, et il ne doit ni fumer ni boire beaucoup d'alcool. Lorsque des personnes sont atteintes d'autres maladies, elles doivent se faire soigner immédiatement.

Fig. 10.1 : Prendre soin d'une personne qui vit avec le VIH.

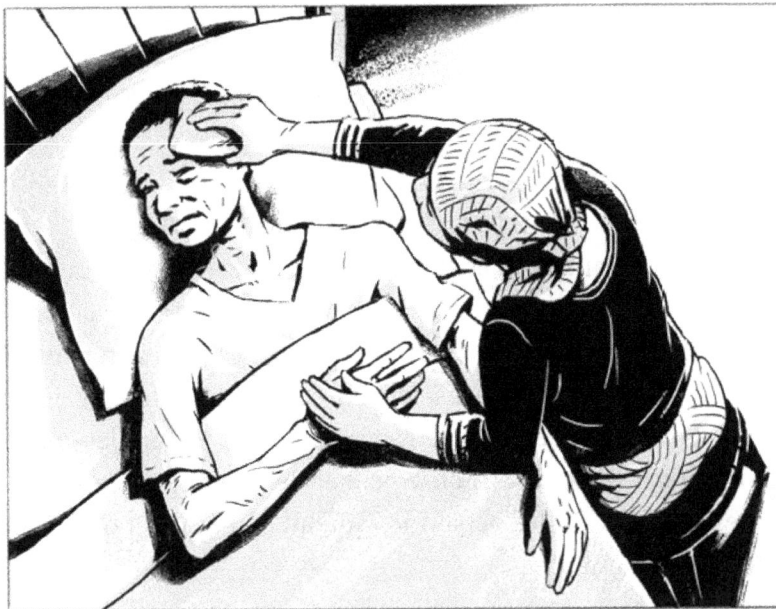

E. Veillez à ce que leurs besoins et ceux de leurs familles soient pourvus

Aidez la personne à entrer en contact avec des programmes qui peuvent l'aider à gagner de l'argent et à subvenir aux besoins de sa famille. La famille peut nécessiter un soutien pratique pour ses besoins quotidiens (Matthieu 25.35-40).

Aider une personne à rédiger un testament peut protéger le conjoint et les enfants contre la famille élargie ou d'autres personnes qui pourraient s'emparer de la maison, du terrain ou d'autres biens en cas de décès. Jacques 1.27 dit : « Ce que Dieu le Père considère comme une religion pure et authentique, c'est ceci : prendre soin des orphelins et des veuves dans leur souffrance. ».

Si la personne ou les membres de sa famille dépendent du travail sexuel pour survivre, aidez-les à trouver un autre moyen de gagner leur vie.

F. Expliquez-leur que Dieu comprend leurs situations et les aime

Il est utile de savoir que la Bible parle de personnes qui se trouvent dans des situations difficiles, comme celles qui vivent avec le VIH/SIDA. Dans le Psaume 38, David décrit plusieurs des émotions que les personnes vivant avec le VIH/SIDA peuvent ressentir. (Si vous avez le temps, lisez le Psaume 38).

Une personne qui vit avec le VIH/SIDA a besoin de savoir que Dieu l'aime. Nous pouvons leur rappeler les promesses de Dieu, telles que :

- Deutéronome 31.8 : « Le SEIGNEUR marchera devant toi, il sera avec toi. Il ne te lâchera pas, il ne t'abandonnera pas. N'aie donc pas peur, ne te laisse pas décourager. »
- Psaumes 73.26 : « Mon corps et mon cœur peuvent être usés, mais Dieu est mon solide rocher et mon trésor pour toujours. »
- Ésaïe 40.29 : « Il redonne des forces à celui qui en manque, il rend courage à celui qui est épuisé. »

CONCLUSION

(20 MIN)

DISCUSSION

A | *(15 min) En petits groupes. Donnez 5 minutes à chaque groupe pour faire l'activité 1. Puis demandez à un représentant de chaque groupe de présenter son plan au grand groupe. Facilitez la présentation de tous les représentants des petits groupes.*

1. Pensez aux personnes atteintes du VIH dans votre communauté ou votre Église. Si vous n'avez pas encore de programme d'Église pour les aider, élaborez ensemble un plan pour leur venir en aide. Choisissez ensuite un représentant de votre groupe pour présenter votre plan au grand groupe.

A | *(5 min) En petits groupes ou en groupes de deux.*

2. Après avoir lu ce module, y a-t-il une chose que vous aimeriez commencer à faire dans votre Église ?

Réponses au quiz

1. Syndrome d'immunodéficience acquise.
2. Virus de l'immunodéficience humaine.
3. Sang, fluides des organes sexuels, lait maternel.
4. En ayant des relations sexuelles non protégées.
5. Non. Les traitements antirétroviraux ralentissent la progression du VIH. Ils ne guérissent pas.
6. a. Non, b. Oui, c. Non, d. Non, e. Oui, f. Oui, g. Non, h. Oui
7. Non.
8. Analyse de sang dans un laboratoire.

11. Les violences familiales

Ce module suscite des émotions fortes, et les discussions peuvent facilement dépasser le temps prévu. Faites attention à la gestion du temps.

Avant de commencer :

- Section 1 : Choisissez comment vous allez présenter l'histoire (Cf. page 214, 'Histoires » dans « Préparer les modules »)
- Section 2 : Vous aurez besoin d'un verre d'eau et un verre vide pour la démonstration (voir les réponses vrai-faux, numéro 2, à la fin du module.)
- Section 3 : Si nécessaires, préparez les versets bibliques sur un support papier ou sur des fiches, ou téléchargez-les en format PDF.
- Si vous n'avez pas beaucoup de temps, décidez si vous allez sauter la Section 4. Voir la note dans cette section.

Dans ce module nous allons :

- Définir et décrire la violence familiale.
- Discuter des relations au sein de la famille selon la Bible, et examiner nos traditions culturelles.
- Discuter des façons d'aider des personnes victimes de violence familiale.
- Discuter comment aider une personne violente à se repentir et à prendre des mesures pour se rétablir ?

Section 1 : Une histoire	15 min
Section 2 : Qu'est-ce que la violence familiale ?	20 min
Section 3 : Que disent votre culture et la Bible sur les relations entre les membres de la famille ?	25 min
Section 4 : Pourquoi la violence familiale continue-t-elle ?	10 min
Section 5 : Comment aider les victimes de violence familiale ?	25 min
Section 6 : Comment aider les personnes violentes ?	5 min
Conclusion	5 min
Durée totale (approximative)	**1 heure 45 minutes**

11. Les violences familiales

A | *(1 min) Annoncez le titre du module et ses objectifs. Indiquez aux participants le module correspondant dans* Guérir les Traumatismes.

SECTION 1.

Marthe quitte Joseph

A | *(5 min) Grand groupe. Racontez l'histoire.*

« Tu dois le quitter ! », disait Marie. Elle était en train de fixer un bandage sur le bras de sa voisine, Marthe, qui avait été encore une fois battue par son mari.

Marthe était mariée depuis trois ans. Pendant la première année de leur mariage, Marthe et Joseph étaient heureux ensemble. Ils étaient tous deux chrétiens – Joseph étant venu au Christ lors de ces dernières années, après un passé très troublé. Quand il était enfant, il avait vu son père battre constamment sa mère. Les problèmes ont commencé pour Marthe et Joseph lorsque deux événements se sont produits à la fois : Marthe a donné naissance à un petit garçon qui criait tout le temps et Joseph a perdu son emploi.

Joseph a choisi de réagir à ces problèmes en sortant boire avec ses amis. Quand il rentrait à la maison, Marthe sentait une odeur de parfum sur ses vêtements. Il devenait aussi plus irritable, en particulier quand il devait affronter la recherche d'un nouveau travail.

Marthe essayait bien de faire plaisir à Joseph, mais quoi qu'elle fasse, cela semblait le mettre de plus en plus en colère. Il s'est mis à beaucoup crier contre elle. La famille avait peu d'argent pour la nourriture, Marthe a donc trouvé un travail à temps partiel et quelqu'un pour garder le bébé. Mais la situation ne faisait qu'empirer. Joseph ne cessait de lui dire qu'elle était une mauvaise épouse et une mauvaise mère.

Un soir, Joseph est rentré ivre à la maison et il a frappé Marthe si fort qu'elle est tombée contre une table et s'est cassé le bras. Joseph était bouleversé en la conduisant à l'hôpital, et il redisait sans cesse : « Je ne voulais pas faire ça ! S'il te plaît, pardonne-moi, et ne dis rien au médecin ! » Marthe continuait à aimer Joseph et elle pensait que désormais son comportement allait peut-être changer. Elle a donc dit au médecin qu'elle avait trébuché et qu'elle était tombée.

Pendant quelques semaines, Joseph n'a plus frappé Marthe, mais sa colère s'exprimait par des mots blessants. Il disait : « Tu es tellement stupide. Tu ne peux même pas t'occuper correctement du bébé ! » Marthe a commencé à penser qu'elle devait le quitter pour le bien du bébé, mais alors elle se disait : « Comment pourrais-je gagner assez d'argent pour survivre ? De plus, notre pasteur dit qu'une femme doit toujours se soumettre à son mari qui est le chef de famille ! » Et c'est juste à ce moment-là que Joseph est venu lui dire qu'il était désolé d'avoir encore crié contre elle; ce qui les a conduits à se réconcilier. Marthe vivait pour ces brefs moments.

Et bientôt, Joseph est revenu ivre à la maison une nouvelle fois. Le bébé pleurait au moment où il a franchi la porte. D'abord il a frappé Marthe très fort, puis il a dit : « Ce stupide bébé ! » Il a attrapé le petit garçon et l'a giflé. Le bébé s'est mis à hurler plus fort encore. Marthe a arraché le bébé à Joseph et elle s'est enfuie en courant. Joseph la suivait en vociférant.

Marthe a cogné à la porte de Marie. Dès que celle-ci a ouvert, elle s'est précipitée à l'intérieur. « Ne laisse pas entrer Joseph ! » a-t-elle dit, d'une voix étranglée. Le mari de Marie a barricadé la porte tandis que Joseph essayait de la forcer. Quelques minutes plus tard, il a renoncé et il est reparti vers sa maison, en donnant au passage un coup de pied au chien du voisin.

Désormais Marthe en avait assez ! Marie a proposé que Marthe demande à une gentille femme âgée de l'Église de l'héberger pour un moment. Marthe était d'accord et la femme était heureuse de l'accueillir immédiatement. Le mari de Marie a emmené Marthe et son bébé chez la femme. Marie a aussi proposé que Marthe demande à la femme du pasteur de venir la voir le lendemain. Marthe a aussi accepté cela.

Le lendemain, la femme du pasteur est venue voir Marthe et elles ont parlé longtemps. À la fin, la femme du pasteur a dit à Marthe qu'elle ne devait pas se considérer comme responsable, elle seule, de la bonne marche de son mariage, car Joseph avait rompu les promesses qu'il avait faites lorsqu'ils s'étaient mariés. Joseph avait promis de l'aimer et de la chérir, et manifestement, il ne le faisait pas. Elle a lu Éphésiens 5, qui affirme non seulement que les femmes doivent obéir à leur mari, mais aussi que le mari doit aimer sa femme exactement « comme le Christ a aimé l'Église et a donné sa vie pour elle. » Marthe a été soulagée.

La femme du pasteur a continué à rencontrer Marthe, à écouter son histoire et à l'aider à comprendre que la violence n'était pas de sa faute – et qu'elle n'était pas stupide ! L'Église a aidé Marthe à trouver un endroit où habiter et elle a pu payer le loyer en faisant des heures supplémentaires à son travail. Puis, un soir, Joseph lui a téléphoné et elle a commencé à hésiter. Est-ce qu'elle devait retourner avec lui ?

DISCUSSION

A *(5 min) En petits groupes. Répartissez les questions 1-3 entre les groupes pour en discuter avec la question 4 pour tous les groupes. Demandez à chaque groupe de choisir quelqu'un qui prendra des notes et qui parlera au nom du groupe. (Si possible, demandez à chaque groupe de choisir une personne différente à chaque discussion.)*

1. Pourquoi pensez-vous que Joseph maltraitait Marthe ?
2. Pourquoi, à votre avis, Marthe restait-elle avec Joseph bien qu'il soit violent et brutal ?
3. Qu'est-ce qui a aidé Marthe à sortir de cette situation de violence ?
4. Quelle est la fréquence de l'usage de la violence dans votre communauté ou dans votre famille ?

A *(5 min) En grand groupe. Recueillez les réponses. Si les participants utilisent les manuels, demandez-leur de les garder fermés pour le reste du module.*

SECTION 2.

Qu'est-ce que la violence familiale ?

A *Annoncez le titre de la section. Lisez la phrase ci-dessous.*

Dieu nous appelle à traiter les membres de notre famille avec respect et gentillesse, mais certains foyers sont comme des zones de guerre – des lieux de violence familiale.

A *(10 min) En grand groupe. Demandez au groupe de définir la notion de violence familiale. Complétez ce qui suit qui n'a pas été déjà mentionné.*

Un scénario de violence familiale se met en place lorsque quelqu'un, dans une famille, essaie de dominer un autre membre de la famille. La personne ayant le plus de pouvoir l'utilise pour contrôler une autre personne en ayant moins. Cette violence peut être dirigée contre des personnes âgées, une épouse/un époux, des frères et sœurs ou des enfants. La majorité des victimes sont des filles et des femmes, mais des garçons et des hommes peuvent également être victimes d'abus. L'abus peut prendre de nombreuses formes :

- **Physique** : frapper, étrangler, jeter des choses contre la victime, lui donner des coups de pied, etc.
- **Verbale** : dire à la victime qu'elle est stupide, incapable de faire quelque chose de bien, etc.
- **Émotionnelle** : faire vivre la victime dans la peur, l'isoler des autres.
- **Sexuelle** : contraindre la victime à des relations sexuelles.
- **Économique** : priver la victime d'argent, de nourriture, d'éducation, de soins médicaux, etc.
- **Spirituelle** : utiliser la Bible, l'enseignement, ou la prière comme prétexte pour humilier, contrôler ou exploiter la victime.

A *Dessinez le cycle de la violence familiale au tableau ou sur une grande feuille de papier. Expliquez-le en présentant le contenu ci-dessous. Puis demandez : « Dans l'histoire que nous avons lue, à quels moments y avait-il de la tension ? À quels moments y avait-il de l'agression ? À quels moments y avait-il du calme ? » Puis demandez : « Avez-vous vu un cycle se répéter ?».*

Figure. 11.1 Le cycle de la violence familiale

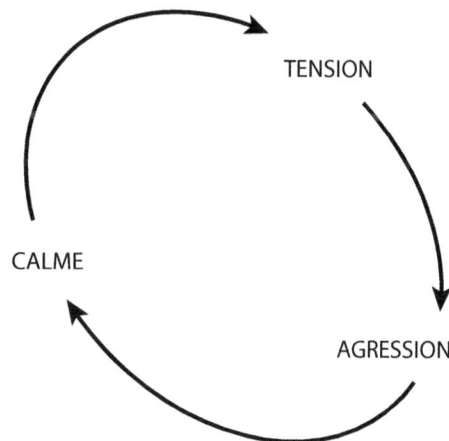

Toutes les familles connaissent des conflits, mais lorsque se met en place un scénario de domination et de manipulation, il s'agit de violence familiale. La violence se manifeste selon un cycle prévisible : tension, agression, calme, tension, agression, calme… Ce cycle peut se reproduire tous les jours, ou seulement certains jours, comme le week-end. À la longue, la victime a l'impression qu'elle ne peut pas survivre sans la personne violente, et elle vit pour les moments de calme et de réconciliation. Même si une victime parvient à fuir, souvent elle retourne au foyer.

EXERCICE : VRAI ou FAUX ?

A *(10 min) En grand groupe. Lire ces affirmations à haute voix, et demander à chaque personne d'écrire sa réponse sur son papier. Passez ensuite en revue chaque phrase et discutez-en, en vous référant au contenu de la clé d'exercice (dernière page du module). (Si les tests vrai-faux sont gênants dans votre contexte, trouvez un moyen culturellement approprié de communiquer cette information).*

1. La violence à l'intérieur de la maison est une affaire familiale privée.
2. L'alcool ou les drogues sont les causes principales des violences familiales.
3. De temps en temps il est utile qu'un conjoint frappe les membres de la famille.
4. La victime pourrait faire cesser la violence si elle faisait assez d'efforts.
5. Souvent la violence finit par cesser sans intervention extérieure.
6. Une personne violente contre sa/son partenaire sera aussi violente envers d'autres personnes.

Les réponses se trouvent sur la dernière page du module.

Figure. 11.2 Une femme victime

SECTION 3.

(25 MIN)

Que disent votre culture et la Bible sur les relations entre les membres de la famille ?

A | *Annoncez le titre de la section.*

DISCUSSION

A | *(3 min) En grand groupe.*

1. Dans votre culture, quelles sont des croyances et des proverbes traditionnels sur les relations entre les membres de la famille (par exemple, mari-femme, parent-enfant) ?

A | *(5 min) En petits groupes. Répartissez les versets dans les différents groupes pour en discuter.*

2. Qu'enseignent ces versets sur les relations au sein de la famille ?

1 Pierre 3.7	Genèse 1.26-27	Éphésiens 5.21-30
1 Corinthiens 13.4-7	Colossiens 3.17-21	Éphésiens 4.29-32

A | *(12 min) En grand groupe. Recueillez les réponses. Complétez ce qui suit qui n'a pas été déjà mentionné.*

Un mari doit respecter sa femme et la traiter avec compréhension, car elle aussi est une bénéficiaire égale du don de la vie de Dieu. La propre santé spirituelle du mari en dépend (1 Pierre 3.7).

Les hommes et les femmes sont tous créés à l'image de Dieu et méritent donc une attention égale (Genèse 1:26-27).

Nous devons tous montrer notre respect pour Christ en nous soumettant les uns aux autres. Le mari et la femme ont des responsabilités l'un envers l'autre, sur la base de la relation entre Jésus et l'Église. Jésus ne blesse l'Église en aucune façon. Jésus a donné sa vie pour sauver l'Église de la mort ; le mari doit donc être prêt à faire de même pour sa femme. Il doit prendre soin de sa femme comme il prend soin de son propre corps (Éphésiens 5.21-32).

Une personne qui abuse d'une autre, n'aime pas vraiment (1 Corinthiens 13.4-7).

Notre relation avec Dieu est le fondement de tout ce que nous faisons, y compris notre comportement en famille. Tous les membres de la famille doivent se comporter les uns envers les autres avec respect, amour et gentillesse (Colossiens 3.17-21).

Puisque nous appartenons à Dieu, nos paroles et nos comportements doivent être tendres et compatissants. Si nous sommes durs et insultants, nous attristons l'Esprit de Dieu. Nous devons pardonner, comme Dieu nous a pardonné (Éphésiens 4.29-32).

DISCUSSION

A | *(5 min) En grand groupe.*

Est-ce que des gens de votre communauté croient que la Bible nous enseigne de traiter les membres de notre famille d'une manière dure ? Si oui, quels textes bibliques utilisent-ils et que disent-ils ? Faites attention à bien lire le texte en entier !

SECTION 4.

(10 MIN)

Pourquoi la violence familiale continue-t-elle ?

A | *Annoncez le titre de la section. Mais si vous avez déjà couvert ce contenu de manière adéquate dans la discussion de l'histoire, vous pouvez sauter cette section.*

DISCUSSION

A | *(5 min) En grand groupe. Recueillez les réponses. Complétez ce qui suit qui n'a pas été déjà mentionné.*

1. Nous avons vu dans l'histoire qu'il y avait de nombreuses raisons pour lesquelles le mari abusait de sa femme. Quelles étaient ces raisons ? Existe-t-il d'autres raisons pour lesquelles une personne peut maltraiter les membres de sa famille ?

Une personne qui maltraite sa famille peut :
- Avoir été élevée dans un foyer où la violence familiale était ordinaire et ne pas savoir comment vivre des relations saines dans une famille.
- Croire qu'il est normal de frapper les membres de la famille. Il est possible que la culture ou la religion l'enseignent.

- Avoir l'impression d'être sans aucun pouvoir dans sa vie, mais puissant par le fait de frapper une autre personne.
- Éprouver de la jalousie et de l'insécurité dans son couple, et craindre que son conjoint s'en aille s'il le peut.
- Tenir les autres pour responsables de ses propres actes.

DISCUSSION

A | *(5 min) En grand groupe. Après la discussion, complétez ce qui n'a pas été dit.*

2. Nous avons vu dans l'histoire qu'il y avait de nombreuses raisons pour lesquelles la femme est restée dans cette relation abusive. Quelles étaient ces raisons ? Y a-t-il d'autres raisons pour lesquelles une personne maltraitée peut rester ?

Une victime de violence peut :
- Dépendre financièrement de la personne violente, ne pas être capable de s'en sortir financièrement sans cette personne.
- Croire qu'elle ne pourrait pas survivre émotionnellement toute seule. L'auteur de violence humilie sa victime jusqu'à lui faire penser qu'elle ne mérite pas d'être respectée.
- Penser que c'est normal d'être battue, menacée et insultée.
- Croire que c'est mal de quitter son conjoint.
- Avoir peur des conséquences si elle résiste à la personne violente.
- Avoir honte de laisser quiconque savoir ce qui se passe chez elle. C'est particulièrement vrai si les Églises prétendent que les chrétiens n'ont jamais ce genre de problème.
- Éprouver un amour véritable pour la personne violente.
- Croire qu'elle est liée à ses vœux de mariage, quelle que soit la violence dont elle est victime.

SECTION 5.   (25 MIN)

Comment aider les victimes de violence familiale ?

DISCUSSION

A | *(5 min) En petits groupes. Comment peut-on aider les victimes de violence familiale ? Si vous avez été victime de violence familiale, ou si vous connaissez une victime, qu'est-ce qui a aidé ?*

A | *(10 min) En grand groupe. Recueillez les réponses. Complétez ce qui suit qui n'a pas été déjà mentionné.*

- **L'écoute :** les victimes ont besoin de quelqu'un à qui parler, mais cela peut être difficile parce que souvent les personnes violentes isolent leurs victimes, empêchant tout contact avec autrui.
- **Évitez le conseil conjugal :** Ne pas suggérer au couple de rencontrer ensemble un conseiller, parce que les personnes violentes se comportent souvent avec gentillesse en face du conseiller et manifestent leur colère sur la victime après le retour à la maison. Encouragez la victime à chercher une consultation individuelle.

- **Pourquoi rester ?** : Demander à la victime : « Pourquoi persistez-vous dans cette relation ? » Ne pas la pousser à fuir, mais lui parler des aspects négatifs de la relation autant que des aspects positifs. L'aider à reconnaître le cycle de la violence.
- **Voir les conséquences** : Il faut que les victimes puissent voir les conséquences que la violence a sur elles et sur leur famille. Si des valeurs religieuses ou culturelles encouragent la victime à rester dans une relation de violence, il faut traiter cette question.
- **La victime n'est pas coupable** : Il faut aider les victimes à comprendre que la violence n'est pas de leur faute. C'est la personne violente qui en est coupable. Dieu voit ce qui se passe (Psaume 10). Seule la personne violente peut changer son comportement.
- **Poser des limites** : Les victimes peuvent définir des limites à ce qu'elles pourront tolérer. Par exemple : « Si jamais il fait encore du mal aux enfants, nous partirons ».
- **Avoir un plan** : Les victimes doivent élaborer un plan de secours pour sortir de cette relation. Le moment le plus sûr pour partir est une période de calme, plutôt que dans une crise catastrophique. Il leur faut un endroit où la personne violente ne pourra pas les trouver. Il leur faut une aide pratique, comme un travail ou une assistance juridique. Il est possible qu'elles partent plusieurs fois avant de partir pour de bon.
- **Guérir les blessures du cœur** : Les victimes ont besoin de trouver la guérison pour les blessures de leur cœur et, quand le moment sera opportun, de pardonner à la personne qui leur a fait du mal. Mais il faudra du temps pour reconstruire la confiance brisée.
- **Les responsables de l'Église s'élèvent contre la violence domestique.** Les pasteurs et les responsables peuvent faire de l'Église un lieu plus sûr pour les victimes s'ils prêchent contre la violence domestique, offrent une aide pratique aux victimes et découragent les victimes de rester dans des situations dangereuses.

DISCUSSION

A | *(5 min) En petits groupes.*

1. Qu'est-ce que votre Église a fait pour être prête à aider les victimes de violence familiale ? Qu'est-ce qui pourrait être fait d'autre ?

A | *(5 min) En grand groupe. Recueillez les réponses. Si le temps manque en grand groupe, demandez aux groupes d'afficher leurs réponses sur le mur.*

SECTION 6.

(5 MIN)

Comment aider les personnes violentes ?

A | *A Annoncez le titre de la section. Lisez le paragraphe ci-dessous.*

La victime n'est pas responsable du changement de comportement de l'agresseur. Cependant, d'autres personnes peuvent jouer un rôle important.

DISCUSSION

A | *(5 min) En grand groupe. Après la discussion, complétez ce qui n'a pas été dit avec les éléments suivants.*

Comment peut-on aider un agresseur à changer son comportement ?

Voici quelques façons d'aider un agresseur à changer :

- Les aider à prendre conscience qu'ils ont un problème. Souvent ils se trompent sur eux-mêmes et accusent les autres.
- Les encourager à obtenir une aide professionnelle, si possible, auprès d'un conseiller spécialisé dans le travail avec les agresseurs. Avoir des ressources prêtes à proposer.
- Les aider à traiter les véritables racines du problème et à trouver la guérison.
- Les aider à identifier les circonstances qui provoquent leur comportement de violence et à développer de meilleurs moyens d'y répondre.
- S'ils sont dépendants de la drogue ou de l'alcool, il faut qu'ils arrêtent. Des groupes de soutien peuvent apporter une aide.
- Les aider à comprendre que la repentance consiste à admettre honnêtement ce qu'ils ont fait, à faire des efforts pour réparer les dommages qu'ils ont causés et à travailler avec quelqu'un qui les aidera à changer.
- Les aider à chercher et à recevoir le pardon de Dieu pour ce qu'ils ont fait.
- Ne pas leur permettre de faire pression sur la victime pour qu'elle revienne. Leur comportement doit changer et la confiance doit être restaurée avant qu'une réconciliation soit possible.

CONCLUSION   (5 MIN)

A | *(5 min) En petits groupes. Lisez le paragraphe ci-dessous, puis laissez le temps aux participants de prier.*

Les violences familiales étant courantes, il est probable que dans notre groupe des gens aient été victimes dans le passé ou le présent. Dans vos petits groupes maintenant, prenez le temps de prier pour les personnes qui vivent dans des situations de violence familiale ou qui souffrent encore de la douleur d'avoir été maltraitées.

Réponses à l'exercice : Vrai ou Faux ?

Toutes les affirmations sont fausses.

1. La violence à l'intérieur de la maison est une affaire familiale privée.

C'est un péché, et il faut mettre le péché au grand jour et s'en occuper, sinon il suppure et s'étend. Dans la plupart des pays la violence familiale est un crime. Il appartient à l'Église de protéger les personnes maltraitées et incapables de se défendre.

2. L'alcool et les drogues sont les causes principales des violences familiales.

Il arrive que des gens agressent leur partenaire même sans avoir consommé de l'alcool ou des drogues. Cependant l'alcool ou les drogues facilitent la survenue de la violence – comme le kérosène ou le charbon de bois aident un feu à prendre. La cause principale de la violence familiale est le désir de dominer et d'en imposer aux autres. Cela est souvent dû à l'absence de relations saines et aimantes vécues dans l'enfance.

> *Démonstration avec deux tasses : Alors que vous tenez un verre plein d'eau, demandez à un volontaire de vous cogner le bras.*
>
> *Demandez : « Qu'est-ce qui a fait verser l'eau de mon verre ? » Beaucoup répondront que la cause du déversement est la personne qui vous a bousculé. Sans commentaires, tenez un verre vide et demandez au même volontaire de vous cogner le bras. Demandez maintenant : « Pourquoi l'eau ne sort pas du verre cette fois-ci ? » Les participants répondront probablement qu'il n'y avait pas d'eau à renverser dans le verre.*
>
> *Dites : « Exactement. Tout comme l'eau ne peut pas sortir du verre si elle n'y est pas déjà, un comportement abusif ne peut pas non plus sortir si le désir de contrôler et d'intimider les autres n'est pas déjà en nous. La Bible nous enseigne que ce que nous disons vient de l'intérieur de nous, et non de nos circonstances (Luc 6:45). Les circonstances ne sont pas la cause d'un comportement abusif, mais elles peuvent révéler ce que nous avons dans le cœur. «*

3. De temps en temps il est utile qu'un conjoint frappe les membres de la famille.

Parfois certains se servent de la force pour contraindre épouse ou enfants à obéir. Mais dans Éphésiens 6.4, nous lisons : « Et vous, pères, n'allez pas irriter vos enfants par votre attitude. Mais élevez-les en leur donnant une éducation et une discipline inspirées par le Seigneur. » (BFC) et dans Colossiens 3.19, nous lisons : « Maris, aimez votre femme et ne soyez pas durs avec elle. » Frapper peut contraindre à l'obéissance, mais celle-ci est fondée sur la peur, et cela crée une ambiance d'insécurité dans le foyer. Frapper les membres de la famille revient à les humilier, à les rabaisser, au lieu de leur permettre de devenir les gens merveilleux que Dieu qui les a créés les appelle à être.

4. La victime pourrait faire cesser la violence si elle faisait assez d'efforts.

Seul l'auteur de la violence peut faire cesser la violence. Personne d'autre ne peut l'arrêter. L'auteur des violences est responsable de ses actes (Matthieu 15.18-19).

5. Souvent la violence finit par cesser sans intervention extérieure.

Les personnes violentes doivent affronter leurs problèmes personnels pour faire cesser la violence et la plupart du temps elles ne peuvent pas le faire sans aide. Il est difficile de renoncer à un pouvoir. Même si les violences physiques cessent, l'agresseur peut continuer à dominer la victime, sans jamais se mettre en colère ni être brutal. Un regard particulier ou un raclement de gorge peut suffire.

6. Une personne violente contre sa/son partenaire sera aussi violente envers d'autres personnes.

Les personnes violentes savent comment être très agréables en public. Normalement, il est impossible de l'extérieur de reconnaître un auteur de violences familiales. Par exemple, il y a eu de nombreux cas de dirigeants d'Église respectés, appréciés de leurs fidèles, qui abusaient secrètement de leurs conjoints à la maison.

12. Le suicide

Avant de commencer :

- Pour Section 1 : Choisissez comment raconter l'histoire (Cf. page 214, « Histoires » dans « Préparer les modules »). Ne jouez **pas** ce récit. Le fait de jouer un suicide pourrait troubler certaines personnes et susciter de douloureuses réactions.

- Section 3 : Si nécessaire, préparez les versets bibliques sur un support papier ou sur des fiches, ou téléchargez-les en format PDF.

- Pour les sections 4 et 5 : Faites quatre copies du sketch et trouvez quatre participants prêts à le jouer. Demandez-leur de le répéter avant le début de la session. Si vous lisez les paroles du narrateur, vous n'avez besoin que de trois participants.

- Si le thème du sketch ne convient pas à votre contexte, adaptez le texte pour une cause courante de suicide dans votre région. Exemples : une personne qui a été abusée sexuellement ou physiquement, un élève victime d'intimidation à l'école, un mari qui perd son emploi. Vous devez également adapter le texte pour parler du suicide de la manière dont on en parle dans votre culture. Par exemple, aux États-Unis, on peut poser des questions directes comme « Avez-vous déjà pensé à vous suicider ?". Dans d'autres pays, il est plus approprié de demander : « Avez-vous perdu tout espoir ? »

Dans ce module nous allons :

- Discuter des causes et des effets du suicide sur toutes les personnes concernées.

- Explorer des exemples de personnes dans la Bible qui ont envisagé le suicide et évaluer leurs réponses.

- Comparer ce que notre culture et nos traditions disent du suicide et de la façon de le gérer, avec ce que disent la Bible et les principes de santé mentale.

- Discuter comment reconnaître quand une personne envisage sérieusement de se suicider et comment réagir de manière appropriée.

- Discutez des moyens d'aider les proches de ceux qui ont tenté de se suicider, ou qui sont morts par suicide, à guérir du traumatisme de cette expérience.

Section 1 : Une histoire	15 min
Section 2 : Pourquoi des gens se suicident-ils ?	10 min
Section 3 : Des personnes dans la Bible qui ne voulaient pas continuer à vivre	15 min
Section 4 : Signaux d'alerte qui indiquent qu'une personne peut être en train de penser au suicide	20 min
Section 5 : Comment aider les personnes qui pensent à se suicider ?	15 min
Section 6 : Comment aider les proches de quelqu'un qui s'est suicidé ou qui a essayé de se suicider ?	15 min
Conclusion	5 à 10 min
Durée totale (approximative)	**1 heure 35 à 40 minutes**

12. Le suicide

A | (1 min) Annoncez le titre et les objectifs du module. Indiquez aux participants où est le module dans le manuel Guérir les Traumatismes.

SECTION 1.

(15 MIN)

Pourquoi a-t-il fait cela ?

A | (5 min) En grand groupe. Racontez l'histoire. Ne jouez pas ce récit.

Thomas vivait dans un grand village avec sa femme Marianne et leurs quatre enfants. Il travaillait dans une administration locale et, par ailleurs, cultivait un petit terrain. Marianne avait un petit revenu tiré de la vente de tissus à la maison. Thomas et Marianne étaient tous deux chrétiens et ils aimaient aller à leur Église catholique chaque dimanche. Ils avaient un foyer heureux et ils pouvaient envoyer leurs trois aînés à l'école locale.

Puis un jour, tout a changé. Thomas est revenu tard du travail, et est entré dans la maison sans dire un mot. Marianne se demandait ce qui n'allait pas. Après que les enfants eurent mangé et furent allés se coucher, elle a essayé de savoir ce qui n'allait pas. Mais Thomas s'est contenté de lui crier de se taire et il est allé se coucher. Deux jours plus tard, il a fini par lui dire qu'il avait perdu son travail. Un fonctionnaire était venu de la capitale pour réorganiser les services, et, au cours de ce processus, il avait licencié quelques membres du personnel.

Les semaines suivantes, Thomas a essayé, sans succès, de trouver un nouveau travail. Durant cette même période, il y a eu une sécheresse et toute la récolte de sa petite ferme s'est trouvée perdue. Heureusement, Marianne se débrouillait bien avec ses ventes. Désormais, elle avait un stand au marché. L'argent qu'elle gagnait était alors l'unique revenu de la famille.

Tandis que les semaines et les mois passaient, Marianne continuait de faire confiance à Dieu. Elle était reconnaissante de pouvoir rapporter de l'argent pour faire face aux besoins de la famille. Mais Thomas, lui, trouvait difficile de prier. Il devenait silencieux et déprimé. Il perdait l'appétit et avait des troubles du sommeil. Il se réveillait parfois très tôt. Marianne essayait de l'encourager, mais il restait distant. Quand les enfants s'amusaient et riaient, il réagissait souvent avec colère et leur ordonnait de rester tranquilles.

Ensuite, deux des enfants ont été renvoyés de l'école parce que leurs frais de scolarité n'avaient pas été payés. Désormais, ils étaient toute la journée avec lui à la maison. Chaque fois qu'il les regardait, il se souvenait de son père qui avait travaillé si dur pour que lui-même et ses frères et sœurs puissent aller à l'école. Il se sentait en échec. Il avait honte aussi de devoir laisser Marianne pourvoir aux besoins de la famille.

Puis un jour, Thomas a semblé un peu plus joyeux. Il a demandé à Marianne d'emmener les enfants les plus jeunes avec elle à son stand du marché. Il a dit qu'il allait se remettre à chercher du travail. Luc, leur fils aîné, était déjà parti à l'école. Marianne s'est réjouie du projet de Thomas car cela faisait des mois qu'il ne cherchait plus de travail.

Cet après-midi-là, tandis que Marianne et les plus jeunes enfants étaient encore au marché, Luc est rentré de l'école et il a trouvé son père pendu à un arbre. Il a appelé au secours en hurlant et il a essayé de détacher son père. Bientôt les voisins sont arrivés en courant pour aider à enlever le corps. Quand Marianne et les autres enfants sont rentrés à la maison, ils ne pouvaient pas croire ce qui était arrivé. Pendant des jours, tout ce que Marianne arrivait à dire était : « Mais pourquoi ? Mais pourquoi a-t-il fait cela ? »

L'Église a aidé la famille à organiser les funérailles, bien que quelques membres de la communauté aient dit que le corps devait être jeté dans la brousse et non enterré normalement. Le catéchiste a dit avec fermeté que cela ne serait pas juste. L'un des anciens de l'Église a remarqué combien Luc avait l'air triste et préoccupé. Un jour il a rencontré Luc qui était seul et il a pu l'aider à exprimer son immense souffrance. Luc était soulagé de pouvoir parler avec quelqu'un et ils ont convenu de se rencontrer chaque semaine. Après plusieurs rencontres, Luc a fini par reconnaître qu'il pensait à se suicider de la même manière que son père. Le vieil homme écoutait patiemment tandis que Luc déversait sa colère, son chagrin et son désarroi. À la longue, peu à peu, Luc a commencé à retrouver de l'espoir.

DISCUSSION

A *(5 min) En petits groupes. Attribuez une question par petit groupe ou par paire. Ou bien demandez à chaque groupe de répondre aux deux questions – dans ce cas, vous aurez besoin de plus de 5 minutes. Chaque groupe choisit une personne qui prend des notes et sera son porte-parole (si possible, que le groupe choisisse une personne différente chaque fois).*

1. À votre avis, pourquoi Thomas s'est-il suicidé ? Quel effet le suicide de Thomas a-t-il eu sur sa famille ?
2. Comment l'Église a-t-elle aidé la famille de Thomas ?

A *(5 min) En grand groupe. Recueillez les réponses. Si les participants utilisent les manuels, demandez-leur de les fermer jusqu'à la fin du module.*

SECTION 2. (10 MIN)

Pourquoi des gens se suicident-ils ?

A *(2 min) Annoncez le titre de la section. Présentez ce qui suit.*

Se suicider, c'est mettre un terme à sa vie intentionnellement. Cela survient dans toutes les sociétés et concerne toutes sortes de gens : des jeunes et des vieux, des hommes et des femmes.

Dans certains cas, on ne sait pas si le décès est délibéré ou accidentel, par exemple lorsqu'une personne prend trop de drogues ou d'alcool et meurt.

DISCUSSION

A *(8 min) En grande groupe. Après la discussion, complétez ce qui n'a pas été déjà mentionné.*

Pourquoi des gens se suicident-ils ?

Chaque cas est différent, cependant :

- Certains ont perdu tout espoir.
- Certains peuvent être en grande souffrance émotionnelle, même s'ils semblent heureux et actifs avec leurs amis et leur famille.
- Certains cachent quelque chose qui leur semble trop honteux pour pouvoir le partager avec qui que ce soit. Ils en arrivent à un point où le suicide leur semble l'unique réponse à leur honte.
- Certains se suicident parce qu'ils ont l'impression que ceux qu'ils aiment seraient plus heureux sans eux.
- Certains sont très en colère et réagissent en mettant fin à leurs jours.
- D'autres se suicident pour punir ceux qu'ils aiment.
- Ils peuvent avoir un membre de leur famille ou un ami qui a tenté de se suicider ou est mort par suicide et être tentés de suivre son exemple.
- Certains peuvent être maltraités ou harcelés par d'autres. Le suicide peut leur sembler être la seule sortie possible.

SECTION 3.   (15 MIN)

Des personnes dans la Bible qui ne voulaient pas continuer à vivre

A | *Annoncez le titre de la section. Présentez la question de discussion.*

DISCUSSION

A | *(5 min) En petits groupes. Répartissez les versets dans les différents groupes.*

Lisez l'un des passages ci-dessous qui mentionne des personnages bibliques. Discutez de ce que vous savez sur les personnages principaux. Qu'ont-ils pu ressentir ? Qu'ont-ils fait ?

Saül et son porteur d'armes (1 Samuel 31.1-5)
Ahitophel (2 Samuel 17.1-7, 14-23)
Élie (1 Rois 19.1-4)
Job (Job 3.11-14)
Jonas (Jonas 4.1-3)
Le gardien de la prison de Philippes (Actes 16.25-28)

A | *(10 min) En grand groupe. Recueillez les réponses. Complétez ce qui n'a pas été déjà mentionné.*

Exemples de personnes qui se sont suicidées

- Saül a demandé à son porteur d'armes de l'aider à se tuer pour éviter la souffrance et la honte. Ensuite, le porteur d'armes s'est suicidé lui aussi.
- Ahitophel s'est pendu quand son conseil n'a pas été suivi. Il s'est peut-être senti honteux et désespéré.

Exemples de personnes qui voulaient mourir mais qui ne se sont pas suicidées

- Élie était désespéré et a prié Dieu de le prendre.
- Job était sans espoir et a maudit le jour de sa naissance.
- Jonas était en colère contre Dieu et voulait mourir.

Exemple de quelqu'un qui voulait se suicider, mais que quelqu'un a arrêté : le gardien de la prison de Philippes.

Beaucoup de personnes dans la Bible ont été si désespérées qu'elles voulaient mourir, y compris des personnes de grande foi. Élie, Job et Jonas ont exprimé sincèrement à Dieu leur désir de mourir (1 Rois 19.1-4, Job 3.11-14, Jonas 4.1-3). Cela n'a pas empêché Dieu de les aimer. Nous savons que rien ne peut nous séparer de l'amour de Dieu. L'apôtre Paul écrit :

Oui, j'en ai l'absolue certitude : ni la mort ni la vie, ni les anges ni les dominations, ni le présent ni l'avenir, ni les puissances, ni ce qui est en haut ni ce qui est en bas, ni aucune autre créature, rien ne pourra nous arracher à l'amour que Dieu nous a témoigné en Jésus-Christ notre Seigneur. (Romains 8.38-39)

Nous savons qu'avoir des sentiments suicidaires ou s'ôter la vie n'empêche pas Dieu de nous aimer.

Figure 12.1 : Se sentir désespéré

SECTION 4.

(20 MIN)

Signaux d'alerte qui indiquent qu'une personne peut être en train de penser au suicide

A | *(15 min) Énoncez le titre de la section. Demandez à quatre participants de jouer les scènes 1 et 2 du sketch traitant de l'évaluation du risque de suicide (La scène 3 est à la section 5).*

SKETCH : UNE ÉTUDIANTE ENCEINTE

SCÈNE 1 : NE PAS VOIR LES SIGNAUX

Narrateur : Alors qu'elle était en pension, Joséphine a brusquement commencé à avoir des problèmes avec ses études. Elle a commencé à sécher les cours et à rester dans sa chambre. Lorsqu'elle venait à table, elle ne finissait pas son repas et ne parlait à personne. Au bout d'une semaine, son amie Pauline lui a rendu visite dans sa chambre.

Pauline (P) : (Elle tape à la porte et entre dans la chambre) Je suis venue voir pourquoi tu es si repliée sur toi-même. Ça ne peut pas aller si mal que ça.

Joséphine (J) : En fait si, ça va vraiment mal. (Soupir)

P : Ah bon ! Et qu'est-ce que tu vas faire ?

J : (Haussant les épaules et baissant la tête) Je n'en sais rien.

P : Tu ne peux pas rester dans ta chambre tout le temps. Tes notes vont baisser.

J : Elles sont déjà mauvaises, je n'arrive pas à me concentrer.

P : Je peux t'aider pour ça. Que veux-tu étudier en premier ?

J : (Glissant sur sa chaise pour s'éloigner de Pauline) Je ne sais pas ; je me sens mal.

P : Tu as probablement juste besoin d'aide pour tes études. Étudions ensemble. Mais d'abord, allons dîner !

J : (S'affaissant encore plus sur sa chaise) Non, je ne pense pas. Je ne crois pas que ça vaut la peine d'essayer. J'ai envie d'abandonner.

P : (Qui devient un peu plus dramatique, lève les bras et se lève) Tu ne peux pas dire ça, Joséphine. Nous avons un Dieu qui se soucie de nous et qui nous aime. Nous devons espérer en lui, sinon nous sommes faibles dans notre foi. Laisse-moi prier pour toi.

J : (Qui n'a pas d'autre choix que de laisser Pauline lui tenir les mains pour prier) D'accord, mais je ne sais pas si cela va aider. J'ai prié et je me suis sentie encore plus mal. Je n'ai plus d'espoir.

P : (Qui prie) Seigneur, aide Joséphine à savoir que tu te soucies d'elle. Aide-la à se sentir mieux et à être obéissante en se concentrant davantage sur son travail scolaire. Amen. Tu te sens mieux ?

J : (Elle hausse les épaules) Je ne suis pas sûre.

P : (Elle se lève pour partir) Demain matin, après une bonne nuit de sommeil, je suis sûr que tu te sentiras mieux. On se voit en classe demain.

J : (Sans lever les yeux) Au revoir.

DISCUSSION

A (5 min) En grand groupe. Discutez les questions ci-dessous. Pour la question 2, assurez-vous de noter les signaux d'alerte suivants de Joséphine : « Je n'arrive pas à me concentrer » ; « J'ai envie d'abandonner. » ; « Je n'ai plus d'espoir. »

1. Que pensez-vous de la manière dont Pauline a répondu à Joséphine ?
2. Quels sont les signaux d'alerte que Pauline n'a pas vus ?

A (2 min) Poursuivez avec la scène 2 du sketch.

SCÈNE 2 : ÊTRE ATTENTIF AUX SIGNAUX

Narrateur :   Quelques jours plus tard, une autre amie, Sarah, a rendu visite à Joséphine.

Sarah (S) :   (Elle tape à la porte et entre dans la chambre) Bonjour Joséphine, je suis venue voir pourquoi tu es si repliée sur toi-même et pourquoi tu as passé tant de temps seule dans ta chambre. Y a-t-il un problème ?

Joséphine (J) : (Elle soupire et lève un peu la tête) Je ne me sens pas bien, c'est tout.

S :   Quand as-tu mangé pour la dernière fois ?

J :   Hier.

S :   (Elle s'assoit et regarde Joséphine) Que s'est-il passé ?

J :   (Baissant les yeux) En fait, je ne sais pas trop quoi dire.

S :   Ça va. Commence par ce que tu peux. Je m'inquiète pour toi.

J :   Merci, mais je pense que je vais m'en sortir.

S :   Je n'en suis pas si sûre. Tu as été si repliée sur toi-même et tu as manqué des cours. Cela ne te ressemble pas. Dis-moi ce qui s'est passé.

J :   C'est difficile d'en parler.

S :   Que s'est-il passé en premier ?

J :   (Elle lève rapidement les yeux) Tu te souviens de Dan ?

S :   Oui, il est venu rendre visite aux garçons de l'autre pensionnat voisin.

J :   (Elle se renferme un peu plus et baisse les yeux)

S :   Il s'est passé quelque chose pendant la visite de Dan ?

J :   (Elle fait signe que oui de la tête, l'air plus triste)

S :   Joséphine, je vois que tu es bouleversée, tu peux me parler.

J :   (Elle secoue la tête pour dire non) Je ne pense pas pouvoir parler à qui que ce soit. Tout est de ma faute. Mon père – tu sais qu'il est pasteur – ne m'acceptera jamais. Il n'y a aucun espoir pour moi.

A   *Dites, « À ce point, vous pouvez être tenté d'essayer d'en savoir plus sur ce qui s'est passé. Cependant, Joséphine a parlé de perdre espoir. Si une personne commence à parler de perdre espoir, de ne plus être là, d'essayer de fuir ou de mettre fin à sa vie, commencez à vous concentrer sur l'évaluation du risque de suicide, et non sur l'obtention de plus de détails. Tout le monde ne dira pas « J'ai perdu tout espoir » ou « Je veux en finir », alors si vous remarquez un changement significatif dans le comportement, vous pouvez demander à la personne « As-tu perdu tout espoir ?» »*

DISCUSSION

A   *(5 min) En grand groupe. Après avoir discuté les questions ci-dessous, complétez ce qui n'a pas été déjà mentionné.*

1.   En quoi la réponse de Sarah à Joséphine est-elle différente de celle de Pauline ?
2.   Quels étaient les signaux d'alerte que Joséphine pensait à se suicider ?
3.   Quels sont les autres signaux que vous avez remarqués quand quelqu'un a pensé à se suicider ?

Signaux d'alerte possibles :

- Des personnes peuvent se replier sur elles-mêmes et s'isoler des autres.
- Elles peuvent parler de leur désir de mourir ou dire des choses comme « À quoi bon vivre ? » ou « Bientôt, vous n'aurez plus à vous soucier de moi ! ».
- Elles peuvent donner des choses qui sont très importantes pour elles.
- Elles peuvent passer soudainement d'un état dépressif à un état très joyeux, sans raison apparente.
- Elles peuvent négliger de prendre soin d'elles-mêmes.

Les personnes qui pensent à se suicider ne donnent pas toutes de tels signaux d'alerte, mais si elles le font, prenez-les au sérieux !

SECTION 5.

(15 MIN)

Comment aider les personnes qui pensent à se suicider ?

A | *Annoncez le titre de la section. Poursuivez avec la scène 3 du sketch.*

SCÈNE 3 : APPORTER UNE RÉPONSE APPROPRIÉE

Sarah (S) : Que veux-tu dire par « il n'y a pas d'espoir pour toi » ?

Joséphine (J) : Je pense que je préférerais ne plus être ici. Ma vie est gâchée.

S : Gâchée ? As-tu pensé à mettre fin à ta vie ? (Ou bien : « As-tu pensé à faire quelque chose pour ne plus avoir à vivre avec ça ? »).

J : (Elle s'assoit et hoche la tête pour dire oui) Tu ne comprends pas. Ma famille ne m'acceptera pas. Je viens de découvrir que je suis enceinte. Il n'y a pas de solution.

S : As-tu pensé à la façon dont tu mettrais fin à ta vie ? (Ou, « As-tu décidé de faire ce à quoi tu as pensé ? »)

J : Oui.

S : As-tu un plan ?

A | *Faites une pause et dites : « En posant des questions plus précises, vous pouvez savoir si les pensées suicidaires de la personne sont devenues plus que de simples pensées. Si vous apprenez que les pensées incluent également un plan et une façon de réaliser ce plan, le risque de suicide est plus élevé. »*

J : Je peux faire une overdose en prenant des comprimés.

S : Est-ce que tu as les comprimés ici dans ta chambre ?

J : (Elle hoche la tête pour dire oui)

S : Peux-tu me les donner ? Ou peux-tu me montrer où ils sont ?

J : Mais, tu ne comprends pas. Qu'est-ce que je peux faire d'autre ?

S : (Avec douceur) Joséphine, je veux t'aider à trouver une autre réponse à ton problème. Je vais rester ici avec toi. S'il te plaît, montre-moi où sont les comprimés.

J : (Elle va chercher les comprimés et les donne à Sarah.)

S : J'aimerais rester ici avec toi ce soir. Est-ce que tu es d'accord ? Je veux m'assurer que tu es en sécurité.

J : (Elle hoche la tête) Oui.

S : Je suis là pour toi. Ensemble, nous allons trouver ce qu'il faut faire. Allons dîner, et après une bonne nuit de sommeil, nous pourrons aussi penser à d'autres choses que nous pouvons faire pour t'aider à te sentir mieux.

J : D'accord.

S : Nous pouvons aussi penser à d'autres personnes qui peuvent t'aider. Nous pourrions peut-être trouver un conseiller. Est-ce que tu es d'accord ?

J : Je pense que oui. (À voix basse)

DISCUSSION

A | *(5 min) En petits groupes. Répartissez les questions dans les différents groupes.*

1. Qu'avez-vous vu dans le sketch qui peut être fait pour aider les individus qui pensent à se suicider ?

2. Que peut-on faire d'autre pour aider les individus qui pensent à se suicider ?

A | *(10 min) En grand groupe. Recueillez les réponses. Complétez ce qui n'a pas été déjà mentionné..*

En parler :
- N'évitez pas de parler du suicide par peur de les offenser ou de leur donner l'idée de le faire.
- Découvrez à quel point ils sont sérieux. Ont-ils établi un plan ? Se sont-ils préparés ? Se sont-ils entraînés ? Ont-ils réfléchi aux conséquences que cela aura sur les autres ?
- Ne les sermonnez pas et ne leur dites pas ce qu'ils doivent faire. Posez plutôt des questions qui les aideront à exprimer ce qu'ils ressentent. Les larmes sont une bonne chose. Aidez-les à trouver des moyens de libérer leur douleur et d'exprimer leur colère.

Les garder en sécurité :
- S'il pense sérieusement à se suicider, retirez de leur environnement tous les moyens de le faire, comme les médicaments, les cordes, les armes, etc.
- Ne les laissez pas seuls. Restez avec eux ou trouvez quelqu'un qui pourra rester avec eux.

Donner de l'espoir :
- Demandez-leur d'imaginer leur situation comme étant juste un peu meilleure. Qu'est-ce qui changerait ?
- Discutez de ce qui les a empêchés de se suicider jusqu'à ce moment. Essayez de leur donner de l'espoir à partir de ces pensées. Par exemple, si une mère se soucie de l'avenir de son enfant, discutez avec elle de combien son enfant a besoin d'elle.
- Trouvez quels sont les moyens qu'ils ou elles ont essayés pour résoudre leurs problèmes et aidez-les à réfléchir à d'autres moyens à essayer.
- Expliquez-leur que d'autres ont vécu des situations semblables et qu'il existe une autre issue que la mort.

Les aider à trouver un appui supplémentaire :

- Cherchez à savoir s'il existe une ligne d'assistance téléphonique de prévention du suicide dans leur communauté et, si c'est le cas, aidez-les à l'appeler.
- Aidez-les à rencontrer d'autres personnes. La guérison vient lorsqu'ils ou elles racontent leur histoire et reprennent contact avec les autres. Même s'ils ou elles bénéficient d'une aide professionnelle, ils ou elles auront toujours besoin du soutien de leurs amis et de leurs proches.
- Un traitement contre la dépression peut les aider. S'ils ou elles sont déjà sous traitement, encouragez-les à continuer à le prendre.
- Trouver un conseiller professionnel pour les aider.
- S'il n'y a pas de programme de prévention du suicide dans votre communauté, pensez à vous associer à d'autres pour en organiser un. Aidez les écoles à prendre conscience que lorsqu'un élève se suicide ou essaye de se suicider, d'autres élèves peuvent être tentés de suivre son exemple.

SECTION 6.
(15 MIN)

Comment aider les proches de quelqu'un qui s'est suicidé ou qui a essayé de se suicider ?

A | *(1 min) Annoncez le titre de la section. Lisez le paragraphe ci-dessous.*

Toute mort et toute perte sont douloureuses, mais lorsqu'une personne meurt par suicide, les proches vivent un chagrin particulièrement pénible. Dans leur vie, il y aura un « avant le suicide » et un « après le suicide ». Si une personne essaye de se suicider mais n'y arrive pas, l'effet sur ses proches sera tout de même profond. Leur vie sera bouleversée.

DISCUSSION

A | *(5 min) En grand groupe. Après la discussion, complétez ce qui n'a pas été déjà mentionné.*

1. D'après vous, comment peuvent se sentir les proches de personnes qui se sont suicidées ou qui ont essayé de se suicider ?

Ils peuvent se sentir :
- coupables de ne pas avoir vu les signaux d'alerte.
- coupables de ne pas avoir pu arrêter la personne.
- en colère envers la personne de s'être suicidée (ou d'avoir essayé).
- bloqués dans leur travail de deuil, qui peut être compliqué et prolongé.
- honteux ; de plus la communauté peut accentuer leur honte. Par exemple, dans certaines communautés, les personnes qui se sont suicidées ne sont pas inhumées de manière habituelle.
- dans une situation où elles ont besoin de comprendre pourquoi le suicide est arrivé ou pourquoi la personne a essayé de se suicider.
- dans la peur que des choses plus terribles se produisent ou que la personne essaye de nouveau de se suicider.

- incapables de faire encore confiance aux autres, en particulier à la personne qui a essayé de se suicider.
- particulièrement angoissés si leur tradition religieuse enseigne que le suicide est un péché impardonnable.
- trahis, en se demandant pourquoi la personne n'a pas exprimé sa souffrance.
- responsables du suicide.

Les enfants en particulier peuvent penser que c'est de leur faute. Le module sur les enfants (Module 8) peut aider les adultes à comprendre comment aider un enfant à faire un travail de deuil par rapport à la perte de quelqu'un qui s'est suicidé.

DISCUSSION

A | *(5 min) En petits groupes. Répartissez les questions dans les petits groupes.*

1. Quand une personne de votre communauté se suicide, quelles sont les manières appropriées de s'occuper des proches ? Lesquelles ne sont pas appropriées ?
2. Comment pouvez-vous aider les proches de quelqu'un qui s'est suicidé ? Si un de vos proches s'est suicidé, qu'est-ce qui vous a aidé ?

A | *(5 min) En grand groupe. Recueillez les réponses. Complétez ce qui n'a pas été déjà mentionné.*

Note : *Une personne qui se suicide est la seule responsable de son acte. Cela est vrai même si d'autres personnes ont dit ou fait des choses qui ont pu contribuer au sentiment de désespoir de cette personne. D'autres facteurs peuvent également avoir un effet sur l'état émotionnel et la capacité à faire face de cette personne ; par exemple une culture de la perfection dans les études, le harcèlement, l'influence des médias sociaux et les attentes de ce que cela signifie d'être un homme ou une femme.*

Manière d'aider les proches de quelqu'un qui s'est suicidé :
- Aidez-les dans leurs besoins matériels.
- Organisez des funérailles normales pour les personnes qui se sont suicidées. Si le suicide a eu lieu dans le passé et qu'il n'y a pas eu de funérailles, organisez une cérémonie ou un temps de commémoration pour la personne.
- Passez du temps avec eux.
- Parlez ouvertement du suicide avec eux sans leur faire honte.
- Écoutez-les. Utilisez les trois questions d'écoute du module sur la guérison.
- Aidez-les à réaliser qu'ils ne sont pas responsables de ce qui est arrivé.
- Aidez-les à accepter qu'ils ne comprendront peut-être jamais pourquoi la personne a agi ainsi. Il n'y a pas de réponses simples aux raisons qui poussent une personne à se suicider.
- Aidez-les à se souvenir des bons moments de la vie de la personne, et pas seulement de la façon dont elle est morte.

CONCLUSION   (5 à 10 MIN)

A | *(5 à 10 min) Traitez un ou plusieurs points ci-dessous, en fonction du temps qui vous reste.*

1. Priez pour ceux qui sont confrontés au suicide dans votre communauté.
2. Faites une activité artistique qui vous apporte de la consolation et de l'espoir. Pour cela, dessinez ou créez une image, un nuage de mots (comme dans le module sur la souffrance) ou un collage d'images et de mots venant de magazines en y ajoutant éventuellement des morceaux de tissus. Par groupe de deux, partagez ce que vous voulez et priez l'un pour l'autre.
3. Discutez des questions suivantes, par groupe de deux :

   - As-tu connu quelqu'un qui voulait se suicider ? Qu'as-tu ressenti par rapport à cette situation ? Qu'as-tu fait ?
   - As-tu déjà été tellement découragé(e) et frustré(e) que tu voulais mourir ? Comment as-tu vécu ça ? Qu'est-ce qui t'a aidé à surmonter ce malaise ?

4. Notez une chose importante que vous avez apprise dans ce module.

12

13. LES DÉPENDANCES

Avant de commencer :

- Pour la Section 1 : Choisissez la manière dont vous allez raconter l'histoire (voir page 214, « Histoires », dans « Préparation des modules »).
- Pour la Section 4 : Si nécessaire, préparez des feuilles de papier ou des fiches comprenant des versets bibliques ou téléchargez des versets.
- Pour la section 5 : Trouvez deux participants qui acceptent de présenter le sketch « des dépendances ». Demandez-leur de le répéter avant la séance.
- Décidez si vous allez vous servir de la section 6A (« Comment aider les membres de la famille ») ou 6B (« Quelles conséquences a eues votre dépendance dans votre vie ? »), selon les participants du groupe.
- Décidez de l'exercice de clôture à utiliser.
- Songez à consacrer deux séances à ce module, selon les besoins du groupe : cela vous donnera plus de temps de discussion et vous permettra de recourir à plus d'options.

Dans ce module nous allons :

- définir ce qu'est une dépendance ;
- discuter de la façon dont des gens deviennent dépendants et le restent ;
- puiser dans la Bible de la sagesse pouvant aider des personnes aux prises avec une dépendance ;
- découvrir comment réagir de façon appropriée à une personne aux prises avec une dépendance, selon le stade où elle en est pour ce qui est de vouloir s'en sortir ;
- discuter de la façon d'aider la famille et les amis d'une personne aux prises avec une dépendance.

Section 1 : Histoire	15 min
Section 2 : Qu'est-ce qu'une dépendance ?	5 min
Section 3 : Comment peut-on se retrouver aux prises avec une dépendance ?	30 min
Section 4 : Quels enseignements de la Bible peuvent aider les gens aux prises avec une dépendance ?	20 min
Section 5 : Comment peut-on aider les personnes aux prises avec une dépendance ?	15 min
Section 6 : 6A. Comment aider les membres de la famille d'une personne aux prises avec une dépendance ? Ou 6B. Quelles sont les conséquences que votre dépendance a entraînées ?	30 min
Conclusion	5 – 15 min
Durée totale (approximative)	**2 heures à 2 heures 10 minutes**

13. Les dépendances

A | *(1 min) Annoncez le titre et les objectifs du module. Indiquez aux participants où trouver le module dans le manuel Guérir les traumatismes. Lisez la phrase ci-dessous.*

Ce module figure ici parce qu'un traumatisme peut mener à une dépendance et qu'une dépendance engendre souvent un traumatisme, tant chez la personne dépendante que chez les gens de son entourage.

SECTION 1.

(15 MIN)

Un verre de plus ne peut pas faire de mal

A | *(5 min) En grand groupe. Racontez l'histoire.*

Paul, un garçon de dix ans, marchait vers son école, tout inquiet parce que son père buvait beaucoup et n'avait pas payé ses frais de scolarité. Son professeur avait été gentil, ne voulant pas voir Paul quitter l'école parce que c'était l'un de ses meilleurs élèves. Mais le directeur l'a appelé dans son bureau ce matin-là : « Cela fait trois fois déjà que je t'avertis », a-t-il dit. « Et maintenant je suis vraiment désolé, mais tu dois rentrer chez toi et apporter l'argent avant d'avoir le droit de revenir dans ta classe. »

Paul est retourné lentement à la maison, en donnant des coups de pied à des cailloux. Ses amis avaient vu ce qui s'était passé et il avait honte. Quand Lydie, sa mère, l'a vu à la porte, elle a compris ce qui était arrivé. Elle l'a serré dans ses bras, les larmes aux yeux.

Michée, le père de Paul, avait un bon travail de bureau, mais ce soir-là, comme la plupart des soirées, il est rentré tard à la maison. À la fin de la journée de travail, il est allé rejoindre des amis au bar pour prendre une bière. La plupart de ces derniers étaient rentrés tôt chez eux, mais Michée était resté assis là, buvant une bière après l'autre. Enfin, le bar a fermé et Michée est rentré chez lui.

Lydie et Paul l'ont entendu revenir de loin. Il chantait très fort. Il est rentré dans la cour en arborant un grand sourire et en disant : « Lydie, ma belle, où es-tu ? » Lydie est sortie pour l'accueillir et lui a vite apporté son dîner. Après le repas, Paul lui a annoncé qu'il avait été renvoyé de l'école parce que ses frais de scolarité n'avaient pas été versés. Michée est resté silencieux quelques minutes. Puis il a dit : « Je suis vraiment désolé, mon fils ! La semaine prochaine, c'est la fin du mois ; dès que je toucherai mon salaire, j'aurai l'argent pour tes frais de scolarité. Ne t'en fais pas, tu vas bientôt retourner à l'école ! » Paul n'avait qu'à moitié confiance en son père.

Michée n'a pas bu toute la semaine suivante ; il a fait de belles choses pour Lydie et a joué au ballon avec Paul. Mais le soir précédent le jour où Michée devait recevoir son salaire, Lydie a essayé de lui dire combien la famille souffrait parce qu'il buvait. Il a répondu avec irritation : « Ne t'inquiète pas : je sais bien comment gérer notre argent ! »

Le lendemain, au bureau, chacun a reçu son salaire. À la fin de la journée, quelques hommes ont décidé d'aller fêter cela dans un débit de boissons où l'on servait une bière locale forte. Michée avait conscience d'avoir promis de rentrer directement à la maison, mais il s'est dit : « Allez, un

13

verre ne me fera pas de mal. Je l'ai bien mérité, j'ai travaillé dur pour gagner cet argent ! » Mais une fois au bar, un verre n'attendait pas l'autre.

À la maison, Lydie attendait anxieusement le retour de son mari. Elle a donné aux enfants à manger le peu de nourriture qu'il leur restait, sans rien avoir pour elle-même. Enfin, alors que les enfants dormaient depuis longtemps, Michée est arrivé, complètement ivre. Cette fois-ci, il était en colère, se sentant coupable. Lydie lui a demandé où était l'argent. « Femme stupide, de quel argent parles-tu ? » a-t-il dit en essayant de la frapper. Heureusement, il était trop ivre pour lui faire vraiment mal, et il s'est vite endormi. Le salaire du mois s'était envolé.

Le lendemain, Michée s'est réveillé et, les larmes aux yeux, s'est excusé auprès de Lydie et de Paul. Mais Lydie était remplie de chagrin et de colère. Alors elle a décidé de demander de l'aide à Anne, la femme du pasteur Marc. Anne l'a écoutée attentivement, puis a prié avec elle. Anne a encouragé Lydie à demander à Michée de parler au pasteur Marc, puis de trouver un groupe d'hommes qui l'encouragerait à ne pas boire.

DISCUSSION

> A *(5 min) En petits groupes. Vous pouvez répartir les questions entre les différents groupes ou les paires. Demandez à chaque groupe de choisir une personne qui prendra des notes et sera le porte-parole. (Si possible, demandez au groupe de choisir une personne différente pour chaque discussion en petits groupes.)*

1. Quel était le problème de Michée ?
2. Quels effets son problème avait-il sur Lydie ? Sur Paul ?

> A *(5 min) En grand groupe. Recueillez les réponses. Si les participants utilisent le manuel, demandez-leur de le garder fermé pendant le reste du module.*

SECTION 2. (5 MIN)

Qu'est-ce qu'une dépendance ?

DISCUSSION

> A *(4 min) En grand groupe. Discutez, puis complétez ce qui n'a pas été dit à l'aide des points suivants.*

1. Qu'est-ce qu'une dépendance ?

Être aux prises avec une dépendance, c'est faire un usage répété et de longue durée d'une substance ou d'une activité qui permet à la personne de se sentir bien ou de faire face à la vie. Une dépendance n'est pas facile à arrêter et, à la fin, elle fait du tort à la personne. Une dépendance diffère d'une simple habitude comme suit :

- on a tellement envie de la chose en question qu'on en dépend pour affronter la vie ;
- cela permet de se sentir mieux, ou du moins de ne pas ressentir la douleur. Mais quand le sentiment de bien-être disparaît, le besoin réapparaît, et on reproduit le même comportement. Cela recommence encore et encore. On en vient à ne plus pouvoir s'arrêter ;

- au fil du temps, la personne doit recourir de plus en plus à son comportement de dépendance pour être satisfaite. Le plaisir finit par disparaître, et la personne a recours à l'activité ou à la substance en question pour éviter la douleur qu'elle éprouverait si elle essayait d'arrêter ;
- la personne en dépend de plus en plus ; sa dépendance devient son maître, elle lui sacrifie tout ;
- pour les toxicomanies comme les drogues et l'alcool, le corps se modifie, de sorte que la personne en a besoin pour se sentir normale. Ainsi la personne souffre physiquement si elle cesse de prendre la substance ou d'exercer l'activité en question. Outre les toxicomanies, d'autres dépendances comme la pornographie et les jeux d'argent ont aussi un impact sur le cerveau et le corps ;
- les dépendances s'acquièrent plus rapidement si la personne est isolée ou garde le secret ;
- la dépendance peut finir par détruire la vie de la personne : sa famille, ses amitiés, son travail et son rôle dans sa communauté.

A | *(1 min) En grand groupe. Recueillez les réponses. Complétez ce qui n'a pas été dit à l'aide des points suivants.*

2. Dressez une liste de choses pouvant causer de la dépendance.

Les dépendances les plus fréquentes sont celles envers l'alcool, le tabac, les drogues, la pornographie, les rapports sexuels, les jeux d'argent ou jeux vidéo, les réseaux sociaux, les téléphones portables, les achats, le désir de perdre du poids, l'usage de produits éclaircissants, le sport et même le travail.

On peut devenir dépendants envers des choses qui sont normalement bonnes, mais qui deviennent nuisibles lorsqu'elles nous maîtrisent.

Fig. 13.1 Des dépendances courantes

SECTION 3. (30 MIN)

Comment peut-on acquérir une dépendance ?

DISCUSSION

A | *(5 min) En petits groupes.*

1. Quelles sont les raisons qui poussent les gens vers les dépendances ?

(5 min) En grand groupe. Recueillez les réponses. Complétez ce qui n'a pas été dit à l'aide des points suivants.

- Des raisons sociales : on est avec des gens qui boivent (ou jouent, etc.) et on veut être accepté. On a besoin de la substance pour se sentir à l'aise avec d'autres personnes. Certains membres de la famille peuvent avoir une dépendance, comme envers l'alcool ou la pornographie, laquelle influe sur les autres membres.
- Des problèmes personnels : (1) On commence à faire quelque chose parce qu'on l'aime, mais plus tard, on ne peut pas se maîtriser. (2) La dépendance endort la douleur des blessures du cœur. (3) La dépendance peut être un moyen de faire face au stress ou aux problèmes.
- La personnalité de la personne, et les tendances de ses parents et grands-parents : certaines personnes risquent beaucoup plus que d'autres de devenir dépendantes.
- Un début pendant l'enfance : si des adultes exposent des enfants en bas âge à ces substances ou activités, cela augmente le risque de dépendance.
- Le type de substance : certaines substances et certains modes de consommation augmentent la probabilité de dépendance. Par exemple, les drogues injectées ou fumées atteignent le cerveau en quelques secondes.

Tous ces facteurs ne signifient pas nécessairement qu'une personne va développer une dépendance. Elles en augmentent cependant le risque.

DISCUSSION

A *(5 min) En petits groupes ou deux par deux.*

2. Pourquoi les personnes aux prises avec une dépendance n'arrêtent-elles pas tout simplement ?

A *(5 min) En grand groupe. Recueillez les réponses. Complétez ce qui n'a pas été dit à l'aide des points suivants.*

- La dépendance peut avoir modifié le cerveau et son fonctionnement.
- Le corps a une très grande envie de la substance ou de l'activité en question, et arrêter est très douloureux.
- La personne aime ce qu'elle fait ou pense y avoir droit.
- La personne peut se tromper elle-même, acquérant des habitudes de mensonge et de manipulation pour obtenir ce qu'elle veut.
- La personne peut en venir à s'identifier comme droguée, alcoolique, etc. Après avoir si longtemps essayé de cesser, elle a perdu l'espoir de changer.
- La dépendance la protège contre la souffrance engendrée par des problèmes qu'elle ne veut pas affronter.

A *(10 min) Dessinez le cycle des dépendances sur un tableau ou sur une grande feuille de papier. À chaque étape, demandez : « Dans le récit, à quel moment avez-vous remarqué cette étape ? »*

Figure 13.2. Le cycle des dépendances

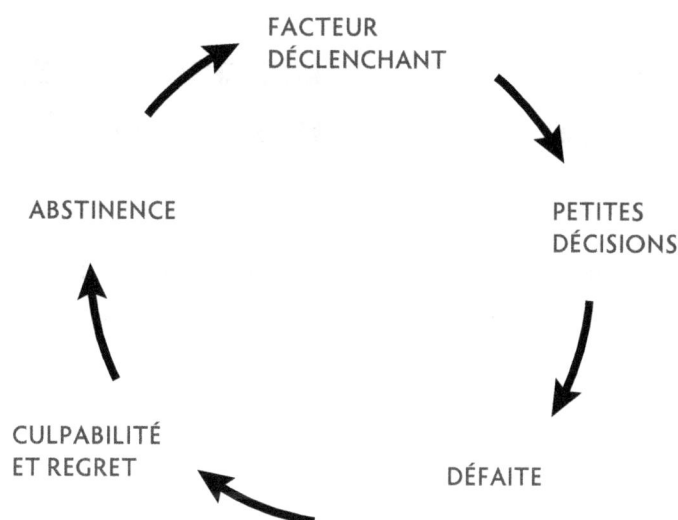

FACTEUR
DÉCLENCHANT

PETITES
DÉCISIONS

DÉFAITE

CULPABILITÉ
ET REGRET

ABSTINENCE

Une personne aux prises avec une dépendance se retrouve souvent enfermée dans un cycle. Elle ne reconnaît pas toujours ce cycle ou ne sait pas comment en sortir.

1. Facteur déclenchant : c'est une chose qui déclenche le désir envers l'objet de la dépendance. La personne peut réagir à des émotions douloureuses ou positives, à certaines pensées ou certains souvenirs, au stress, à la fatigue, à certaines odeurs, à certaines images ou à certains sons. Cela peut même arriver alors qu'elle se réjouit de résister depuis longtemps à la dépendance.
2. Petites décisions : la personne accepte une toute petite chose qui ouvre la porte à la dépendance une fois de plus. Elle pense qu'elle saura résister à la tentation, ou qu'elle a bien mérité cette petite chose. Par exemple : regarder la télévision, passer devant un bar ou un lieu où l'on achetait de la drogue dans le passé, ou refuser d'admettre honnêtement ce qu'elle ressent.
3. Réponse au désir et défaite : la personne cède de nouveau à la dépendance, laquelle reprend le pouvoir.
4. Culpabilité et regret : la personne se sent mal et essaie de faire de bonnes choses pour compenser le fait d'avoir cédé à la tentation. Elle peut aussi ressentir de la honte, qu'elle a quelque chose qui ne va pas.
5. Abstinence : le cycle recommence.

Il est possible pour une personne aux prises avec une dépendance de résister et de ne pas céder à un comportement de dépendance. Dieu peut l'aider pour que ses désirs ne la maîtrisent plus. Dieu peut aussi lui donner l'espoir qu'un jour elle sera libre. La personne aura également besoin d'être aidée par d'autres personnes.

Quels enseignements de la Bible peuvent aider les gens aux prises avec une dépendance ?

A | *(1 min) Présentez ce qui suit.*

Le mot « dépendance » ne figure pas dans la Bible, mais on trouve beaucoup d'enseignements sur les désirs, les comportements, les pensées et les tentations. Tous ces sujets sont pertinents pour les gens aux prises avec une dépendance.

DISCUSSION

A | *(5 min) En petits groupes. Répartissez les versets entre les groupes.*

Comment ces passages peuvent-ils aider à lutter contre les dépendances ?

Jacques 1.14–15	Romains 6.6–7, 12–13	Éphésiens 4.22–24
Hébreux 4.15–16	1 Corinthiens 10.13	Ecclésiaste 4.9–12

A | *(14 min) En grand groupe. Recueillez les réponses. Complétez ce qui n'a pas déjà été mentionné à l'aide des points ci-dessous.*

La racine de la tentation n'est pas vraiment la substance (ou le comportement) engendrant la dépendance. La vraie racine, c'est l'erreur de croire que cette substance ou ce comportement peut nous satisfaire. Continuer à essayer de satisfaire le désir de cette façon peut mener à une dépendance. Une fois une dépendance installée, il est très difficile d'en sortir (Jacques 1.14-15).

Grâce à une relation avec Jésus, la personne que nous étions autrefois est considérée comme morte et nous sommes libérés du pouvoir du péché. Cela nous encourage à nous abandonner pleinement à Dieu, pas aux désirs de la personne que nous étions autrefois (Romains 6.6–7, 12–13).

En tant que chrétiens, nous avons reçu une nouvelle vie. Le Saint-Esprit peut nous donner de nouvelles pensées et attitudes conformément à cette vie. Nous devons rejeter les comportements de notre ancienne manière de vivre, comme le mensonge et les désirs trompeurs (Éphésiens 4.22–24).

Jésus ne nous condamne pas pour nos faiblesses, mais il éprouve de la sympathie pour nous. Il comprend ce que c'est que d'être tenté. Lorsque nous sommes tentés, il nous aide si nous le lui demandons (Hébreux 4.15–16).

Dieu peut nous aider à résister aux tentations des comportements de dépendance. Il nous donnera la force de supporter la tentation et le moyen d'en sortir (1 Corinthiens 10.13).

Il est beaucoup plus difficile pour une personne seule de résister à la tentation. Nous sommes beaucoup plus forts en ayant le soutien d'autrui (Ecclésiaste 4.9–12).

SECTION 5.

Comment pouvons-nous aider les personnes aux prises avec une dépendance ?

A | *(1 min) Présentez le paragraphe ci-dessous. Dessinez la figure des étapes.*

Les gens aux prises avec une dépendance doivent suivre certaines étapes pour en guérir. À chaque étape, la famille et les amis doivent les aider en recourant à des mots et à des gestes différents. Prêcher à une personne aux prises avec une dépendance ou essayer de résoudre ses problèmes à sa place ne sert à rien. Elle doit décider elle-même d'arrêter.

Fig. 13.3

| 1re étape : « Ce que je fais ne pose pas de problème ! » | → | 2e étape : « J'ai peut-être un problème sérieux. » | → | 3e étape : « J'ai un sérieux problème. Maintenant j'arrête ! » | → | 4e étape : « Oh, non ! J'ai recommencé ! » |

A | *(14 min) Demandez aux deux participants ayant répété à l'avance le jeu de rôle sur les dépendances de le jouer devant le grand groupe. Présentez le sketch en disant : « Ce sketch nous aidera à savoir comment répondre aux personnes aux diverses étapes de la gestion de leur dépendance. Le sketch montre des réponses qui pourraient être utiles au fil du temps. Il serait rare qu'une conversation se produise exactement comme ça. »*

Nommez chaque étape, puis demandez aux « acteurs » de jouer la scène. Faites une pause après chaque étape pour discuter de chaque réponse, comme suggéré ci-dessous, ou présentez le sketch en entier, puis discutez des quatre réponses.

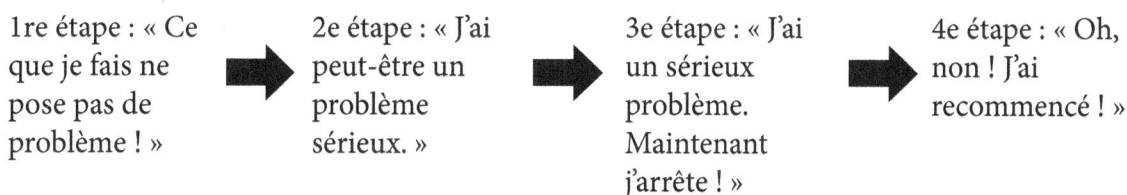

JEU DE RÔLES : COMMENT AIDER UNE PERSONNE AUX PRISES AVEC UNE DÉPENDANCE

La personne « A » veut aider « B », qui est aux prises avec une dépendance.

1ʳᵉ ÉTAPE : « CE QUE JE FAIS N'EST PAS UN PROBLÈME ! » (PAS PRÊTE À CHANGER.)

A : Bonjour ! Ça va bien ?

B : Ça va, oui. Tout va bien.

A : Mais tu as l'air souffrant. J'ai entendu parler d'une beuverie, hier soir.

B : Oh, toute une soirée ! Je ne me souviens pas de tout ce qui s'est passé, mais on s'est bien amusé !

A : Mon ami, je suis inquiet pour toi. Je te vois fréquenter les bars chaque semaine depuis un certain temps. Je pense…

B : (Interrompant) Il n'y a aucun problème. Au revoir !

A : Écoute ! Je veux que tu comprennes pourquoi je me fais du souci. J'ai peur pour toi, par exemple, quand tu t'évanouis. Je vois que ça commence à nuire à ton travail et à ta famille. Je sais que tu aimes ta famille.

B : Je t'assure que tu n'as aucune raison de t'inquiéter de ça. Au revoir !

A | *Demandez : « Comment l'ami a-t-il réagi à l'étape 1 ? » Recueillez les réponses. Complétez ce qui n'a pas déjà été mentionné.*

À la 1re étape, ce qu'on peut faire : aider la personne à réfléchir aux conséquences de son mode de vie, et à voir si c'est cela qu'elle désire vraiment.

2e ÉTAPE : « J'AI PEUT-ÊTRE UN SÉRIEUX PROBLÈME. » (LA PERSONNE SE PRÉPARE.)

A : Mon ami, est-ce que tu vas bien ?

B : Ça va, un peu.

A : Qu'est-ce qui se passe ?

B : Pas grande chose. Sauf que ce matin, quand je me suis réveillé, j'étais dans un coin de la ville sans savoir comment j'étais arrivé là, hier soir. Je ne me sens pas bien. C'est un peu effrayant.

A : Effectivement, c'est inquiétant, ça !

B : Je devrais peut-être faire attention et éviter de boire de l'alcool pendant un certain temps.

A : Ça peut être difficile, mais je pense que c'est une très bonne idée. Qu'est-ce que tu aurais à gagner en évitant de boire ?

B : J'arriverais au travail à l'heure. Moins de conflits à la maison. Et moins de maux de tête et de vomissements.

A : Tout ça serait un grand avantage. Je suis ton ami. Si tu sens la tentation d'aller boire, appelle-moi et on ira prendre le thé ensemble, chez moi.

A | *Demandez : « Comment l'ami a-t-il réagi à l'étape 2 ? » Recueillez les réponses. Complétez ce qui n'a pas déjà été mentionné.*

À la 2e étape, aidez la personne à réfléchir aux avantages et aux difficultés qu'il y aura à cesser sa dépendance.

3e ÉTAPE : « J'AI UN SÉRIEUX PROBLÈME. MAINTENANT J'ARRÊTE ! » (LA PERSONNE EST PRÊTE.)

A : Mon ami, est-ce que tu vas bien ?

B : Non, ça ne va pas. Tu sais que j'ai dit vouloir moins boire ?

A : Oui, je m'en souviens.

B : J'ai essayé mais ça n'a pas marché ; je ne peux pas me maîtriser. Je veux arrêter, j'ai besoin d'aide.

A : C'est bien que tu me dises la vérité. Je comprends que c'est très difficile pour toi. Viens prendre le thé chez moi. Comment as-tu commencé à boire, au début ?

B : Je ne sais pas. J'avais environ 15 ans quand mon père a quitté la maison et a divorcé de ma mère. J'étais très fâché. Sans compter que mes amis buvaient tous beaucoup.

A : Cette dernière semaine, quand tu as recommencé à boire, qu'est-ce qui s'est passé ?

B : J'ai eu une grosse dispute avec mon père, accompagnée de cris et d'insultes. J'étais tellement fâché que je ne savais pas quoi faire.

A : Je comprends. Tu sembles boire quand tu es fâché et que tu te sens confus.

B : C'est exactement ça.

A : Je connais un autre collègue qui a cessé de boire. Quand il a le goût de boire, il attend dix minutes pour réfléchir à ses émotions, et puis il fait quelque chose pour résister à la tentation.

Est-ce qu'il y a quelque chose de sain que tu pourrais faire pour t'occuper quand tu penses à l'alcool ? On pourrait en dresser une liste.

B : Je pourrais laver ma moto ou en faire l'entretien. Ou rendre visite à mon frère, qui ne boit pas. Ou bien, aller chez toi ! Je ne devrais pas regarder beaucoup de télé parce qu'il y a de la publicité de bière.

A : C'est un bon départ. Est-ce que tu veux rencontrer mon collègue qui a cessé de boire ?

B : Oui, ça pourrait m'encourager.

> A | *Demandez : « Comment l'ami a-t-il réagi à l'étape 3 ? » Recueillez les réponses. Complétez ce qui n'a pas déjà été mentionné.*

À la 3ᵉ étape, aidez la personne à arrêter. Félicitez-la quand elle fait des efforts, même dans les petites choses. Encouragez-la souvent. Offrez des idées de ce qui a bien fonctionné pour d'autres. Aidez-la :

1. à faire attention aux racines de sa dépendance :

   - à prendre garde à ce qu'elle pense et à ce qu'elle ressent ; à examiner pourquoi, au début, la dépendance s'est installée ;
   - à s'occuper des blessures de son cœur et à soumettre sa souffrance au Christ pour être guérie ;
   - à demander à Dieu et aux autres de lui pardonner les problèmes qu'elle a causés et à accepter le pardon total que Jésus a promis.

2. à adopter de nouvelles habitudes :

   - quand elle pense à boire de l'alcool ou à prendre de la drogue, qu'elle s'arrête un moment pour réfléchir : est-ce que j'ai faim, est-ce que je suis en colère, est-ce que je me sens isolé, est-ce que je suis fatigué ? La personne sera souvent capable de résister si elle prend le temps d'évaluer la situation ;
   - éviter les lieux et les situations où elle a déjà cédé à sa dépendance. Par exemple si elle est allée dans un bar avec des amis en ayant l'intention de commander une boisson non alcoolisée, mais qu'elle a fini par s'enivrer, elle doit essayer d'éviter les bars ; si elle a une dépendance envers les jeux vidéo, établir une heure du coucher pour éviter de jouer toute la nuit ;
   - planifier ce qu'elle va faire chaque fois qu'elle pense à céder à la dépendance ; dans bien des cas, elle sera capable de résister si elle attend, effectue une activité de rechange ou parle à quelqu'un qui comprend son envie ;
   - remplacer le comportement de dépendance par quelque chose de bon (Luc 11.24-26) ;
   - reconnaître les sources de stress et trouver de nouvelles façons de se détendre.

3. à se mettre en rapport avec des personnes qui pourront la soutenir :

   - encouragez-la à passer plus de temps avec d'autres personnes et moins de temps seule ; lorsqu'elle est tentée, elle a besoin d'être avec d'autres personnes qui n'ont pas ce comportement de dépendance ;

13

- à trouver quelqu'un qui a déjà cessé la même dépendance à qui elle peut faire appel pour obtenir des conseils et de l'encouragement ;
- à se mettre en rapport avec un groupe de soutien local quant au rétablissement de la toxicomanie ; habituellement, les gens ne se remettent pas d'une dépendance sans le soutien d'autres personnes ;
- selon le type de dépendance, obtenir de l'aide médicale pour la soutenir dans le processus de rétablissement.

4ᵉ ÉTAPE : « OH, NON ! J'AI RECOMMENCÉ ! » (RECHUTE)

A : Mon ami, tu as l'air triste.

B : J'ai tout gâté ! Ça allait tellement bien ! Hier soir, je me suis disputé avec mon frère. J'étais tellement en colère que je suis allé au bar et j'ai bu jusqu'à en être ivre. Je n'imaginais pas que ça puisse m'arriver.

A : Ah ! Tu étais en colère ! Tu m'as déjà dit que, par le passé, tu buvais quand tu étais en colère.

B : Et cela, après cinq mois sans boire ! Qu'est-ce que je vais devenir maintenant ?

A : Écoute, c'est tout à fait normal, pendant la guérison d'une dépendance, de dévier temporairement. Tout n'est pas gâché. Au contraire ! Aujourd'hui, c'est le prochain pas sur la bonne voie. Jésus t'aime et il marche avec toi. Moi aussi je suis avec toi ! Si tu as une autre difficulté avec ton frère, donne-moi un coup de fil tout de suite.

A | *Demandez : « Comment l'ami a-t-il réagi à l'étape 4 ? » Recueillez les réponses. Complétez ce qui n'a pas déjà été mentionné.*

À la 4ᵉ étape, ce qu'on peut faire :

- rappeler à la personne que la rechute fait partie courante du processus de guérison ;
- apporter encore plus de soutien, pour que cette personne pense pouvoir essayer à nouveau. Il se peut qu'elle tombe, mais elle peut aussi se relever (Psaume 37.23–24) ;
- l'assurer que son comportement ne change pas l'amour de Dieu envers elle (Romains 5.8).

SECTION 6A.

(30 MIN)

Comment aider les membres de la famille d'une personne aux prises avec une dépendance ?

DISCUSSION

A | *(3 min) En grand groupe. Recueillez les réponses et complétez ce qui n'a pas été dit à l'aide des éléments suivants.*

1. Comment la famille et les amis d'une personne aux prises avec une dépendance peuvent-ils se sentir ?

Les membres de la famille et les amis d'une personne aux prises avec une dépendance peuvent se sentir en colère, trahis, emprisonnés, malhonnêtes (parce qu'ils doivent cacher cette dépendance de la personne), effrayés, anxieux, impuissants, désespérés et pleins de ressentiment.

DISCUSSION

(5 min) En petits groupes ou deux par deux.

2. Comment aider les membres de la famille et les amis d'une personne aux prises avec une dépendance ?

(12 min) En grand groupe. Recueillez les réponses, puis complétez ce qui n'a pas été dit à l'aide des éléments suivants.

Nous pouvons aider la famille et les amis à :
- reconnaître à quel point le comportement de dépendance influe sur leur vie, et savoir que leur situation n'est pas normale ;
- recenser et guérir les blessures du cœur qu'ils ont subies en vivant avec la personne dépendante (par suite de violence physique ou émotive par exemple) ;
- traiter leurs propres problèmes liés à cette dépendance, par exemple leurs émotions, les divergences d'opinions sur la façon de réagir, les difficultés financières suite à la dépendance, etc. ;
- assumer la responsabilité de leurs propres décisions, et tenir la personne dépendante responsable de ses décisions à elle ;
- parler de la situation avec la personne aux prises avec la dépendance, avec précaution et au bon moment. Cela peut être difficile et ils peuvent avoir besoin d'aide. Le plus souvent, les personnes aux prises avec une dépendance préfèrent cacher les difficultés, elles ont trop honte pour parler du problème ;
- s'adapter à la vie après que la personne se sera rétablie. Quand une personne aux prises avec une dépendance se rétablit, les membres de la famille peuvent sentir qu'ils ont perdu leur rôle de gardiens et tuteurs de cette personne. Ils peuvent être en colère quand des gens félicitent la personne qui est sortie de la dépendance sans reconnaître à quel point la famille a souffert au fil des ans. Ils peuvent aussi prendre conscience pour la première fois d'autres problèmes qui étaient cachés sous la surface.

DISCUSSION

(10 min) Discutez en grand groupe ou en petits de deux ou trois personnes, selon le temps disponible.

Imaginez vivre avec une personne aux prises avec une dépendance. Discutez de ces questions :

- Qu'est-ce que vous êtes réellement capable de changer ?
- Comment pouvez-vous prendre soin de vous-même ?
- Y a-t-il des choses que vous pourriez faire en cherchant à aider la personne dépendante à cesser, mais qui risquent plutôt de provoquer l'effet inverse, par exemple, en dissimulant la situation ?

Quelles conséquences a eues votre dépendance dans votre vie ? (Dans le cas de participants aux prises avec une dépendance)

DISCUSSION

A | *(5 min) En petits groupes.*

1. Quelles conséquences a eues votre dépendance dans votre vie ?
2. Quelles conséquences votre dépendance a-t-elle eues sur votre famille ou sur vos proches ?

A | *(5 min) En grand groupe. Recueillez les réponses.*

DISCUSSION DEUX PAR DEUX

A | *(5 min) Deux par deux.*

1. Quand avez-vous commencé à avoir ce comportement de dépendance ?
2. Comment votre comportement de dépendance a-t-il évolué au fil du temps ?
3. Qu'en est-il maintenant ?

ACTIVITÉ DE LA LIGNE DU TEMPS

A | *(10 min) Lisez les directives de l'activité, puis demandez aux participants d'y travailler individuellement.*

Tracez une ligne du temps. Indiquez quand vous avez acquis les diverses dépendances que vous avez actuellement ou que vous avez eues. Voyez ensuite les questions suivantes.

1. En ce qui concerne toute chose envers laquelle vous êtes activement dépendant en ce moment, de quoi aura l'air cette dépendance dans six mois si vous ne la maîtrisez pas ? Dans un an ? Dans cinq ans ?
2. En revoyant l'âge auquel vous avez commencé à pratiquer la chose dont vous êtes devenu dépendant, qu'est-ce qui s'est passé dans votre vie avant cet âge ? Faites un dessin ou écrivez ce dont vous vous souvenez.
3. Parmi les causes de dépendance énumérées à la section 3, lesquelles ont favorisé votre dépendance, à votre avis ? Aviez-vous une blessure de cœur avec laquelle vous essayiez de composer en recourant à l'activité ayant créé votre dépendance ?

A | *Encouragez les participants à apporter leur souffrance à Jésus quand le groupe de guérison suit le module Apporter nos souffrances à la croix.*

DISCUSSION

A | *(5 min) En petits groupes.*

1. En vous reportant à la section 5, à quel stade du processus de dépendance vous trouvez-vous ?
2. Imaginez et décrivez votre situation si vous passiez au prochain stade.

CONCLUSION (5–15 MIN)

A | *Choisissez entre les options 1 à 3 selon le temps disponible. Donnez aux participants le temps de répondre à la question « une chose dont je veux me souvenir ».*

Option 1 : Soutien communautaire

DISCUSSION

A | *(5 min) En grand groupe.*

Quelles formes d'aide offre votre communauté ou votre Église aux personnes qui veulent cesser une dépendance ou qui vivent en compagnie d'une personne ayant une dépendance ?

Option 2 : Personnes qui aident quelqu'un aux prises avec une dépendance

DISCUSSION DEUX PAR DEUX

A | *(10 min) Deux par deux. Chaque personne doit choisir parmi les deux questions. Encouragez les gens à s'exprimer dans la mesure où ils sont à l'aise de le faire, puis à prier l'un pour l'autre. Terminez en récitant la prière de la sérénité.*

1. Avez-vous déjà entretenu une relation avec une personne ayant une dépendance ? Êtes-vous actuellement dans cette situation ? Comment est-ce que cela se passe ou s'est passé pour vous ?
2. Dessinez le cycle de la dépendance (section 3) de quelqu'un dont vous vous souciez, que vous aimeriez aider grâce à Dieu. Dessinez des images ou des symboles ou bien écrivez des mots représentant ce qui se passe à chaque stade. Quelle partie du cycle semble la plus difficile à rompre pour cette personne ?
3. Priez l'un pour l'autre. Vous pourriez réciter la prière de la sérénité, laquelle a déjà aidé bien des gens aux prises avec des dépendances :

Mon Dieu, donne-moi la sérénité d'accepter toutes les choses que je ne peux changer. Donne-moi le courage de changer les choses que je peux, et la sagesse d'en connaître la différence.

Option 3 : Personnes aux prises avec une dépendance

ACTIVITÉ ARTISTIQUE

A | *(15 min) Lisez les directives sur l'activité et accordez aux participants 7 ou 8 minutes pour réfléchir et dessiner. Donnez-leur ensuite 7 ou 8 minutes pour échanger, deux par deux, puis pour prier l'un pour l'autre. Terminez en récitant la prière de la sérénité.*

Réfléchissez à un cycle du comportement malsain que vous répétez. Dessinez le cycle de la dépendance (section 3), en représentant ce comportement par une image ou un mot au centre. Puis dessinez des images ou des symboles ou écrivez des mots représentant chaque partie du cycle où vous avez l'impression d'être coincé.

1. Avez-vous déjà été aux prises avec une dépendance ? Êtes-vous actuellement aux prises avec une dépendance ? Exprimez-le dans la mesure où vous êtes à l'aise de le faire.
2. De quelles manières pourriez-vous rompre le cycle ?
3. Quelle partie du cycle trouvez-vous la plus difficile à rompre ?
4. Comment pourriez-vous demander à Dieu de vous aider à vous rétablir de cette dépendance ?

Vous pourriez réciter la prière de la sérénité, laquelle a déjà aidé bien des gens aux prises avec des dépendances :

Mon Dieu, donne-moi la sérénité d'accepter toutes les choses que je ne peux changer. Donne-moi le courage de changer les choses que je peux, et la sagesse d'en connaître la différence.

Notez une chose importante que vous avez apprise dans ce module.

14. COMMENT DEMEURER EFFICACE EN AIDANT LES AUTRES ?

Avant de commencer:

- Pour la Section 1 : choisissez la manière dont vous allez raconter l'histoire (voir page 214, « Histoires » dans « Préparation des modules »)
- Pour la Section 2 : choisissez 6 volontaires pour préparer le sketch.
- Pour la Section 4 : si nécessaire, préparez des bandes de papiers ou des fiches cartonnées où vous avez écrit les versets bibliques ou utilisez le téléchargement des versets bibliques.
- Pour la Conclusion : Choisissez d'utiliser soit l'activité « l'Arbre » soit l'activité « le Coffre » (voir la dernière page du Module).

Dans ce module nous allons :

- Discuter de la nécessité de prendre soin de nous-mêmes, en particulier quand on aide les victimes de traumatisme.
- Identifier nos propres difficultés quand on s'occupe des autres.
- Évaluer si on prend soin de soi-même correctement.
- Illustrer la nécessité de prendre soin de soi-même par des exemples bibliques.
- Définir des objectifs d'attention à soi-même.

14

Section 1 : Histoire	10 min
Section 2 : Comment reconnaître qu'on est surmené ou qu'on a un traumatisme indirect ?	20 min
Section 3 : Pourquoi est-il si difficile de prendre soin des autres ?	20 min
Section 4 : Comment celui qui prend soin des autres peut-il prendre soin de lui-même ?	30 min
Conclusion	10-25 min
Durée total (approximative)	**1 h 30-45 minutes**

14. Comment demeurer efficace en aidant les autres ?

A | *(1 min) Annoncez le titre et les objectifs du module. Indiquez aux participants où est le module dans le manuel Guérir les Traumatismes.*

SECTION 1.

(10 MIN)

Le pasteur surmené

A | *(5 min) En grand groupe. Racontez l'histoire.*

Le pasteur Ézéchiel et sa famille étaient partis pour suivre une année de formation. Pendant leur absence, le village a été attaqué par une ethnie voisine. Il y a maintenant cinq mois qu'ils sont revenus. En tant que pasteur, Ézéchiel se sent coupable de ne pas avoir été là pendant que les membres de son Église subissaient cette expérience difficile. Depuis son retour, il travaille jour et nuit. Il fait de son mieux pour recevoir tous ceux qui viennent chez lui pour raconter ce qui leur est arrivé. Beaucoup de gens sont soulagés en racontant ce qu'ils ont vécu, mais quelques-uns sont en colère contre lui sans raison. D'autres racontent de longues histoires compliquées pour essayer de lui soutirer de l'argent.

Il y a deux mois, son meilleur ami est venu lui dire : « Ma femme et mes enfants ont été tués sous mes yeux. » Depuis, le pasteur Ézéchiel ne peut pas effacer de son esprit les images de ce que son ami lui a raconté. Sa femme a remarqué qu'il ne dort pas bien depuis plusieurs semaines et que le moindre bruit le réveille. Il n'a plus d'énergie comme avant et il se réveille souvent fatigué. Trois fois dans le mois passé, il s'est réveillé au milieu de la nuit après un cauchemar dans lequel les gens de l'autre ethnie le pourchassaient.

Un jour sa femme lui a dit : « Allons en famille chez ma tante afin que tu te reposes un peu. Nos enfants ne te voient plus ! » Il lui a répondu en criant : « Mais non, je ne peux pas m'absenter du village. Tout le monde s'appuie sur moi. Ils ne s'en sortiront pas si je m'en vais ! » Sa femme a soupiré : « Eh bien, au moins viens prendre des repas réguliers avec la famille. Tu as tellement maigri ! » Il lui a répondu d'un air un peu fâché : « Je ferai de mon mieux. »

Depuis un mois, le pasteur Ézéchiel se sentait de plus en plus découragé. Il n'avait plus envie de prêcher le dimanche. Quand les responsables de l'Église sont arrivés pour aller à l'Église avec lui, il a donné l'excuse qu'il ne se sentait pas bien. Il a même pensé donner sa démission. La semaine précédente, alors qu'il se rendait à vélo dans un village voisin, il a fait une sortie de route, il s'est cassé le bras, et il a endommagé son vélo. Il est revenu à la maison complètement découragé.

DISCUSSION

A | *(5 min) En grand groupe.*

1. À votre avis, pourquoi le pasteur Ézéchiel rencontre-t-il toutes ces difficultés ?
2. Vous êtes-vous déjà senti comme le pasteur Ézéchiel ?

A   Si les participants utilisent les manuels, demandez-leur de les garder fermés pour le reste du module.

SECTION 2.

Comment reconnaître qu'on est surmené ou qu'on a un traumatisme indirect ?

A   (6 min) Annoncez le titre de la section. Les six participants doivent jouer leurs rôles dans le sketch de Naomi7 pendant que vous faites la narration (la note de bas de page). Après le sketch discutez : Comment Naomi se sent-elle ? Ensuite, demandez : « Quels types de rôles pourraient surcharger les gens ? Quels rôles d'aidant avez-vous ?

(1 min) Demandez : « Quel est le sens d'être surmené ou surchargé ? » Recueillez les réponses. Complétez ce qui n'a pas été déjà mentionné en « Surmenage ».

7Sketch de Naomi

Naomi est une mère surchargée qui a trop de responsabilités. Son mari a besoin de vêtements propres, ses enfants ont besoin que leurs déjeuners soient préparés, sa belle-mère âgée se plaint et sa voisine arrive en larmes et veut parler du suicide de son frère. Naomi reçoit un appel téléphonique de l'Église, lui demandant d'organiser des repas pour une femme qui vient d'avoir un bébé.

14

Surmenage: Nous sommes surmenés lorsque nous essayons de faire trop de choses et de prendre trop de responsabilités, sans avoir suffisamment de repos.

A   (1 min) Demandez : « Quel est le sens du traumatisme indirect ? » Recueillez les réponses. Complétez ce qui n'a pas été déjà mentionné en « Traumatisme Indirect ».

Traumatisme indirect : Quand nous écoutons des personnes et leurs histoires de traumatisme et de chagrin, il nous arrive d'absorber une partie de leur souffrance et de subir des symptômes similaires aux leurs. On appelle cela un traumatisme indirect ou secondaire. Ce n'est pas la même chose que le surmenage, mais une personne peut être surmenée et subir un traumatisme secondaire en même temps.

DISCUSSION

A   (5 min) En grand groupe. Après la discussion, complétez ce qui n'a pas été déjà mentionné.

1. Connaissez-vous des gens qui sont surmenés à force d'aider les autres au point d'en être découragés ou malades ? Que disent-ils ? Comment se comportent-ils ?

S'occuper des autres peut être harassant. Nous pouvons être si occupés à aider les autres que nous n'avons pas le temps de prendre soin de nous-mêmes. Les signes suivants peuvent indiquer que nous sommes surmenés :
- Un sentiment continuel de colère ou de tristesse.
- Une grande fatigue et de l'irritabilité.

- Un sommeil troublé.
- Des problèmes dans les relations personnelles.
- Une maladie ou plusieurs accidents.
- Un ressentiment contre ceux qui ont besoin de notre aide.
- On n'a plus de goût au travail.
- Des doutes concernant la véracité de nos croyances.
- Des doutes concernant la bonté et la puissance de Dieu.
- Une tendance à croire les mensonges de Satan concernant notre identité et nos actions.

Quand ces symptômes persistent, nous devons changer notre manière de vivre. Si nous avons dans notre cœur des blessures qui ne sont pas guéries, elles nous empêcheront d'aider les autres. Si nous nous laissons gagner par l'épuisement, nous ne pourrons plus accomplir la tâche que Dieu nous a confiée.

DISCUSSION DEUX À DEUX

A | *(5 min) Deux à deux.*

Avez-vous déjà été surmené ou subi un traumatisme indirect ? Décrivez vos sentiments.

A | *(2 min) Recueillez quelques réponses sans forcer les gens à partager.*

Fig. 14.1 Un pasteur surmené

SECTION 3.

Pourquoi est-il si difficile de prendre soin des autres ?

DISCUSSION

A | *(5 min) Petits groupes.*

Qu'est-ce qui rend difficile de prendre soin des autres ?

A | *(10 min) En grand groupe. Recueillez les réponses. Complétez ce qui n'a pas été déjà mentionné.*

Ceux qui aident peuvent être confrontés aux difficultés suivantes.

A. Celui qui aide les autres s'occupe de trop de gens

Celui qui aide peut croire qu'il est indispensable à l'œuvre de Dieu et qu'il doit s'occuper personnellement de chacun. De plus, les personnes dont il s'occupe peuvent penser que l'aidant doit tout faire. Cela peut arriver surtout pour les pasteurs ou les prêtres. Les membres de l'Église peuvent vouloir parler au pasteur ou au prêtre seul et à personne d'autre.

B. Celui qui aide peut être l'objet de la colère des gens

Les gens qui ont subi des événements traumatisants sont souvent en colère. Ils attaquent parfois sans raison des personnes de leur entourage, y compris celles qui cherchent à les aider. Quand c'est le cas, celui qui aide doit comprendre que la personne blessée n'est pas vraiment en colère contre lui. Il ne doit pas se sentir personnellement visé.

C. Celui qui aide peut être manipulé par certaines personnes

Certaines personnes qui viennent avec des problèmes ne cherchent pas vraiment de solutions. Elles accusent les autres sans vouloir changer elles-mêmes. D'autres veulent juste attirer l'attention. Ces gens demandent beaucoup de temps. Ceux qui veulent aider doivent faire une distinction entre les personnes qui cherchent vraiment de l'aide et celles qui cherchent seulement à attirer l'attention.

D. Celui qui aide peut entendre des choses confidentielles qu'il est obligé de divulguer à d'autres

Quand quelqu'un vous confie son problème, ce qu'il dit est confidentiel. Certaines choses, cependant, ne peuvent pas rester secrètes, par exemple les projets qui nuiraient à quelqu'un d'autre, la violence contre un enfant, ou les projets de suicide. Expliquez aux gens d'avance que de tels actes doivent être signalés aux autorités.

E. Celui qui aide les autres peut découvrir qu'il aime être au centre de tout

On peut avoir le sentiment agréable d'être important et utile à de nombreuses personnes. Aider les autres peut aussi être un moyen d'éviter ses propres problèmes. Ce ne sont pas là des raisons valables pour aider les autres. On doit examiner ses motivations pour aider les autres et s'assurer qu'on a de bonnes raisons de le faire.

F. Celui qui aide peut négliger de prendre soin de lui-même

Il peut penser qu'il doit être assez fort pour porter de lourds fardeaux sans se plaindre ou se mettre en colère. Mais s'il ne sait pas reconnaître qu'il ressent de la colère, de la tristesse ou de la peur, il court un risque d'épuisement spirituel et émotionnel. Et s'il néglige de prendre soin de son corps en travaillant sans jamais s'arrêter, en ne s'alimentant pas correctement, en ne dormant pas assez, et en ne faisant pas d'exercice physique, il n'aura plus aucune énergie et pourra même s'effondrer.

G. Celui qui aide peut négliger sa propre famille

Aider les autres exige beaucoup de temps. Celui qui aide peut passer tellement de temps avec les autres qu'il en néglige sa famille. Son époux ou épouse risque d'être déprimé/e ou en colère. Les enfants peuvent éprouver de la colère du fait que leur père ou mère passe du temps avec tout le monde, sauf avec eux. Il se peut que le parent ne soit plus assez souvent chez lui pour éduquer ses enfants. Pour finir, la personne qui aide les autres et néglige sa famille rencontrera de graves problèmes.

DISCUSSION

A | *(5 min) Petits groupes ou deux par deux.*

Quelle est la chose la plus difficile pour vous dans votre rôle d'aidant ?

SECTION 4. (30 MIN)

Comment celui qui prend soin des autres peut-il prendre soin de lui-même ?

DISCUSSION

A | *(3 min) En grand groupe. Montrez un téléphone portable et un chargeur, puis posez les questions de discussion. (Autres possibilités : un crayon et un taille-crayon, un couteau et un aiguiseur, ou un filtre à eau presque vide. Modifier les questions selon l'objet utilisé.) Ensuite présentez le paragraphe qui suit.*

1. Que deviendra ce téléphone si on ne le charge jamais ?
2. Le temps qu'on prend pour le charger, est-ce du temps perdu ou du temps bien utilisé ?

Nous sommes les instruments de Dieu pour faire du bien dans ce monde. Si les outils ne sont pas entretenus, ils s'abîment et perdent leur efficacité. Tout comme on cesse de se servir d'un téléphone pour le charger, (ou pour tailler un crayon ou pour aiguiser un couteau), de même nous devons savoir nous arrêter et prendre soin de nous-mêmes. Alors nous pourrons nous occuper des autres. Quand nous écoutons les problèmes de beaucoup de gens, le fardeau de toutes leurs souffrances peut nous épuiser. Nous devons veiller à ne pas être écrasés.

DISCUSSION

A | *(5 min) En petits groupes. Répartissez les versets entre les groupes pour en discuter.*

Que disent les versets suivants sur le besoin de prendre soin de soi-même ?

1 Rois 19.3–8	Luc 5.15–16	Marc 1.35–39
Galates 6.2	Exode 18.13–23	Marc 6.31

A | *(17 min) En grand groupe. Recueillez les réponses. Complétez ce qui suit qui n'a pas été déjà mentionné.*

A. Laissez Dieu prendre soin de vous

La Bible donne de nombreux exemples de serviteurs de Dieu qui étaient très fatigués et ne pouvaient plus continuer leur travail. Dieu a pris spécialement soin d'eux à ce moment-là. Dieu a pris soin d'Élie quand il était fatigué et découragé (1 Rois 19.3-8). Jésus s'est mis en retrait des demandes de la foule et a prié (Luc 5.15-16). Dieu a promis de nous réconforter, de nous aider et de nous soutenir lorsque nous sommes accablés. Il comprend que nous sommes faibles. Même Jésus était parfois fatigué, triste, et troublé. (Jean 4.6, Marc 4.34-40, Matthieu 26:36-46) Prenez le temps de prier pour être conscient de l'amour de Dieu pour vous et du fait qu'il prend soin de vous.

B. Reconnaissez que même Jésus, notre modèle, n'a pas aidé tout le monde.

Lorsque nous voyons de nombreux besoins, nous pouvons nous sentir responsables de répondre à tous. Mais Jésus n'a pas guéri tous les malades ou les personnes souffrantes dans chaque ville qu'il a visitée. Il passait régulièrement du temps seul avec Dieu, pour laisser son Père le guider en tout, y compris lorsqu'il fallait passer d'un village à l'autre (Marc 1:35-39).

C. Partagez vos fardeaux avec d'autres

Réunissez-vous régulièrement pour partager et prier avec un petit groupe ou une autre personne. Parlez de vos problèmes avec des pasteurs ou des chrétiens qui ont de la maturité. Tout comme ceux qui sont passés par des expériences traumatisantes ont besoin d'en parler, de même ceux qui prennent soin des autres ont besoin de partager leurs fardeaux avec quelqu'un (Galates 6.2).

D. Partagez la charge de travail avec d'autres

Lorsque Moïse a été submergé de travail, il a suivi le conseil de son beau-père et a choisi des personnes avec qui il pouvait partager le travail (Exode 18.13-23). Partager la charge de travail signifie, avant tout, renoncer à une part du contrôle de votre ministère. Les autres peuvent vous soulager d'une partie de la charge qui pèse sur vos épaules. Même s'ils font les choses différemment de vous, ils apprendront à servir et vous ne serez plus le seul vers lequel les gens se tourneront.

14

Les pasteurs et les prêtres peuvent identifier des membres de l'Église ayant une certaine maturité et doués pour aider les autres. Il est bon d'avoir une équipe équilibrée : des hommes et des femmes, d'âges et de groupes ethniques différents (Romains 12.4-8). Enseignez-leur comment aider les autres. Et faites savoir aux gens qu'ils peuvent aller vers eux lorsqu'ils ont des problèmes. Encouragez les membres de votre Église à prendre conscience qu'en dehors du pasteur ou du prêtre, il y a d'autres personnes qui sont en mesure de les aider. Dieu a voulu que tous les chrétiens s'entraident (Galates 6.2 ; Jacques 5.16). Votre satisfaction sera de les avoir bien préparés et de les voir réussir. Aidez votre communauté à comprendre que vous travaillerez mieux si vous avez le temps de vous « recharger. »

E. Prenez du temps à distance de la situation

Trouvez des occasions de vous reposer loin des difficultés et de la douleur, même si ce n'est que pour une courte période. Jésus et ses disciples l'ont fait (Marc 6.31). Plusieurs jours de repos – ou même des semaines – sont parfois nécessaires avant de pouvoir se libérer d'un fardeau. En prenant l'habitude de mettre le travail de côté et de calmer votre âme, vous risquez moins d'être submergé par tout ce que vous avez à faire.

Le conjoint et les enfants sont une partie de notre ministère et non une barrière à celui-ci. Les gens qui aident les autres doivent consacrer du temps à leur conjoint et à leurs enfants. Dans certains cas, il sera bon de faire une retraite ou de prendre des vacances en famille.

F. Prenez soin de votre corps

A *(5 min) Demandez: « Comment prendre soin de son corps ? » Recueillez les réponses. Complétez ce qui suit qui n'a pas été déjà mentionné.*

- Faites des exercices physiques chaque jour. Les exercices réduisent le stress.
- Dormez suffisamment. Un adulte a besoin de 7 à 8 heures de sommeil par nuit.
- Mangez une nourriture saine et équilibrée. Si l'argent pour la nourriture est limité, apprenez des recettes moins chères et nourrissantes. Ne soyez pas occupé au point d'oublier de vous nourrir. Vous avez besoin de manger convenablement pour être physiquement fort.

CONCLUSION   (10–25 MIN)

A *(5–10 min) Lisez les questions, puis laissez aux participants le temps de réfléchir.*

On prend un temps de silence pour réfléchir à ces questions :

1. Pensez à votre charge de travail. Comment pouvez-vous prendre soin de vous-même et de votre famille comme vous prenez soin des autres ?
2. Quels changements pouvez-vous faire selon la volonté de Dieu pour mieux prendre soin de vous ?
3. Quelle est la chose spécifique que vous pouvez faire au cours de la semaine prochaine pour mieux prendre soin de vous ?

A *Encouragez les participants à partager leur « chose spécifique » avec leur conjoint, un collègue de travail ou un ami proche dans les vingt-quatre heures à venir.*
***Option:** (5 min) Deux par deux, les participants partagent ce qu'ils ont découvert, et prient ensemble.*

(5–10 min) Dirigez un des exercices ci-dessous pour les participants. Lisez le texte assez lentement pour permettre aux participants d'imaginer chaque partie.

EXERCICE DU COFFRE

Parfois nous pouvons être accablés par ce que nous avons vécu, mais nous ne sommes pas en état de pouvoir exprimer ce que nous ressentons. Cet exercice peut alors être utile.

Si vous vous sentez à l'aise, fermez les yeux, ou regardez vers le sol afin de ne pas être distrait. Imaginez un grand coffre. Cela peut être aussi une grande boîte ou un container maritime. Imaginez un moyen de fermer le coffre, avec une clé ou un cadenas par exemple.

Puis imaginez que vous placez dans le coffre, à cet instant, tout ce qui vous trouble : les grandes choses comme les petites – absolument tout ce qui vous trouble. Vous pouvez choisir un symbole pour représenter certaines de ces choses, par exemple un billet d'avion pour représenter un vol traumatisant en avion. Quand tout a été mis dans le coffre, fermez-le. Puis verrouillez le coffre et mettez la clé en lieu sûr. Ne la jetez pas. Quand vous êtes prêt, ouvrez les yeux et regardez.

Plus tard, trouvez un moment où vous pourrez être tranquille. Prenez la clé, ouvrez le coffre, et ressortez les choses que vous y avez mises, une par une. Vous pourrez faire cela avec quelqu'un qui peut vous aider à parler de ces choses. Vous aurez peut-être besoin de plusieurs séances pour examiner ces choses une par une. Ne les laissez pas pour toujours dans le coffre !

EXERCICE DE L'ARBRE

Cet exercice est destiné à augmenter la résilience. Faire cet exercice quand vous n'êtes pas sous pression vous aidera à vous détendre en période de stress.

Asseyez-vous tranquillement, et si vous vous sentez à l'aise, fermez les yeux. Réfléchissez au Psaume 1 (PDV) :

> *1 Voici l'homme heureux! Il n'écoute pas les conseils des gens mauvais,*
> *il ne suit pas l'exemple de ceux qui font le mal,*
> *il ne s'assoit pas avec les moqueurs.*
> *2 Au contraire, il aime l'enseignement du Seigneur*
> *et le redit jour et nuit dans son cœur!*
> *3 Comme un arbre planté au bord de l'eau,*
> *il donne ses fruits au bon moment,*
> *et ses feuilles restent toujours vertes.*
> *Cet homme réussit tout ce qu'il fait.*

Imaginez que vous êtes un arbre.

- Quelle sorte d'arbre seriez-vous ? Visualisez-vous comme cette sorte d'arbre.
- En imagination, regardez autour de vous. Votre arbre est-il tout seul ?
- Quel paysage y a-t-il autour de vous ?

Maintenant regardez le tronc de l'arbre.

- Remarquez qu'il s'enfonce dans la terre et qu'il monte en formant les branches. Suivez le chemin des branches jusqu'aux feuilles. (Si c'est un arbre fruitier : visualisez les fruits qui pendent sur les branches).

Maintenant suivez le tronc vers le bas, jusqu'aux racines.

- Regardez les racines – est-ce une seule longue racine, ou de nombreuses racines qui viennent du tronc ? Remarquez comment les racines sont fixées dans le sol.
- Puis observez comment le système des racines fournit l'eau et les nutriments aux racines et comment ces nutriments voyagent à travers l'arbre jusqu'aux branches.

Soyez attentif au temps qu'il fait.

- Imaginez le soleil qui brille sur les feuilles, en fabriquant de l'oxygène. Imaginez l'arbre simplement là, avec simplement la bonne température et la bonne lumière.
- Maintenant, l'arbre a besoin d'un peu d'eau. Imaginez une pluie douce qui descend lentement sur les feuilles et va jusqu'aux racines. Visualisez l'eau en train de descendre, jusqu'en bas vers les racines. Visualisez l'humidité qui remonte à l'intérieur de l'arbre.
- Puis arrêtez la pluie et imaginez le soleil qui brille de nouveau et qui sèche les feuilles.

Puis imaginez l'arbre avec des petites bêtes vivantes – des oiseaux peut-être, ou des écureuils, ou des insectes qui montent et qui descendent. Regardez tout ce mouvement.

Maintenant il y a une tempête.

- Des nuages noirs commencent à se former au loin. La tempête ne va pas abîmer ou détruire l'arbre, mais la tempête va venir.
- Le vent se lève et les nuages arrivent. Les branches sont secouées. Le tronc bouge d'avant en arrière, quelques feuilles tombent, quelques fruits tombent.

14

- Puis concentrez-vous sur la manière dont les racines tiennent ferme et permettent au tronc de bouger d'avant en arrière dans le vent. Laissez la tempête continuer encore un peu. Sentez l'arbre qui bouge d'avant en arrière, avec ses racines solidement plantées dans le sol.
- Maintenant, la tempête se calme un peu et, progressivement, elle diminue jusqu'à ce que tout soit de nouveau immobile.
- Comment l'arbre se sent-il après la tempête ?
- Puis le soleil revient, les insectes et les oiseaux sortent de nouveau. Tout se met à sécher. Imaginez l'arbre en train de revenir à la normale.

Quand l'arbre redevient immobile, que le soleil brille, que les insectes et les oiseaux sortent de nouveau, progressivement prenez quelques respirations profondes et ouvrez les yeux.

15. Vivre en tant que chrétiens au milieu d'un conflit

Beaucoup d'émotions peuvent se manifester lors de cette leçon, en fonction du contexte et des personnes présentes dans le groupe. Demandez conseil à des personnes locales pendant la préparation de l'animation.

Avant de commencer :

- Pour la Section 1 : Décidez si vous voulez utiliser le sketch d'Actes 6 ou l'histoire. Si vous faites le sketch, trouvez un volontaire pour jouer le rôle de Pierre, et donnez-lui le texte à dire. Si vous utilisez l'histoire, décidez comment vous la présenterez (Cf. page 214, "Histoires", dans "Préparation des modules"). Si vous décidez de faire les deux, ajustez le temps total.
- Pour la Section 2 : Choisissez l'activité que vous voulez faire (celle de l'arbre du conflit, ou celle sur les préjugés) ; préparez de grandes feuilles de papier pour chaque table. Si vous décidez de faire les deux, ajustez le temps total.
- Pour les sections 2 et 3 : si nécessaire, préparez des morceaux de papiers avec les versets bibliques ou téléchargez ces versets.
- Pour la conclusion : Si vous faites l'activité de l'arbre de la paix, préparez une grande feuille de papier pour chaque table.

Dans ce module nous allons :

- Discuter le fait que le conflit fait partie de la vie, même dans l'Église.
- Identifier les causes de conflit, en particulier les préjugés.
- Discuter comment vivre en tant que chrétien, avec intégrité, au milieu du conflit.
- Explorer comment servir de pont entre les différentes parties d'un conflit, pour amener la réconciliation.

Section 1 : Histoire	15 min
Section 2 : Quelles sont les causes des conflits entre groupes ?	45–50 min
Section 3 : Comment vivre en tant que chrétiens au milieu du conflit ?	20 min
Section 4 : Comment pouvons-nous aider à apporter la réconciliation ?	15 min
Conclusion	10-30 min
Durée totale (approximative)	**1 h 45 – 2 h 10 minutes**

15. Vivre en tant que chrétiens au milieu d'un conflit

A | *(1 min) Annoncez le titre du module et ses objectifs. Indiquez aux participants le module correspondant dans le manuel «Guérir les traumatismes». Lisez ce qui suit.*

Les traumatismes peuvent être des causes comme des conséquences d'un conflit. Ce module vise à aider les gens à gérer les conflits d'une manière qui diminue la probabilité d'un autre traumatisme. Ceci peut favoriser des réconciliations, mais pour résoudre des conflits au niveau national, les responsables politiques devront être impliqués.

Dans la mesure où l'Église est multi-ethnique et implique des gens de toutes les classes sociales, des tensions cachées peuvent faire surface de manière détournée, même s'il n'y a pas de conflit ouvert.

SECTION 1.   (15 MIN)

Deux histoires de conflit

A. Un conflit dans l'Église

A | *(10 min) Jouez ce sketch sans répétition, en utilisant les indications en italique pour diriger la mise en scène. Ne dites à personne de quelle histoire il s'agit sauf à une seule personne qui jouera le rôle de Pierre. Faites-lui lire Actes 6.1-7. Il doit être prêt à dire : « Arrêtez ! Nous ne devons pas cesser d'étudier et d'annoncer la Parole de Dieu pour distribuer la nourriture. Alors choisissez des hommes sages pour se charger de cette affaire ! »*

Dans une grande Église de la capitale, des problèmes s'annonçaient. Cette Église était connue pour sa manière de s'occuper des veuves de la communauté. À cette époque-là, il y avait deux groupes de veuves, toutes étaient de bonnes chrétiennes.

Le premier groupe de veuves était toujours resté dans leur pays. (*Désignez un groupe de personnes et placez-les d'un côté ; elles ont l'air triste comme des veuves.*) Chaque jour l'Église envoyait quelques assistants pour leur apporter de la nourriture et ce dont elles avaient besoin. (*Désignez un autre groupe de personnes pour apporter de la nourriture et des vêtements à ces veuves. Les veuves sont contentes.*)

Le second groupe de veuves est composé de femmes qui ont été déplacées à cause de la guerre. Elles avaient vécu si longtemps à l'étranger qu'elles ne parlaient plus leur langue d'origine. (*Choisissez un deuxième groupe de personnes pour représenter les autres veuves, Placez-les à distance du premier groupe. Elles aussi ont l'air triste, comme des veuves.*) L'Église leur envoie aussi de la nourriture. (*Désignez un autre groupe qui se met à leur apporter de la nourriture et des vêtements.*).

Un jour, les veuves qui sont revenues de l'étranger se sont plaintes qu'elles recevaient moins de nourriture que celles qui étaient restées dans le pays. (*Demandez au second groupe de veuves de commencer à crier et à se plaindre.*) Bientôt, de nombreuses personnes de l'Église s'impliquent dans la dispute. *(Ceux qui servent la nourriture commencent à se disputer, les uns du côté d'un groupe des veuves, les autres du côté de l'autre groupe – et bientôt tous et toutes sont en train de crier et de se disputer.)*

(Alors faites entrer « Pierre », qui dit :) « Arrêtez ! Nous ne devons pas cesser d'étudier et d'annoncer la Parole de Dieu pour distribuer la nourriture. Alors choisissez des hommes sages pour se charger de cette affaire ! »

(Dites :) Les membres de l'Église trouvent que c'est une bonne idée et ils choisissent des hommes sages parmi les gens revenus de l'étranger. *(Faites faire cela.)*

A | *Si le groupe n'a pas encore compris d'où vient l'histoire, dites qu'elle est tirée d'Actes 6.1-7. Puis lisez le résumé suivant de Actes 6.*

Au commencement de l'Église, beaucoup de Juifs avaient été déplacés et vivaient dans des pays étrangers. Ils y vivaient depuis si longtemps qu'ils avaient adopté les coutumes et la langue de leurs pays adoptifs. Ils continuaient à craindre Dieu et à l'adorer. Ils revenaient à Jérusalem aussi souvent que possible. Ils croyaient qu'il était bon d'être enterré dans leur pays d'origine. Donc beaucoup de couples âgés retournaient en Israël s'ils le pouvaient. Souvent, le mari mourait le premier, laissant sa veuve dans le besoin.

Pendant ce temps, les Juifs qui étaient toujours restés en Israël continuaient à suivre leurs traditions et à parler leur langue. Ils estimaient que, parce qu'ils n'avaient jamais abandonné leur pays ni leurs traditions, ils étaient meilleurs aux yeux de Dieu. Même s'ils étaient plus pauvres que les Juifs de l'étranger, ils les méprisaient.

Une de leurs traditions était de prendre soin des veuves comme la Bible l'enseigne. Par obéissance à Dieu, ils prenaient soin des veuves juives étrangères, tout comme de leurs propres veuves. Mais il y avait tellement de veuves juives étrangères que c'était lourd pour les Juifs du pays d'avoir à s'occuper d'elles.

Ainsi dans la première Église, il n'a pas fallu longtemps pour que des tensions éclatent entre les Juifs du pays et les Juifs étrangers. Ces derniers se plaignaient que leurs veuves ne recevaient pas leur part quand on distribuait la nourriture quotidienne. C'est pourquoi les apôtres ont convoqué une réunion pour aborder ce problème ouvertement. Ils avaient compris que ces tensions entre groupes sociaux pouvaient détruire l'Église. Ils disaient : «Nous ne devons pas cesser d'annoncer la parole de Dieu pour nous occuper des repas. C'est pourquoi, frères, choisissez parmi vous sept hommes que tout le monde respecte, remplis d'Esprit Saint et de sagesse. Nous leur confierons le service des repas. (PDV 2017). »

L'Église a choisi les sept hommes. Au moins l'un d'entre eux était du groupe des Juif étrangers. Ils ont résolu le problème, et l'Église a continué à croître. L'unité entre les Juifs étrangers et les Juifs du pays rendait un témoignage fort pour les gens extérieurs à l'Église. (Résumé d'Actes 6)

DISCUSSION

A | *(5 min) En grand groupe.*

1. Quelles pouvaient-être les pensées et les sentiments des femmes juives étrangères ?
2. Quelles pouvaient-être les pensées et les sentiments des femmes juives du pays ?
3. Que pouvons-nous apprendre de ce passage sur la résolution de conflits ?

A | Si les participants utilisent les manuels, demandez-leur de les garder fermés pour le reste du module.

B. L'histoire du conflit entre les Liwi et les Oki

A | *(5 min) En grand groupe. Racontez l'histoire.*

Dans un certain pays deux groupes ethniques – les Liwi et les Oki – se disputaient une région du pays que chacun revendiquait. Ce combat durait depuis plus de cent ans, et le gouvernement ne faisait rien pour résoudre le problème. Dans presque chaque famille, au moins un membre avait été tué ou blessé dans le conflit. Les parents apprenaient à leurs enfants, dès leur plus bas âge, que les membres de l'autre tribu étaient dangereux et cruels. Il y avait des écoles pour les enfants liwi, et d'autres pour les enfants oki. Ils ne se fréquentaient jamais !

Jonas était un enseignant liwi et chrétien. Il était membre d'un comité de développement et il a été choisi pour assister à une rencontre organisée par le gouvernement dans la capitale. Adama, lui, était un boutiquier oki et très engagé dans les activités de son Église locale. Lui aussi a été choisi pour assister à cette même rencontre.

Vingt-cinq personnes participaient à la réunion. Quatre des participants étaient liwi et cinq oki. Chaque groupe se tenait aussi loin que possible de l'autre et ils ne voulaient pas communiquer entre eux. Deux jours plus tard, Jonas et Adama ont été invités à participer à une sous-commission de quatre personnes. Au début, Jonas et Adama ne se parlaient pas directement, mais au fur et à mesure que la réunion avançait, ils se sont davantage intéressés au sujet de leur discussion et ont commencé à faire connaissance.

Jonas et Adama ont continué à parler et ils ont découvert qu'ils étaient tous deux chrétiens ! De toute leur vie, jamais ils n'avaient imaginé que quelqu'un de l'autre tribu pouvait être chrétien. Ils ont alors commencé à échanger tout ce qu'ils avaient entendu dire dans leur enfance. Adama a demandé à Jonas : « Est-ce vrai que les Liwi mangent leurs parents âgés quand ceux-ci ne peuvent plus travailler ? »

Cette question a fait rire Jonas aux éclats. Et à son tour, il a posé une question à Adama : « Est-ce vrai les Oki dorment toujours avec une lance dans la main ? » Ils se sont rendus compte que bien des histoires qu'on leur avait racontées n'étaient pas du tout vraies.

Un soir, les deux hommes étaient assis ensemble. Jonas a commencé à réfléchir à haute voix. « Tu sais, je voulais tuer les Oki parce qu'ils ont tué mon grand-père. Mais maintenant je ne veux plus me venger. Ce verset qui dit «La vengeance est à moi, dit le Seigneur» me revient constamment à l'esprit, et quelque chose en moi a changé. Je me sens libre maintenant. Même mes maux de tête continuels ont disparu ! »

Adama dit : « Jonas, je comprends ce que tu veux dire. Peut-être que nous pourrions servir de pont pour rapprocher nos tribus ? »

Et Jonas a approuvé : « C'est une excellente idée ! Que penses-tu que nous pourrions faire ? »

DISCUSSION

A | *(5 min) Petits groupes ou par deux. Demandez à chaque groupe de choisir quelqu'un qui prendra des notes et qui parlera au nom du groupe. (Si possible, demandez à chaque groupe de choisir une personne différente à chaque discussion.)*

1. Pourquoi Adama et Jonas avaient-ils des difficultés à accepter que l'autre soit chrétien ?
2. Comment l'amitié entre Adama et Jonas pourrait toucher leurs familles et leurs communautés ?

A   *(5 min) En grand groupe. Recueillez les réponses de chaque petit groupe. Si les participants ont le manuel, encouragez-les à le garder fermé pendant le reste du module.*

SECTION 2.   (45–50 MIN)

Quelles sont les causes des conflits entre groupes ?

A   *(5 min) Demandez : « À quoi pensez-vous en entendant le mot «conflit» ? ». Accordez une minute pour la réflexion individuelle, puis recueillez des réponses de quelques personnes*

DISCUSSION

A   *(5 min) En grand groupe ou en petits groupes. Posez cette question pour identifier le type de conflits sur lesquels vous vous focaliserez dans la suite du module 1.*

1. Quelles sortes de conflits affectent votre communauté ?

A   *Si les gens ont des difficultés pour répondre, posez une des questions suivantes :*
    *   *Quels sont les différents groupes de votre communauté ou de votre pays entre lesquels il y a des désaccords ou des tensions ?*
    *   *Y a-t-il un groupe qui pense que ses difficultés sont dues à un autre groupe ?*
    *   *Peut-on avoir l'impression qu'un groupe particulier a des privilèges, alors que d'autres sont victimes de discrimination ?*
    *   *Est-ce que les deux parties du conflit ont l'impression qu'elles ont été, dans l'histoire, les victimes ?*

15

DISCUSSION

A   *(8 min) Petits groupes ou par deux. Répartissez les thèmes et les versets entre les groupes pour en discuter.*

2. Qu'est-ce que les versets et les thèmes suivants nous enseignent au sujet des causes de conflits entre groupes ?

    *   Le désir de posséder des ressources. Jacques 4.1-3
    *   Des gouvernements incompétents ou injustes. Proverbes 29.4
    *   Les fauteurs de troubles. 2 Samuel 20.1-2
    *   Un héritage de préjugés. Actes 10.34-35, 11.1-3

3. Pouvez-vous trouver des exemples de ces causes dans votre pays ou votre région ?

A   *(12 min) En grand groupe. Recueillez les réponses. Complétez ce qui n'a pas été dit avec les éléments suivants.*

A. Le désir de posséder des ressources

Notre désir d'avoir quelque chose peut être si fort que nous sommes prêts à nous battre pour l'obtenir. Cela peut mener au conflit et parfois à la violence (Jacques 4:1-3). Nous pouvons combattre pour une terre, ou pour l'eau, ou pour le pouvoir politique. Nous pouvons être avides et désirer plus que notre part des ressources disponibles, ou craindre que ces ressources soient insuffisantes, ou que d'autres nous prennent ce que nous avons.

B. Des gouvernements incompétents ou injustes

Dieu a institué les gouvernements pour qu'ils exercent la justice (Romains 13.1-4, 1 Timothée 2.1-2). Si les gouvernements négligent la justice (Proverbes 29:4) et qu'il y a des souffrances et une insécurité généralisées, les gens vont se mettre en colère et se révolter, ou ils vont fuir vers d'autres régions où ils peuvent entrer en conflit avec ceux qui sont là. En période d'instabilité politique, des conflits anciens réapparaissent parce qu'il n'y a personne pour les arrêter.

C. Les fauteurs de troubles

Certaines personnes attisent les conflits pour gagner le pouvoir (2 Samuel 20:1-2). Les journaux, les médias sociaux, les radios et les chaînes de télévision peuvent aussi souffler sur les braises des accusations, des peurs et de la haine. Quand la violence commence, elle est difficile à arrêter.

D. Un héritage des préjugés

Les enfants apprennent souvent auprès de leurs parents, de leur famille et de membres de leur communauté à avoir des préjugés et de la méfiance pour les autres groupes. Lorsque nous entendons des histoires sur des personnes d'un autre groupe qui font de mauvaises choses, il est facile de croire que toutes les personnes de ce groupe sont comme ça. Le souvenir d'une mauvaise expérience ou d'un événement survenu à la génération précédente peut amener une personne à se méfier de tous les membres de l'autre groupe ou à vouloir se venger. Les préjugés empêchent les gens de découvrir comment est réellement l'autre groupe (Actes 10:34-35, 11:1-3). De nombreuses personnes ne sont pas conscientes des préjugés qu'elles ont.

En période de conflit, on accuse l'autre groupe d'être la cause de tous les problèmes. Pour pouvoir agir avec cruauté envers les autres, on les présente comme n'étant pas même humains. Par ailleurs, les gens perçoivent souvent leur propre groupe comme étant supérieur et ayant des droits privilégiés. Par exemple, un groupe peut se croire en droit de recevoir du respect et des services de la part de ceux qui étaient autrefois leurs esclaves.

ACTIVITÉ EN PETIT GROUPE

> A *(15–20 min) Faites une seule option ; si le temps est court, faire l'activité en grand groupe.*

Option 1: Activité de l'arbre du conflit

> A *(5–10 min) En petits groupes. Distribuez à chaque petit groupe une grande feuille de papier, puis présentez le contenu de l'activité.*

Dessinez un arbre sur une grande feuille de papier, avec les racines visibles. Cet arbre représente une communauté divisée par un conflit. Identifiez un conflit dont vous voudriez discuter. Écrivez-le sur le tronc de l'arbre. Discutez sur cette question :

1.   Quels sont les fruits (les résultats que vous voyez) de ce conflit ?

Dessinez et mettez le nom des fruits sur l'arbre. Puis discutez de la question suivante :

2.   Quelles sont les racines (les causes) de ce conflit ?

Au fur et à mesure que vous identifiez ces causes, écrivez-les sur les racines de l'arbre.

Fig. 15.1: Exemple d'un arbre du conflit

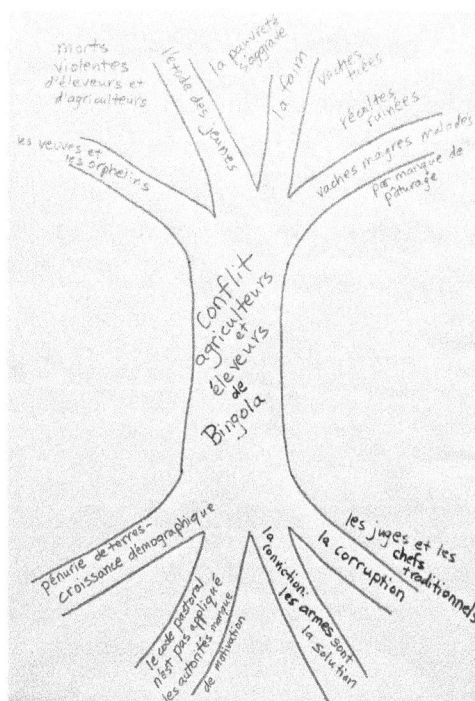

Pour trouver une solution au conflit, le groupe doit s'intéresser aux racines, pas aux fruits. C'est généralement une tâche à long terme, qui dépasse les capacités du groupe à apporter des solutions, mais l'exercice peut aider les participants à reconnaître les problèmes qui se cachent sous la surface, et à réfléchir à la manière de contribuer aux solutions à leur niveau.

A   *(10 min) Affichez chaque dessin sur le mur ; chaque groupe explique brièvement son arbre. Discutez en grand groupe de la question : « Qu'avez-vous appris en faisant cette activité ? Qu'est-ce qui était difficile ? »* **Si le temps est court :** *Que les gens regardent les différents dessins pendant la pause, au lieu de faire les présentations orales.*

Option 2: Discussion sur les préjugés

A   *(10 min) Petits groupes ou deux par deux.*

1.   Quels sont certains préjugés qu'on vous a transmis concernant un autre groupe ? Pouvez-vous penser à des exemples qui montrent que ces idées sont fausses ?

2. Comment les autres décrivent-ils votre groupe ? Quels exemples pourraient-ils donner illustrant cette description ?

A | *(10 min) En grand groupe. Recueillez des réponses.*

SECTION 3. (20 MIN)

Comment vivre en tant que chrétiens au milieu du conflit ?

A | *(1 min) Annoncez le titre de la section. Lisez les paragraphes ci-dessous.*

Dieu appelle les chrétiens à être sel et lumière et à apporter la Bonne Nouvelle de Jésus-Christ dans des situations hostiles et obscures (Matthieu 5.13-16, Philippiens 2.14-16). La Bible encourage les chrétiens à ne pas être vaincus par le mal, mais à vaincre le mal par le bien (Romains 12.21).

Les conflits entre chrétiens sont une cause de préoccupation particulière, parce qu'ils affectent le témoignage rendu au Christ dans le monde. Jésus a dit : « Que tous soient un ! Père, tu es en moi et je suis en toi. De la même façon, que tous soient un en nous, ainsi le monde croira que tu m'as envoyé. » (Jean 17.21). L'intelligence des chrétiens doit être transformée par Christ. Cela signifie qu'ils doivent réagir différemment des non-chrétiens (Romains 12.1-2). C'est le chemin de la bénédiction, mais il n'est pas facile. Le suivre demande une décision délibérée.

DISCUSSION

A | *(5 min) En petits groupes. Lisez les questions à haute voix. Distribuez les sujets de discussion et les versets dans les petits groupes, pour qu'ils puissent les lire et répondre aux questions. Si vous le souhaitez, vous pouvez remplacer 2 Timothée 3:16-17 par 2 Corinthiens 12:9-10 dans le point D «Soyez fortifiés par Dieu».*

Qu'apprenons-nous en lisant ces sujets et ces versets, sur notre comportement quand il y a des conflits ?

- Communiquer avec les autres avec honnêteté et amour. Ephésiens 4:25–27, Colossiens 3:12–14
- Mettre la fidélité au Christ avant la fidélité à tout autre groupe. 1 Pierre 1:3–6, 2 Corinthiens 5:16–18
- Ne pas se venger, mais manifester l'amour et œuvrer pour la justice. Romains 12:19–21, Psaumes 82:3
- Être fortifiés par Dieu, croyant qu'Il accomplira ses desseins. 2 Timothée 3:16–17, Matthieu 10:28–31

A | *(14 min) En grand groupe. Recueillez les réponses. Complétez ce qui n'a pas été déjà mentionné.*

A. Communiquer avec les autres avec honnêteté et amour
- Parler avec honnêteté, plutôt qu'ignorer ou cacher ce que l'on ressent (Ephésiens 4:25).
- Traiter les problèmes avant qu'ils ne dégénèrent en conflit (Ephésiens 4:26–27).

- Imiter envers les autres l'amour et le pardon que Dieu a eu pour nous (Colossiens 3:12–14).
- Pas de commérages. Ne parler des problèmes qu'avec les personnes concernées et celles qui peuvent contribuer à leur solution (Matthieu 18:15–17).
- Exprimer comment on se sent et comment la conduite de l'autre nous affecte (« Je me suis senti blessé…) plutôt que d'accuser l'autre ou rejeter la faute sur lui.
- Faire preuve d'une bonne écoute pour chercher à comprendre l'autre personne (« Aidez-moi à comprendre… » ; « Dites m'en plus »).
- Chercher des moyens de corriger les choses.

B. Mettre la fidélité au Christ avant la fidélité à tout autre groupe

- Reconnaître que même si tout le reste nous est enlevé – les membres de notre famille, notre foyer, nos possessions, notre travail, notre vie – le Christ ne peut jamais nous être enlevé. (1 Pierre 1.3-6).
- Avec l'aide de Dieu, renoncer aux préjugés culturels qui sont les nôtres. Notre ancienne façon de juger les autres doit disparaître (2 Corinthiens 5.16-18).
- Prendre conscience que Dieu ne fait pas de favoritisme. Il traite chacun de la même manière (Actes 10.34, Romains 2.9–11).
- Chérir notre nouvelle identité de membre de la sainte nation de Dieu, avec tous les croyants du monde (1 Pierre 2.9, Apocalypse 5.9–10).

C. Ne pas se venger, mais manifester l'amour et œuvrer pour la justice

- Ne pas se venger des torts envers nous ou nos familles, mais manifester l'amour et laisser Dieu punir les autres. (Romains 12.19–21, Matthieu 5.38-42). La vengeance n'apporte pas la paix à nos cœurs et ne ramène pas ce qui est perdu. Elle ne fait que perpétuer la violence.
- Respecter la vie humaine, créée à l'image de Dieu (Genèse 1.27). Ne pas blesser ni maltraiter les autres.
- Œuvrer pour la justice et faire respecter les droits des pauvres et des opprimés (Psaumes 82.3). Plaider la cause de ceux qui ne peuvent se défendre eux-mêmes (Proverbes 31.8).
- Chaque fois que cela est possible, user de moyens non-violents pour défendre ceux qui sont menacés de mauvais traitements. L'acte le plus puissant que Jésus a fait, c'était de se rendre vulnérable face à ses ennemis, sur la croix (1 Pierre 2.21-23). Des gens comme Gandhi en Inde et Martin Luther King Jr. aux États-Unis ont contesté la politique de leur gouvernement en dénonçant le mal, sans employer la violence. Leurs mouvements ont contribué à enrayer les injustices, plus efficacement qu'une réaction violente n'aurait pu le faire et les participants ne se sont pas rendus coupables d'avoir fait couler le sang.

D. Être fortifiés par Dieu, croyant qu'Il accomplira ses plans.

- Laisser les Saintes Écritures nous transformer (2 Timothée 3.16-17, Romains 12.1-2)
- Passer du temps à l'écart avec Dieu, y compris pour pratiquer la lamentation, pour que Dieu puisse restaurer nos âmes. (Marc 6.31, 45-46).
- Demander au Saint-Esprit de nous fortifier, particulièrement quand nous sommes faibles (Actes 1.8, 2 Corinthiens 12.9-10).

- Nous réunir avec d'autres chrétiens pour partager nos souffrances et prier les uns pour les autres (Hébreux 10.25, Jacques 5.16).
- Avoir la foi que Dieu voit tout ce qui nous arrive. (Matthieu 10.28-31).
- Savoir que Dieu est à l'œuvre pour notre bien, même dans les situations mauvaises (Romains 8.28). Joseph et Jésus ont souffert tous les deux, mais Dieu a utilisé ces souffrances pour le bien (Genèse 45.5-7, Actes 3.13-15). Dieu continue d'agir, malgré les mauvaises intentions des hommes.
- Nous rappeler que notre vie ne nous appartient pas. Dieu connaît la date de notre mort avant même notre naissance (Psaume 139.15-16). Si nous avons été épargnés alors que d'autres sont morts, c'est que Dieu a encore un but pour notre vie (Esther 4.13-14, 2 Thessaloniciens 1.11-12).

SECTION 4. (15 MIN)

Comment pouvons-nous aider à apporter la réconciliation ?

DISCUSSION

A *(15 min) En grand groupe. Après la discussion, complétez les éléments des points A à D qui n'ont pas été déjà mentionnés.*

Comment pouvons-nous aider à apporter la réconciliation ?

Fig. 15.2: Devenir un pont

A. Nous pouvons devenir un pont entre les groupes en conflit.
- Il peut être nécessaire de sacrifier ce besoin d'appartenance pour devenir un pont entre les deux groupes en conflit. Nous devrons, par exemple, partager la nourriture et les ressources avec ceux qui en ont besoin, quel que soit le camp auquel ils appartiennent.
- Nous devons aimer nos ennemis (Matthieu 5:43–48) et les traiter en frères. Cela peut mettre notre vie en danger. Nos ennemis peuvent nous vouloir du mal, et les membres de notre propre groupe peuvent nous voir comme des traîtres qui doivent être punis.

- Nous pourrons nous rappeler que nous sommes des étrangers dans ce monde, surtout si nous ne connaissons pas d'autre conciliateur qui puisse intervenir (Hébreux 11.13-16). Nous pouvons nous trouver seul, avec Dieu seul pour ami (Matthieu 5.9).
- Nous pouvons prendre du temps pour écouter les deux groupes, pour essayer de comprendre la souffrance que chaque camp a subit selon son propre point de vue. Nous pourrons alors aider chaque camp à comprendre la souffrance de l'autre, à renoncer à ses préjugés et à regarder les autres comme des êtres humains (Romains 12.17-21). Si nous écoutons trop l'un des deux camps, nous risquons de ne voir que son point de vue.
- Là où il y a des conciliateurs des deux groupes en conflit, qui travaillent ensemble, des progrès sont possibles par la grâce de Dieu (Jacques 3:17–18).

B. Nous pouvons aider les gens à amener leurs souffrances à Christ pour être guéris

- Là où il y a conflit, presque tout le monde a des blessures du cœur. Celles-ci doivent être amenées à Christ pour qu'il soigne notre souffrance.
- Là où des gens ont péché contre d'autres, ils doivent se repentir et demander pardon à Dieu et à ceux qu'ils ont blessés.
- Une fois que le Christ a renversé les barrières qui nous séparaient, nous devons le célébrer et le louer ensemble (Éphésiens 2.14). Il est le Seigneur. Il nous libère des mensonges et des pièges de l'ennemi.

C. Nous pouvons nous repentir des péchés de notre groupe

15

- Les pires événements qui se passent dans le monde sont causés non par des individus, mais par des groupes : des groupes ethniques, des gouvernements, des groupes religieux.
- Même si nous ne sommes pas impliqués personnellement, nous pouvons, en tant que membres de notre groupe, nous repentir devant Dieu, autant pour les choses qui sont faites actuellement que pour celles commises par les générations passées. (Lévitique 26.40 ; Daniel 9.4-9 ; Néhémie 9.2-36 ; Esdras 9.5-15).
- Nous pouvons demander le pardon de ceux que notre groupe a blessés.
- Souvent, quand un groupe se repent et demande pardon, l'autre groupe se repent aussi et la réconciliation s'ensuit.

D. Les groupes doivent parler franchement de leurs problèmes et trouver des solutions

- Si les blessures du cœur des gens ont commencé de guérir, ils peuvent être prêts à aborder les vrais problèmes qui étaient à la base du conflit.
- Toutes les personnes concernées doivent être bien représentées dans la discussion.
- Que chaque côté exprime son point de vue, tandis que l'autre écoute ; ensuite, demander à l'autre côté de résumer ce qu'ils ont entendu.
- Les gens ont besoin de collaborer et trouver des compromis, pour trouver une manière de vivre ensemble qui soit considérée comme généralement acceptable par tous (Actes 6.1–7).

CONCLUSION

A | *Choisir une des activités pour la conclusion. Donnez aux participants du temps pour réfléchir et identifier «une chose» à la fin.*

Option 1 : Activité de l'arbre de la paix

A | *(10-30 min) En petits groupes. Donnez une grande feuille de papier à chaque petit groupe, puis présentez l'activité. Si les participants auront la possibilité d'identifier des actions concrètes et de les entreprendre dans leurs communautés, donnez-leur plus de temps pour cette partie, pour qu'ils puissent discuter de la mise en œuvre de ces actions après avoir terminé l'arbre.*

Dessinez un arbre sur une grande feuille de papier, avec les racines visibles. Ecrivez « Paix » sur le tronc de l'arbre. Cet arbre représente les choses positives qui peuvent aider votre communauté à résoudre leurs conflits. Discutez sur cette question :

1. « Quelles peuvent être les racines (les causes) de cette paix et de cette réconciliation ? »

Chaque fois qu'une racine est identifiée, on l'écrit sur une des racines de l'arbre. Puis discutez la question suivante :

2. « Quels pourraient être les fruits (les résultats) de cette paix et de cette réconciliation ? »

Dessinez les fruits en écrivant leurs noms. Regardez tous ensemble les différents arbres de la paix. Formez un cercle et priez que Dieu vous donne la force de mettre en œuvre ces actions pour amener la paix.

Option 2 : Activité du pont

A | *(15 min) Tracez un fleuve imaginaire au milieu de la salle. Présentez l'activité, en répartissant les participants en deux groupes que vous placerez des deux côtés de la rivière.*

Un fleuve traverse cette salle. Un groupe est installé de chaque côté de la rivière. Ils sont en conflit. En petits groupes, trouvez quelque chose qui pourrait symboliser ce que vous pourriez faire pour construire un pont entre vos deux groupes.
Puis expliquez votre symbole tandis que vous le posez par-dessus le fleuve.

A | *Donnez assez de temps aux groupes pour qu'ils trouvent et explique leurs symboles.*

Option 3 : Atelier de réflexion personnelle

A | *(10 min) Deux par deux.*

Par deux, partagez sur une fois où vous étiez impliqués dans un conflit.
- Comment vous sentiez-vous ?
- Qu'est-ce qui était le plus difficile ?
- Qu'est-ce qui vous a aidé à trouver la guérison ?

Priez l'un pour l'autre.
Notez une chose importante que vous avez apprise dans ce module.

16. SE PRÉPARER À AFFRONTER DES DIFFICULTÉS À VENIR

Avant de commencer :

- Pour la Section 1 : Choisissez la manière dont vous allez raconter l'histoire (voir page 214, « Histoires » dans « Préparation des modules »).
- Pour la Section 4 : assurez-vous de savoir introduire des numéros de téléphone d'urgence dans un cellulaire, pour le démontrer aux participants.
- Pour la Section 5 : si nécessaire, préparez des feuilles de papier ou des fiches comprenant des versets bibliques ou téléchargez des versets.

Dans ce module, nous allons :

- montrer, d'après la Bible, qu'il est sage de se préparer à affronter des situations difficiles ;
- voir comment les personnes et les familles peuvent se préparer aux situations difficiles ;
- voir comment aider la communauté à se préparer matériellement et spirituellement à ces situations ;
- voir comment aider la communauté à organiser des réseaux de communication en cas de crise.

Section 1 : Une histoire	10 min
Section 2 : Pourquoi se préparer en vue de l'avenir ?	5 min
Section 3 : Comment se préparer matériellement ?	25 min
Section 4 : Comment être prêt à communiquer en temps de crise ?	20 min
Section 5 : Comment se préparer spirituellement à affronter des situations difficiles ?	40 min
Conclusion	5 min
Durée totale (approximative)	**1 heure 45 minutes**

16

16. Se préparer à affronter des difficultés à venir

A | *(1 min) Annoncez le titre du module et ses objectifs. Indiquez aux participants le module correspondant dans le manuel* Guérir les traumatismes.

SECTION 1.   (10 MIN)

Des troubles s'annoncent.

A | *(5 min) En grand groupe. Racontez l'histoire.*

Aussi longtemps que le Père Joseph s'en souvienne, il a existé des conflits ethniques et religieux dans le pays voisin, mais la guerre y a éclaté cette dernière année. Récemment, les troubles ont commencé à déborder de ce côté-ci de la frontière, engendrant une réelle crainte de guerre civile. Joseph y est prêtre depuis dix ans. Voyant la situation politique se détériorer, il se demande comment préparer sa paroisse en vue des troubles qui pourraient survenir.

Un jour, il est invité à la capitale pour participer à un congrès, auquel quelques prêtres et pasteurs du pays voisin ont été invités aussi. L'un d'eux, le pasteur Marc, dit : « Quand la guerre a éclaté dans notre pays, cela faisait des mois que nous pensions que cela allait arriver. Plus tard, j'ai regretté que nous n'ayons pas préparé les chrétiens aux événements à venir, mais à cette époque-là, nous ne savions pas comment nous y prendre. Je pourrais vous donner quelques idées sur la manière de vous préparer aux troubles. »

Un prêtre a pris la parole : « Si nous commençons à préparer nos communautés à la guerre, les gens ne vont-ils pas penser qu'en fait, nous les effrayons davantage et les rendons encore plus méfiants, que nous contribuons ainsi à créer le problème ? »

Le pasteur Marc a répondu : « Non, pas si vous le faites avec prudence. »

Pour tout le groupe, cela semblait être une bonne idée d'entendre ce que Marc pouvait leur apprendre. Pendant trois soirées, Marc leur a donc expliqué comment préparer leurs communautés sur le plan matériel autant que spirituel.

À la fin du congrès, tous les participants sont rentrés chez eux et, tout de suite, le Père Joseph a partagé avec les Églises dans sa paroisse ce qu'il avait appris. Beaucoup ont fait des préparatifs matériels, comme empaqueter des médicaments, des documents importants et d'autres choses prêtes à emporter en cas d'urgence. Ils ont aussi discuté et fait un plan pour avertir toute la communauté en cas de danger.

Comme le Père Joseph pensait à ces choses, il s'est souvenu d'une histoire terrible qu'il avait entendue pendant le congrès. Les combattants avaient arrêté un homme en lui ordonnant de tuer son voisin, sinon il mourrait lui-même. L'homme en question a fait ce qu'on lui avait dit, mais par la suite il n'a pas pu s'en remettre. Il en était malade et si bouleversé qu'il ne parvenait même plus à travailler normalement. « Je n'aurais jamais pensé être capable de faire une chose si horrible. J'étais en état de choc, incapable de réfléchir ! » disait-il.

Le Père Joseph a décidé de lancer une nouvelle étude biblique. D'abord, il a demandé aux gens de rédiger une liste de « Que faire si... » quant aux situations pouvant survenir pendant une guerre. « Que faire si quelqu'un vous dit de tuer une autre personne ? Que faire si quelqu'un veut prendre tous vos biens ? » En peu de temps, ils avaient dressé une longue liste de situations possibles. Ils ont cherché dans la Bible et réfléchi à la façon dont un chrétien doit réagir.

Deux mois plus tard, la guerre a éclaté au pays et la communauté du Père Joseph s'est dispersée dans la brousse. La vie était très dure pour tout le monde.

Un an plus tard, la paix est revenue dans le pays ; les gens ont pu rentrer chez eux et reconstruire leur vie. Une grande foule est venue saluer le Père Joseph. Tout le monde voulait lui dire que la préparation aux troubles qu'ils avaient faite ensemble leur avait été d'un grand secours. Quelqu'un lui a dit : « Si vous ne nous aviez pas dit d'emporter des médicaments, la plupart des membres de ma famille auraient péri dans la brousse ! » Un autre a ajouté : « Les études bibliques "Que faire si…" m'ont beaucoup aidé. Quand un soldat rebelle m'a dit de tuer ma femme, je savais qu'il fallait refuser. À la fin, Dieu nous a tous délivrés. »

DISCUSSION

A | *(5 min) En grand groupe.*

1. Comment le Père Joseph a-t-il aidé les Églises de sa paroisse à se préparer en vue du danger ?
2. Comment cette préparation a-t-elle porté du fruit ?
3. À quels troubles pourriez-vous devoir vous préparer dans votre région ?

A | *Si les participants ont le manuel, encouragez-les à le garder fermé pendant le reste du module.*

SECTION 2. (5 MIN)

Pourquoi se préparer en vue de l'avenir ?

DISCUSSION

A | *(5 min) En grand groupe. Après la discussion, complétez ce qui n'a pas été dit à l'aide des éléments suivants.*

Pourquoi nous préparer à affronter des troubles ?

La Parole de Dieu dit : « L'homme avisé voit venir le malheur et se met à l'abri, l'homme stupide poursuit son chemin et en subira les conséquences » (Proverbe 22.3, SEM). Dieu nous a donné de l'intelligence et du bon sens, et il s'attend à ce que nous en fassions bon usage. Les responsables d'une Église ont devant Dieu la charge de conduire leur communauté et de prendre soin d'elle (1 Pierre 5.1-2, Actes 20.28).

- Si l'on a prévu les problèmes et discuté des situations à l'avance, il est beaucoup plus facile d'agir correctement quand une crise éclate. Il arrive souvent que les personnes qui sont au cœur d'une crise ne soient plus en mesure de penser clairement.

- On pourra sauver des vies et mieux répondre aux besoins des victimes en planifiant en fonction des troubles qui sont les plus courants dans la région, qu'il s'agisse de guerres, d'émeutes, d'attaques terroristes ou de catastrophes naturelles. Par exemple, si une communauté se trouve à proximité d'un volcan ou dans une région sujette aux inondations, elle peut élaborer des plans pour se préparer à l'éventualité d'une inondation ou d'une éruption volcanique.
- En effectuant des préparatifs en collaboration avec la communauté et l'administration locale, une Église favorise l'établissement de saines relations avec ces dernières et prévient ainsi les accusations voulant qu'elle fasse la promotion de l'agitation civile.

La préparation compte trois grands aspects : le domaine matériel, le domaine de la communication et le domaine spirituel.

SECTION 3. (25 MIN)

Comment se préparer matériellement ?

A | *Annoncez le titre de la section.*

DISCUSSION

A | *(7 min) En petits groupes.*

Imaginez la situation suivante : on vient d'annoncer à votre famille que, d'ici trente minutes, vous devrez vous enfuir dans la brousse. Chacun ne peut prendre que ce qu'il est capable de porter. Quels sont les objets les plus importants à emporter ?

A | *(13 min) En grand groupe. Demandez à chaque groupe de mentionner quelques-uns des articles qu'il a inscrits sur sa liste, jusqu'à ce que les groupes aient fait part de tout ce qui figure sur leurs listes. Inscrivez ces articles au tableau. Ajoutez ensuite tout ce qui n'aurait pas été mentionné à partir de la liste ci-dessous. Mettez les articles moins essentiels entre parenthèses. Discutez de ce qu'une Église devrait préparer en plus de ce qui a déjà été mentionné. Parlez de la façon de cacher des articles précieux ou de nature délicate qui sont difficiles à transporter.*

Articles à apporter, selon l'emplacement :
- des médicaments (d'ordonnance et en vente libre, comme des analgésiques) ;
- du savon (ou du désinfectant ou des lingettes humides) ;
- une trousse de soins d'urgence ;
- de la nourriture, y compris du sel, pouvant durer au moins trois jours ;
- de l'eau ;
- des allumettes, dans un contenant étanche à l'eau ;
- de quoi faire bouillir de l'eau et chauffer de la nourriture ;
- des papiers d'identité et des documents financiers importants (songer à les numériser ou à les copier à l'avance) ;
- une liste écrite d'adresses et de numéros de téléphone importants au cas où l'on perde un téléphone cellulaire ou qu'on ne puisse pas le charger ;
- des outils essentiels (couteau et cuillère par exemple) ;

- une radio et des piles ;
- une lampe de poche ;
- une Bible ;
- des vêtements de rechange et de bonnes chaussures de marche ;
- un téléphone cellulaire et son chargeur ;
- un ordinateur et son chargeur.

Selon la situation locale, d'autres objets peuvent s'ajouter à la liste ou en être omis. Si une famille n'a que trente minutes pour faire ses bagages, elle oubliera probablement des choses importantes. Si des troubles s'annoncent, la meilleure chose à faire est de préparer un sac contenant les articles indispensables. La plupart des objets mentionnés ci-dessus peuvent se mettre d'avance dans le sac. Certains types de nourriture ne se gâtent pas.

Les responsables de l'Église doivent aussi penser à ce qui appartient à la communauté. Ils devront, si possible, emporter les documents les plus importants. Dans certaines situations, il peut être dangereux qu'une liste des membres de l'Église et d'autres documents tombent entre de mauvaises mains.

Si vous habitez une région sujette à des catastrophes particulières, renseignez-vous à l'avance quant aux organismes à qui demander de l'aide.

DISCUSSION

A | *(5 min) En grand groupe. Après la discussion, complétez ce qui n'a pas été dit à l'aide des éléments suivants.*

Si vous étiez confinés à votre domicile pendant de nombreuses journées par suite d'une situation de crise, peut-être sans électricité ou sans accès à de l'eau potable, auriez-vous besoin d'autres articles que ceux mentionnés ci-dessus ?

Vous pourriez songer à apporter un filtre à eau ou de quoi désinfecter de l'eau, ainsi qu'une source d'énergie sécuritaire et bon marché de même que des sources d'éclairage ne nécessitant pas d'électricité. Dans certains lieux, il existe des sites Web de préparation aux situations d'urgence pouvant être utiles.

SECTION 4. (20 MIN)

Comment être prêt à communiquer en temps de crise ?

A | *Annoncez le titre de la section.*

DISCUSSION

A | *(5 min) En petits groupes. Adaptez ces questions aux situations locales (attaques terroristes, divers genres de catastrophes, approche de soldats ennemis, et ainsi de suite).*

Est-ce que vous ou votre famille avez prévu où aller et comment communiquer en cas de situation de crise ? Votre communauté ou Église a-t-elle un plan? Si oui, expliquez-le. Sinon, qui devrait participer à l'élaboration de ce plan ?

A (15 min) En grand groupe. Recueillez les réponses. Complétez ce qui n'a pas été dit à l'aide des éléments suivants. Vous pourriez prendre le temps d'aider les gens à introduire des numéros d'urgence dans leur téléphone cellulaire.

A. En famille

Chaque famille doit discuter clairement de ce qu'il faudra faire en cas de crise. Il faut que les enfants participent à la discussion. La famille doit prévoir l'endroit où elle ira en cas de danger. Les membres de la famille doivent se fixer un point de rencontre au cas où ils se trouveraient séparés les uns des autres ; ils doivent discuter des différents itinéraires à emprunter. Ils devraient également décider d'un lieu de rencontre à l'extérieur de la ville ou du village, au cas où la situation de crise touche l'ensemble des habitations.

Les membres des familles devraient prévoir une façon de communiquer entre eux s'ils se trouvent séparés. Durant un désastre, les réseaux téléphoniques locaux peuvent devenir surchargés, mais les messages textes ont de meilleures chances d'être transmis. Entendez-vous sur un ami ou un membre de la parenté qui habite une autre région du pays et avec qui tous les membres de la famille pourraient communiquer, en appelant ou en transmettant des textes, pour avertir cette personne qu'ils sont en sécurité. Mémorisez ce numéro de téléphone ainsi que les numéros des membres de la famille. Introduisez les numéros d'urgence dans votre téléphone.

Il est essentiel que même les enfants les plus jeunes sachent dire leur prénom et leur nom de famille. Même un enfant de trois ans peut apprendre à le faire. Dans une guerre en Afrique de l'Est où les membres de plusieurs familles avaient été dispersés, les enfants qui ont pu donner leur nom de famille ont retrouvé leurs parents bien plus rapidement que les autres enfants qui ne savaient que leur prénom.

Fig. 16.1 : Une famille qui s'est préparée à affronter des difficultés.

B. Avec les Églises et les communautés

Les Églises et les communautés devraient prévoir comment communiquer avec leurs membres en cas de crise. Déterminez une façon de communiquer les uns avec les autres, comme au moyen d'alertes, de téléphones, de tambours ou d'autres instruments, de la radio, de la télévision, des médias sociaux et de notes inscrites sur du papier. Un bon plan inclut de multiples façons de communiquer au cas où une façon ne fonctionne plus.

Trouvez à l'avance les organismes qui offrent du soutien lors de divers genres de crises et la meilleure façon de communiquer avec eux durant ce genre de situation.

C. Avec le monde extérieur

Trouvez à l'avance la façon appropriée de communiquer avec le monde extérieur à propos de la situation de crise. Évitez de partager des messages non confirmés qui auraient été affichés sur des médias sociaux. Par contre, le partage de renseignements appropriés pourrait faciliter l'apport d'aide dans le secteur en question.

SECTION 5.   (40 MIN)

Comment se préparer spirituellement à affronter des situations difficiles ?

> A | *Annoncez le titre de la section. Présentez ce contenu, puis mentionnez le sous-point A.*

La Bible indique que nous devrions nous attendre à avoir à affronter des difficultés dans la vie, mais que Dieu nous accompagnera toujours durant ces situations (Jean 16.33). Dieu est plus grand qu'une situation de crise. Nous pouvons nous préparer spirituellement en vue des situations difficiles de diverses façons.

A. En méditant sur la façon dont Dieu a accompagné ses enfants durant les difficultés, par le passé.

DISCUSSION

> A | *(5 min) En grand groupe. Consultez les exemples figurant sous la question, au besoin.*

Quels sont certains des exemples, mentionnés dans la Bible, de façons dont Dieu a accompagné ses enfants lorsque ces derniers faisaient face à des situations difficiles ?

La Bible regorge de récits montrant comment Dieu a accompagné ses enfants en périodes de crise. Il leur a maintes fois ouvert des portes, leur a accordé la faveur des autorités, les a délivrés de façons surprenantes et leur a permis d'affronter la mort avec courage. En voici quelques exemples :

- Quand Joseph s'est retrouvé en Égypte en tant qu'esclave, Dieu lui a encore et encore accordé de la faveur aux yeux de ses ravisseurs (Genèse 39.1–5, 19–23). Il a donné à Joseph une intuition surnaturelle quant à la famine qui s'en venait et quant à la façon de réagir pour sauver bien des vies (Genèse 45.3–8, Actes 7.9–15).
- Quand un génocide se planifiait contre les Israélites, en Perse, Dieu a donné à Esther du courage et de la sagesse quant à son interaction avec le roi. Cela a mené à la délivrance de son peuple (Esther 4.15–16, 8.3–11).
- L'apôtre Paul a vécu une situation de crise après l'autre alors qu'il prêchait l'Évangile, affrontant bien des fois la mort et en étant délivré à plusieurs reprises (2 Timothée 4.16–18, 2 Corinthiens 12.10).
- Étienne s'est trouvé fortifié en voyant Jésus dans le ciel. Cela lui a donné du courage devant la mort et lui a permis de pardonner à ses ennemis (Actes 7.54–60).

- L'auteur de l'épître aux Hébreux, dans le Nouveau Testament, présente une liste de gens de foi, dont certains ont été délivrés miraculeusement, d'autres pas (Hébreux 11.33–37).

Le fait de nous souvenir de la façon dont Dieu a accompagné ses gens par le passé peut nous aider à lui faire confiance quand des difficultés se présentent.

B. En nous exerçant à bien réagir aux difficultés dès maintenant.

DISCUSSION, DEUX PAR DEUX

A | *(5 min) Deux par deux.*

1. Comment avez-vous tendance à réagir aux difficultés de la vie quotidienne ? Songez à ce que vous ressentez, à votre comportement, à vos pensées et à vos paroles.
2. Comment va votre relation avec Dieu quand les choses vont mal ?
3. Comment pourriez-vous mieux réagir aux difficultés qui se présentent maintenant ?

A | *(5 min) En grand groupe. Recueillez les réponses. Complétez ce qui n'a pas déjà été mentionné.*

Nous pouvons nous préparer spirituellement en vue d'une situation de crise en nous exerçant à bien réagir aux difficultés dès maintenant. Nous réagirons aux difficultés à venir de la même façon que nous le faisons maintenant : soit avec foi, soit avec incrédulité. Avoir la foi ne nous empêche pas de ressentir de vives émotions de peur, de doute, de confusion, ou de colère, mais signifie plutôt que nous soumettons toujours nos ennuis à Dieu et que nous nous tournons vers lui pour obtenir de l'aide. Nous appelons Dieu à grands cris et demandons à d'autres personnes de le faire en notre nom également. Nous pouvons apprendre à composer sainement avec ces vives émotions, par exemple au moyen d'exercices de détente et de respiration, en chantant ou en écoutant de la musique, en faisant de l'exercice et en prenant soin de notre corps, en écrivant nos lamentations ou en tenant un journal intime ainsi qu'en parlant à d'autres personnes.

C. En réfléchissant à l'avance à notre façon de réagir devant les décisions difficiles.

A | *(1 min) Présentez le contenu ci-dessous.*

Les situations de crise nous obligent dans bien des cas à prendre des décisions difficiles. En réfléchissant d'avance à ces situations et en décidant de la façon de réagir, nous aurons davantage tendance à agir en harmonie avec nos croyances.

DISCUSSION

A | *(5 min) En petits groupes. Attribuez un des scénarios suivants à chaque groupe. Expliquez qu'il n'y a pas toujours de réponse évidente, mais que ces questions peuvent nous aider à réfléchir à notre réaction avant qu'une situation de crise ne survienne.*

Prenez l'une des sections ci-dessous, lisez quelques passages bibliques, et discutez des questions.

1. Que faire si vous avez seulement assez de nourriture pour votre famille, mais que vos voisins viennent vous en demander ? Lisez Luc 10.30–37, 1 Rois 17.9–16 et 1 Timothée 5.8. Discutez ensuite des questions suivantes.

   - Selon Luc 10, qui est votre voisin ?
   - En 1 Rois 17, qu'est-ce qui est arrivé quand la veuve a partagé son huile et sa farine avec Élie ?
   - En 1 Timothée 5, de qui Paul dit-il que nous devrions particulièrement nous occuper ?
   - Y a-t-il des cas où vous devriez refuser d'aider vos voisins ? Expliquez.

Il est bon de partager, mais si tout le monde a été avisé de se préparer à l'avance, les gens qui se sont effectivement préparés ne sont pas nécessairement obligés d'aider ceux qui ont négligé de le faire. Priez à propos de chaque situation et demandez à Dieu de vous accorder de la sagesse.

2. Que faire si une personne en colère menace de vous tuer si vous ne la laissez pas vous voler ? Lisez Matthieu 6.24-33, Hébreux 10.34 et Luc 12.15. Débattez ensuite des questions suivantes.

   - Dans le passage de Matthieu, qu'est-ce que Jésus enseigne au sujet des biens matériels ?
   - Comment les gens, dans le passage de l'épître aux Hébreux, ont-ils réagi quand on a saisi leurs biens ?
   - Qu'est-ce qui pourrait nous porter à nous accrocher fortement à nos biens ?

Les personnes créées par Dieu ont beaucoup plus d'importance que les biens matériels. Ces derniers sont remplaçables, mais pas les personnes. Nous devons être prêts à abandonner ce que nous possédons, plutôt que de nous faire tuer.

3. Imaginez une situation d'agitation civile où des gens s'introduisent par effraction dans un supermarché. Un ami vous dit : « Allons chercher un peu de nourriture ! » Votre famille est affamée. Que devriez-vous faire ? Lisez Exode 20.15, Romains 13.1–5 et 8–10 ainsi que Matthieu 6.25–34 et 7.7–11. Discutez ensuite des questions suivantes.

   - Qu'est-ce qu'on nous commande de ne pas faire en Exode 20.15 ?
   - Pourquoi devrions-nous obéir aux lois du pays, selon Romains 13 ?
   - Qu'est-ce que Matthieu 6 peut nous aider à comprendre quand nous sommes dans le besoin ?
   - Qu'est-ce que Matthieu 7 nous dit de faire quand nous sommes dans le besoin ?

Dans le chaos qui suit une catastrophe, les gens peuvent penser que personne ne va remarquer qu'ils se livrent au pillage, mais Dieu les voit, lui. En se mettant tous à piller, les gens accroissent le chaos, causant ainsi davantage de souffrance.

4. Que faire s'il se produit une catastrophe naturelle dans votre secteur et qu'on demande à votre Église d'héberger des personnes déplacées, bien que les membres de l'Église aient eux-mêmes très peu de ressources ? Lisez Proverbes 24.3–6, Éphésiens 5.15–17, Philippiens 2.4, 1 Jean 3.17 et Matthieu 25.35–40. Discutez ensuite des questions suivantes.

- Dans le passage des Proverbes, quelles sont les principales composantes d'une bonne planification ?
- Le passage de l'épître aux Éphésiens établit un contraste entre les sages et les insensés. Qu'est-ce qui les distingue ?
- Selon le passage de Philippiens, de quoi devrions-nous nous préoccuper ?
- Selon les passages de 1 Jean et de Matthieu, que pense Dieu de ce que nous faisons (ou ne faisons pas) à l'égard des gens dans le besoin ?

Nous devrions être disposés à aider des gens dans le besoin. Nous devons cependant aussi agir avec sagesse. Tenir un refuge pourrait exiger des mesures de sécurité particulières. Si votre Église n'est pas en mesure d'offrir un logement, elle pourrait peut-être répondre à d'autres besoins des personnes déplacées, comme leur offrir de la nourriture ou des vêtements. Les gens ayant une formation en matière d'aide émotive et spirituelle pourraient offrir du soutien aux personnes qui éprouvent des difficultés.

5. Que faire si un ennemi menace de vous abattre si vous ne tuez pas telle ou telle personne ? Lire Apocalypse 21.1-4 et Exode 20.13. Débattez ensuite des questions suivantes :

- Qu'arrive-t-il aux chrétiens lorsqu'ils meurent ?
- Qu'est-ce que Dieu dit au sujet du meurtre ?

La Bible nous dit que Dieu a prévu de bonnes choses pour les gens, dans le monde à venir. Si un chrétien se fait tuer, ce n'est pas la pire chose qui puisse lui arriver ! L'homme a été créé à l'image de Dieu. Tuer quelqu'un est un acte très grave aux yeux de Dieu. Il arrive que Dieu intervienne et empêche l'ennemi de mettre ses menaces à exécution.

6. Que faire si un ennemi menace de vous tuer si vous ne reniez pas le Christ ? Lisez Marc 8.31–9.1, Actes 4.13-21, Apocalypse 3.7-10. Débattez ensuite des questions suivantes :

- Dans le passage de Marc, qu'est-ce que Jésus demande à ses disciples de faire ?
- Que dit Jésus d'une personne qui préfère sa propre vie plutôt que suivre Jésus ?
- Dans le passage des Actes, pourquoi Pierre et Jean ont-ils refusé d'obéir aux chefs religieux ?
- Dans le passage de l'Apocalypse, pourquoi Jésus fait-il l'éloge de l'Église de Philadelphie ?

Ce n'est jamais juste de renier le Christ, mais parfois il peut être très difficile de faire autrement. Si nous renions le Christ, nous allons ressentir un profond sentiment de honte et de culpabilité. Souvenons-nous du récit de Pierre, qui a renié Jésus trois fois, mais que Jésus a rétabli (Jean 13.37–38, Jean 18.17, 25–27, Jean 21.15–19).

7. Que faire si vous cachez des gens appartenant à un groupe ethnique que l'on cherche à supprimer et que leurs ennemis viennent chez vous ? Si ces derniers demandent où sont ces gens, allez-vous dire la vérité ? Lisez Josué 2.1-16. Débattez ensuite des questions suivantes :

- Pourquoi les espions sont-ils venus à Jéricho ? Qui les a envoyés ?
- Pourquoi Rahab a-t-elle menti aux envoyés du roi de Jéricho ?
- A-t-elle eu raison de mentir ? Si oui, pourquoi ? Sinon, pourquoi ?

Il peut y avoir des circonstances spéciales où il est juste de tromper ceux qui s'opposent à Dieu. Cependant, il faut mener cette discussion avec précaution, car il n'est pas juste de mentir dans des circonstances normales.

CONCLUSION (5 MIN)

DISCUSSION, DEUX PAR DEUX

A | *(4 min) Deux par deux.*

1. Écrivez au moins une chose que vous pourriez faire quant à chacun des aspects suivants pour vous préparer en cas de catastrophe ou de crise, puis faites-en part à une autre personne :

   - Préparation pratique.
   - Plan de communication.
   - Préparation spirituelle.

2. Notez une chose importante que vous avez apprise dans ce module.

A | *(1 min) Terminez le module en priant pour les participants et la communauté. Vous pourriez effectuer un exercice de respiration ou de détente avec eux puisque le fait de parler de possibles difficultés à venir peut susciter de l'anxiété.*

16

SE PRÉPARER À ANIMER SON GROUPE D'ACCOMPAGNEMENT

Se préparer à animer son groupe d'accompagnement

Bienvenue au sein de la communauté mondiale des dizaines de milliers de personnes qui ont suivi ce chemin de guérison, grâce à *Guérir des traumatismes*. Beaucoup sont devenus des animateurs capables de conduire d'autres sur ce même chemin de guérison.

Voici les étapes à suivre pour devenir animateur pour la guérison des traumatismes :

- Vivre au moins les modules de base de *Guérir des traumatismes*. en tant que participant.
- Avoir la vue d'ensemble du programme de guérison des traumatismes.
- Apprendre les éléments essentiels de l'animation d'un groupe.
- Démontrer la capacité à animer un groupe de manière participative (par une mise en pratique d'animation).
- Démonter une compréhension du contenu des modules (par un test).
- Apprendre à organiser un groupe d'accompagnement et à accéder aux documents nécessaires pour le faire.
- Planifier les deux groupes d'accompagnement que vous avez l'intention d'animer.

Aperçu du programme « Guérir les traumatismes »

Trauma Healing Institute

Le Trauma Healing Institute (THI) est une organisation mondiale dont la mission est d'aider les personnes du monde entier à guérir de leurs traumatismes. Nous fournissons des outils et des ressources pastorales à des personnes, à des Églises et à d'autres organisations pour qu'elles les utilisent pour aider les gens à guérir au sein même de leurs communautés.

Méthode de THI

Le livre intitulé *Guérir les traumatismes* est au cœur de la méthode de THI. Ce livre contient un ensemble de modules pratiques conduisant les gens sur un chemin de guérison. Au cœur du livre se trouve la Bible qui nous parle de l'amour de Dieu. Le livre et les documents associés sont disponibles dans plus de 150 langues, et de nouvelles traductions sont publiées constamment. [Dans la version finale (Voir page 235 pour l'histoire de *Guérir les traumatismes*.)]

La méthode de THI consiste à réunir des personnes dans un lieu où, en toute sécurité, elles peuvent s'entraider à guérir. Ce **groupe d'accompagnement** est dirigé par des animateurs qui ont été formés pour aider les personnes en souffrance tout en évitant d'augmenter leur souffrance. Dans le groupe d'accompagnement, les gens apprennent à parler de leur propre souffrance et à écouter la souffrance des autres. Ils trouvent le réconfort de leur cœur et de leur esprit en Dieu, qui prend soin de chacun de nous, et dans une communauté qui marche avec eux vers la guérison.

Un groupe d'accompagnement

Cinq caractéristiques rendent cette méthode particulièrement efficace :

1. Elle rassemble des pratiques éprouvées en matière de santé mentale et la sagesse de la Bible d'une manière accessible à tous.

2. Elle est conçue pour que tout le monde puisse l'utiliser, avec un langage simple et des idées claires et faciles à comprendre.

3. Elle se déroule en petits groupes, dirigés par des animateurs formés qui n'ont pas besoin d'être des conseillers professionnels.

4. Elle utilise un format participatif pour aider les gens à dialoguer profondément avec eux-mêmes, avec Dieu et avec les autres.

5. Elle est souple, de sorte que les gens peuvent l'utiliser partout dans le monde, dans n'importe quelle langue ou culture.

Programme type de THI

La mise en œuvre du programme de THI se déroule habituellement ainsi :

- **Session de sensibilisation :** L'objectif est de donner à des dirigeants de haut niveau une information suffisante sur la guérison des traumatismes pour qu'ils puissent décider s'ils veulent l'intégrer dans leur ministère.

- **Session de formation :** L'objectif est de former des animateurs de groupes d'accompagnement. Il s'agit d'un processus en trois étapes : une formation initiale, une mise en pratique (animer deux groupes d'accompagnement) et une formation avancée qui termine le cycle de base. Certains participants peuvent être choisis comme formateurs assistants.

- **Groupe d'accompagnement :** L'objectif est d'aider des gens dont le cœur est blessé à trouver la guérison, à entrer en dialogue avec la Bible et à devenir plus résilients. Ils se réunissent en petits groupes (de 6 à 12 personnes) et parcourent au moins les six modules fondamentaux.

- **Mini-session de guérison des traumatismes :** L'objectif est de répondre à des besoins spécifiques sans parcourir les six modules fondamentaux. Il s'agit souvent d'un module ou d'extraits de plusieurs modules.

- **Communauté de pratique :** Il s'agit d'un réseau d'animateurs. Cette mise en réseau permet la collaboration, le perfectionnement professionnel, l'encouragement et la prière. Les animateurs peuvent inviter des professionnels de la santé mentale et des responsables d'organisations et d'Églises qui travaillent avec des personnes traumatisées.

Documents de THI

Les documents pour la guérison des traumatismes sont disponibles pour des publics et des objectifs divers et de nouveaux programmes sont ajoutés régulièrement.

- *Guérir les traumatismes : ce que l'Église peut faire.* C'est le manuel des participants aux groupes d'accompagnement. Il s'agit du programme original de guérison des traumatismes pour adultes (souvent appelé le programme « classique »). Également disponible :

- *Livret d'accompagnement pour 'Guérir les Traumatismes' :* pour ceux qui participent à un groupe d'accompagnement, mais n'ont pas de Bible ou ne sont pas habitués à chercher des versets bibliques, ou pour les lecteurs débutants qui trouvent un livret plus facile à lire qu'une Bible. Ce livret contient les idées principales de chaque module et les passages bibliques écrits en entier.

- *Manuel de l'animateur pour les groupes d'accompagnement* : pour ceux qui participent à une formation initiale et qui animeront des groupes d'accompagnement. Ce manuel contient les explications et les indications d'horaires pour chaque module ainsi que des conseils pratiques sur l'animation d'un groupe d'accompagnement.
- *Manuel de l'animateur pour les sessions de formation* : pour ceux qui participent à une formation avancée de guérison des traumatismes. Ce manuel contient des documents supplémentaires sur l'animation de groupes d'accompagnement et sur la façon de bien prendre soin des personnes traumatisées. Il contient aussi des conseils sur la manière d'animer les formations et les autres activités de guérison des traumatismes.
- Versions pour établissement pénitentiaire. *Guérir un cœur brisé : Journal du participant.* Il s'agit d'une adaptation des modules principaux de *Guérir les traumatismes* à l'usage des établissements pénitentiaires. Elle est complétée par le *Guide de l'animateur pour le journal du détenu* et le *Guide avancé de l'animateur.*
- *Club de guérison des cœurs : Histoires et activités* et *Guérir les traumatismes des enfants : Livre de l'animateur.* Le programme de guérison des traumatismes basé sur la Bible pour les enfants de 8 à 13 ans. Les mêmes idées que dans *Guérir les traumatismes*, mais communiquées au moyen d'histoires, jeux, exercices, travaux manuels et activités.
- *La vie nous blesse, l'amour nous guérit : Journal de l'adolescent* et *Guérir les adolescents de leurs traumatismes : Manuel de l'animateur.* Cette version de la guérison des traumatismes est recommandée pour les adolescents et les jeunes adultes entre 14 et 20 ans, en fonction du contexte culturel. Elle est basée sur une histoire qui se déroule en milieu urbain et qui aborde l'identité, les traumatismes familiaux, le deuil et la perte, les types de traumatismes auxquels les jeunes adultes ont tendance à faire face, et plus encore.
- *Guérir les traumatismes par l'écoute des récits* : pour communiquer oralement. Les mêmes idées que dans *Guérir les traumatismes,* mais communiquées au moyen d'histoires bibliques, d'histoires de la vie courante, d'exercices et de versets mis en musique à mémoriser. Il n'est pas nécessaire d'être alphabétisé, ni pour l'animateur ni pour les membres du groupe d'accompagnement. Les enregistrements des récits et des explications sur les exercices sont disponibles ainsi qu'un livre des histoires avec un guide pour la discussion, et un manuel de l'animateur.
- *Audio pour Guérir les traumatismes* : production professionnelle de programmes audio avec histoires de la vie courante et histoires bibliques, petits groupes de discussion et chants bibliques, pour diffusion à la radio ou autres appareils. Disponible en format MP3. Ces programmes peuvent être utilisés dans des formations ou des groupes d'écoute dont les participants ou les animateurs ne sont pas alphabétisés. Un guide de discussion pour animer des groupes d'écoute est disponible.

Pour plus d'information sur ces documents et sur les formations sur la façon de les utiliser, aller sur le site traumahealinginstitute.org ou contactez votre Alliance Biblique locale.

Devenir un animateur (facilitateur[8]) de guérison des traumatismes

Les compétences et capacités d'un animateur (facilitateur)

1. Capable de gérer le bien-être personnel
2. Capable de travailler en équipe
3. Capable d'aider les personnes traumatisées
4. Capable d'animer un groupe d'une manière participative
5. Avoir démontré que l'on a compris le contenu
6. S'engage à animer des groupes d'accompagnement

Voir l'annexe « Les compétences et capacités d'un animateur (facilitateur) » pour les détails.

Parcours de formation

PHASE DE FORMATION

Première étape : session de formation initiale
Objectif :

1. Explorer ses propres blessures du cœur
2. Apprendre à aider les autres

Résultat attendu : Le participant peut être certifié en tant qu' **Animateur/trice Stagiaire** et autorisé à animer en tant que stagiaire.

Deuxième étape : Stage
Objectif

1. Expérimenter l'utilisation des documents de THI et la méthode participative
2. Aider les participants au groupe d'accompagnement à trouver la guérison

Résultat attendu : Le participant est éligible à la formation avancée.

Troisième étape : Formation avancée
Objectif

1. Échanger sur les réussites et les défis du stage
2. Renforcer les compétences d'animation
3. Apprendre à mieux prendre soin de soi et des autres
4. Planifier la phase d'un ministère de guérison des traumatismes

Résultat attendu : Le participant peut être certifié en tant qu' **Animateur/trice pour Groupe d'Accompagnement,** et dans certains cas, **Animateur/trice-formateur/trice.**

PHASE DE MINISTÈRE

Résultat attendu : Des personnes qui souffrent trouvent la guérison dans des groupes d'accompagnement.

---

[8]Dans la version 2016 le terme est « facilitateur » et certains pays continuent à utiliser ce terme.

Résultat secondaire : Le nombre de groupe d'accompagnement augmente au fur et à mesure que des Animateurs-Formateurs conduisent des sessions d'information et de formation.

Voir : «Les dons, les missions et les activités du facilitateur» en annexe, pour les détails.

F

Animer des groupes

Bien animer des groupes implique trois choses : un apprentissage participatif, une bonne utilisation des aides visuelles et savoir gérer la dynamique du groupe.

A. L'APPRENTISSAGE PARTICIPATIF

DISCUSSION

1. Pensez à la manière dont nous avons mené cette session de guérison des traumatismes, et comparez cela à d'autre séminaires, ou cours, où vous avez écouté une personne donner un cours magistral, ou une conférence, ou bien un sermon où vous avez écouté quelqu'un prêcher. En quoi cette session a-t-elle été différente ?
2. Quelles ont été certaines des façons dont vous avez participé pendant cette session ?

Dans les méthodes d'enseignement traditionnelles, l'accent est mis sur le cours magistral, dans lequel le professeur donne les informations. Avec la méthode participative utilisée dans ce programme, l'accent est mis sur la personne qui apprend en s'impliquant avec ce qui est apporté. Plutôt que recevoir simplement des informations, la personne s'implique dans le processus d'apprentissage. L'objectif est que l'apprenant comprenne, applique, et ainsi en soit transformé.

Ce programme de guérison des traumatismes permet aux participants de s'impliquer dans des groupes de discussion, par de l'expression artistique et des lamentations, des jeux de rôles, des exercices pour expérimenter de nouvelles compétences, et des réflexions sur soi-même.

DISCUSSION

Quels pourraient être certains des avantages à utiliser une méthode participative, par rapport aux méthodes d'apprentissage traditionnelles ?

Avantages d'une méthode participative

- L'apprentissage participatif respecte les connaissances et l'expérience que le groupe apporte. L'animateur commence par voir ce que les membres du groupe connaissent déjà, sans perdre de temps à leur enseigner ce qu'ils savent déjà. **Ne dites pas aux gens ce qu'ils savent déjà ; mais dites-leur ce qu'ils ne savent pas.**
- Cela permet à chacun d'être personnellement confronté aux idées, et ainsi ils comprennent comment cela peut les aider.
- Cela permet une implication totale, intellectuelle, émotionnelle et corporelle, ce qui est le meilleur moyen pour apprendre. Nous nous souvenons de ce que nous expérimentons quand nos émotions sont en jeu, et nos corps impliqués, bien plus que si ce n'est que notre cerveau.
- Cela implique humour et créativité. Rire aide à apprendre. La créativité met en jeu d'autres parties de notre cerveau, pour un meilleur apprentissage. Plus on est créatif, le mieux c'est ! Et les gens peuvent nous surprendre par leur créativité.

DISCUSSION

Que doit faire l'animateur pour rendre la méthode participative efficace ?

Pour rendre la méthode participative efficace :

- **Soyez attentifs** à l'implication du groupe et adaptez votre approche pour maintenir le niveau d'énergie.
- Dans votre animation, **Ne cherchez pas à tout contrôler** et prenez des risques, parce que vous ne savez pas ce les gens vont dire. Prendre des risques, ça en vaut la peine !
- Soyez souples. Si on pose des questions sur quelque chose que vous avez prévu d'aborder plus tard, parlez-en dès maintenant, si c'est possible. Les gens s'en souviendront mieux ! Renvoyez la question au groupe («Et vous, qu'en pensez-vous ?») et écoutez leurs réponses d'abord : cela vous laisse le temps d'organiser votre pensée, et de compléter sans répéter. Adaptez le programme pour couvrir le reste du contenu dans le temps restant.
- **Préparez-vous aux questions hors-sujet.** Les gens peuvent poser de bonnes questions, mais qui sont sans lien avec le sujet du module. Préparez une feuille volante, ou un secteur du tableau, pour servir de «frigo» ou de «parking», où ces questions peuvent être conservées pour plus tard. Assurez-vous de garder du temps pour y répondre !
- **Créez un espace sécure.** Invitez les gens à partager, mais sans exercer de pression. Ne leur faite pas honte en les contredisant publiquement. Parlez de la confidentialité (page 81). Utilisez des présentoirs à nom ou des badges, et tout autres moyens pour que les gens se connaissent et commencent à se faire confiance.
- **Posez des questions – Ecoutez – Complétez.**

  - **Posez des questions :** Dites juste ce qu'il faut pour présenter le sujet et poser les questions pour la discussion (ou donnez les instructions pour une pratique). La formulation des questions dans le manuel a été soigneusement travaillée et validée tout autour du monde. Vous pouvez avoir confiance. Si nécessaire, vous pouvez répartir les questions dans des petits groupes. Votre objectif, en posant des questions, est que les participants interagissent entre eux, et répondent à leurs propres questions, plutôt que d'attendre que vous apportiez les réponses. Imaginez que vous leur lancez une balle (la question), et ensuite ils se la lancent entre eux.

    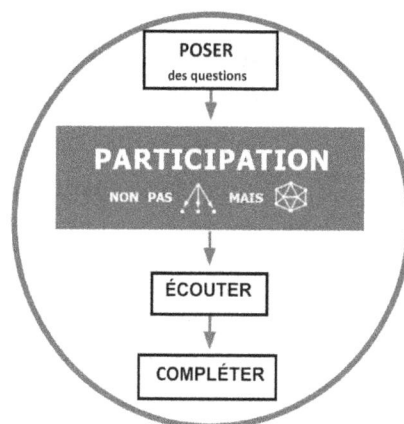

  - **Ecoutez :** Si les participants discutent autour de la question, ou font une activité en grand groupe, soyez à l'écoute pour apprendre ce qu'ils savent déjà. S'ils sont répartis en petits groupes, ou par deux, faite faire un retour dans le grand groupe à la fin. S'ils vous posent une question pendant ce temps de retour, le plus efficace est de renvoyer la question au groupe entier, car peut-être quelqu'un d'autre a la réponse.
  - **Complétez :** Si les participants n'ont pas mentionné un des points importants de cette section du manuel, demandez si quelqu'un a quelque chose qu'il voudrait ajouter, avant

de compléter vous-même. Vous n'avez pas besoin de dire tout ce qu'il y a dans la section. Puis poursuivez en passant à la section suivante du module.

- **Respectez la "règle des 5 minutes."** Ne parlez pas plus de 5 minutes sans interaction avec le groupe. Évitez de répéter ce qui a déjà été dit par les participants. Quand vous parlez, que ce soit pour encourager la participation, remercier les gens pour ce qu'ils ont dit, ajouter une information nouvelle, et résumer courtement avant de passer au sujet suivant.

- **Donnez la priorité à la participation, en particulier quand ils travaillent sur leurs émotions et mettent en pratique de nouvelles compétences.** La participation des personnes est la partie la plus importante de l'apprentissage, quand ils évoquent leurs souffrances, pratiquent l'écoute, l'expression artistique, les lamentations, etc.

- **Soyez réalistes sur ce que vous pouvez faire dans le temps prévu.** Faites avancer le groupe sans donner l'impression que vous n'avez pas assez de temps. Il est inutile de dire des choses comme : "Nous n'avons plus le temps, alors nous allons sauter cette partie." Continuez le module sur le mode participatif, et sautez certains points si nécessaire. C'est utile d'avoir anticipé et réfléchi aux versets ou aux sections que vous pouvez sauter si le temps manque. À la fin de chaque module, encouragez les participants à lire le module et à chercher les passages bibliques après la session. Soyez sensibles aux besoins des participants : s'ils sont prêts à rester plus longtemps, ou s'ils ont besoin de partir à l'heure annoncée.

DISCUSSION

En quoi la méthode participative est aidante pour des personnes qui ont subi un traumatisme ?

La méthode participative et le trauma :

- À cause du traumatisme, les gens restent sans voix, parce que cela semble trop horrible pour qu'on puisse mettre des mots dessus, et parce que cela a perturbé la manière normale qu'à notre cerveau de mettre des mots sur les événements. Une approche participative redonne aux gens l'occasion de reprendre la parole, en se racontant leurs histoires les uns aux autres.
- Le traumatisme déconnecte les personnes des autres. Une approche participative reconnecte les gens d'une manière qui aide à leur guérison.
- Le traumatisme affecte le corps entier. Une approche participative mets en jeu les pensées, les émotions et le corps qui ont tous leur rôle à jouer dans la guérison.

B. UNE BONNE UTILISATION DES AIDES VISUELLES

DISCUSSION

Quels types d'objets, ou d'aides visuelles avons-nous utilisés durant cette session pour illustrer des idées ou aider les gens à se souvenir de ce qui a été dit ?

Dans ce programme, nous utilisons des choses telles que des tableaux à feuilles mobiles, des tableaux blancs, des diagrammes et des accessoires (comme des bouteilles dans une bassine d'eau), pour aider les gens à se souvenir de ce qui a été dit.

Quand vous écrivez au tableau :

- N'écrivez que ce qui est important. Si vous écrivez tout, ce qui est important ne ressort pas. Ça devient aussi monotone. C'est mieux d'écrire moins.
- Écrivez clairement, et assez grand, pour que tous puissent lire. Ça ne sert à rien si les gens ne peuvent pas lire ce qui est écrit.
- Mettez-vous sur le côté pour que les gens puissent voir ce que vous avez écrit.
- L'activité principale est la discussion. Ce qu'on écrit vient en soutien à la discussion ; cela ne doit pas accaparer l'attention.
- Envisagez d'avoir quelqu'un qui vous aide pour écrire. Cela vous permet, en tant qu'animateur, de rester en interaction avec les participants, en gardant un contact visuel avec eux. Laisser, à la personne qui écrit, le temps de terminer avant de continuer.

Nous n'encourageons pas l'utilisation de présentations informatiques avec PowerPoint, car cela empêche une interaction qui réponde à la dynamique propre du groupe.

GÉRER LA DYNAMIQUE DU GROUPE

Le tableau suivant donne une liste de défis qui peuvent arriver dans un groupe, ainsi que des idées sur comment y répondre.

COMPORTEMENTS QUI PRÉSENTENT UN DÉFI	SOLUTIONS POSSIBLES
Bavard : Cette personne s'impose au groupe en parlant tout le temps.	"Écoutons une autre personne maintenant" Il peut aussi être utile de revenir aux engagements du groupe à laisser du temps aux autres, en laissant à chacun l'occasion de s'exprimer. Vous pouvez envisager de demander aux participants de se limiter à un ou deux commentaires par échange. Parfois, ces personnes n'ont pas conscience qu'elles dominent le groupe, et vous devrez leur parler en privé.
Silencieux : Cette personne ne dit rien du tout.	"Que pensez-vous de cette question ?" N'obligez pas une personne silencieuse à partager si elle ne veut pas, mais cherchez à lui en donner l'occasion si elle en a envie.
Hors sujet : Cette personne peut faire dérailler la discussion sur n'importe quel sujet, l'emmenant dans une direction autre que celle que l'animateur souhaite.	Rappelez avec respect le sujet, et ramenez le groupe à la question en cours de discussion. Utilisez le "Parking" si nécessaire (Voir la page 205).
Mal informé : Cette personne donne de mauvaises informations.	Demandez au groupe si quelqu'un d'autre veut ajouter quelque chose. Que le groupe corrige lui-même, si possible ; mais ne laissez pas de mauvaises idées sans correction. Et veillez à toujours être respectueux.
Submergé : Cette personne éclate en sanglots, en larmes, incapable de contenir ses émotions.	Trouvez quelqu'un qui puisse accompagner la personne dans un endroit tranquille, où ils pourront parler.
Insupportable : Certains peuvent raconter leur histoire d'une manière si explicite que ça traumatise d'autres.	Avant de commencer les partages, invitez chacun à partager son histoire mais sans insister sur les détails horribles qui peuvent être pénibles pour les autres.

F

Solutions spirituelles toutes faites : Quel que soit le problème, la personne a immédiatement un conseil et une solution biblique. Ils minimisent la souffrance des autres ou cherchent une solution rapide plutôt qu'écouter.	Avant le début des partages, insistez sur le fait que le groupe est un lieu pour s'écouter, pas pour trouver des solutions rapides.
Blessant : Quelqu'un qui peut être décalé culturellement, ou manquer de respect envers d'autres traditions spirituelles.	Veillez à ce que personne ne soit mis à l'écart. Vous pourriez avoir à reprendre quelqu'un en privé pour le bien du groupe.

Entrainement à la pratique d'animation

INSTRUCTIONS

L'exercice de pratique d'animation vous permet d'acquérir de l'expérience d'animation dans un environnement sécure, avec des retours des autres participants. Vous allez animer un petit groupe d'accompagnement (4 à 6 personnes), chacun de vous animant à tour de rôle. Les autres joueront le rôle de participants, comme si c'était la première fois qu'ils discutaient ce contenu. (Ce n'est pas le moment de jouer un des comportements à problème mentionnés plus haut).

Il y a typiquement deux sortes de défis dans la pratique de l'animation :

1. Les personnes qui ont travaillé comme pasteurs ou enseignants ont l'habitude de parler, pas d'écouter. Ce peut être un défi que de changer sa manière de faire pour laisser les participants parler plus que vous. Ce qui aide, ce peut être de s'asseoir sur une chaise dans le cercle, pendant l'animation, plutôt que rester debout. Imaginez-vous tenant un micro quand vous parlez. Votre objectif devrait être de donner le micro aux participants la majorité du temps, car le processus de guérison se passera plutôt pendant qu'ils auront la parole, pas quand vous parlerez.

2. Les personnes qui n'ont pas l'habitude d'être devant des groupes peuvent avoir le trac. La meilleure manière de dépasser cela est l'entrainement. Pour vous aider, concentrez-vous sur les questions, et écoutez attentivement pendant que les autres parlent. Soyez bienveillant envers vous-même, comme avec un jeune enfant qui apprend à marcher, ou avec un enfant qui apprend quelque chose de nouveau.

Vous ne serez l'animateur que pendant **dix minutes.** Les points essentiels à retenir pendant vos dix minutes sont :

1. Dans votre courte **introduction**, vous supposez que le groupe a déjà discuté sur tous les points du module jusqu'à ce point-là. Vous pouvez expliquer comment votre sujet est en rapport avec le sujet précédent ; vous pouvez être créatif ou simplement suivre le manuel de l'animateur.

2. Puis **posez** les questions pour la discussion. Limitez votre introduction et l'interrogation à 2 minutes.

3. **Écoutez** le groupe échanger autour de la question pendant 6 minutes. Vous pouvez aussi diviser le groupe par deux, pendant 3 minutes, puis avoir 3 minutes de partage des réponses dans le groupe complet.

4. Après les échanges, vous devriez **compléter** en ajoutant les points importants qui n'ont pas été mentionnés. Si tout a été dit, résumez les points principaux qui ont été relevés. Cela devrait prendre environ 2 minutes.

5. Le gardien du temps montrera la carte «5 minutes» à mi-parcours, puis la carte «2 minutes», et enfin la carte «terminé».

PRÉPARATION

Par petits groupes, choisissez une des questions à discuter du module en cours (Sauf «Amener nos souffrances à la croix»). Chacune des personnes du groupe doit choisir une question différente. Ne choisissez pas les histoires d'introduction. Les questions suivantes sont bien adaptées :

- Dans vos cultures et traditions, comment les gens imaginent-ils Dieu, en particulier dans les moments de souffrance ? (Module sur la souffrance, Section 3A, question 1)
- Qu'est-ce que les versets suivants nous enseignent-ils au sujet de Dieu dans les temps de souffrance ? (Module sur la souffrance, Section 3A, question 2 ; choisir un ou deux versets)
- Imaginez une blessure profonde sur votre bras. Comment la plaie guérit-elle ? Qu'est-ce qui aide le processus de guérison ? Maintenant, comparons une blessure physique à une blessure du cœur (Module sur les blessures du cœur, Section 2A ; ne discutez pas tous les points de la comparaison)
- Avec quel genre de personnes pourriez-vous partager vos peines profondes ? (Module sur la guérison, Section 2B, après les sketchs)
- Quand vous avez pleuré la perte de quelqu'un ou quelque chose, qu'est-ce que d'autres personnes ont fait ou dit qui vous a aidés ? (Module sur le deuil, Section 5, Question 1)
- Que nous disent les versets suivants sur les raisons pour lesquelles nous devons pardonner ? (Module sur le pardon, Section 4 ; choisissez un ou deux versets)

Suivez le modèle suivant pour préparer :

ETAPE		MINUTES
Introduction Que vais-je dire pour introduire le sujet ?		
Poser des questions Quelle est la (ou les) question(s) pour la discussion ? Va-t-on discuter par deux ou en groupe complet ?		
Écouter Pendant qu'ils discutent, je les écoute. S'ils discutent deux par deux, j'aurai à recueillir les retours.		
Compléter Quels sont les points essentiels du manuel que j'ajouterai s'ils n'ont pas été mentionnés ? Que vais-je dire en conclusion ?		
De quels accessoires ou aides visuelles ai-je besoin ?		Total=10 minutes

RETOURS ET ÉVALUATIONS

À la fin de chaque exercice de pratique d'animation, vous répondrez à ces deux questions :

1. D'après vous, qu'est-ce qui s'est bien passé ?
2. Que feriez-vous différemment la prochaine fois ?

Ensuite, chaque membre du groupe vous fera un retour avec ces mêmes questions.

Vos compétences d'animation seront évaluées sur une échelle de 1 à 10, 10 voulant dire 'excellent'.

- *Très bien* (9–10 points) : La personne communique le contenu du manuel de manière très claire et exacte. La participation du groupe a été très bien conduite. Elle répond très bien aux questions. Elle assure un bon fonctionnement du groupe. Ce fut une expérience d'apprentissage agréable.
- *Bien* (7–8 points) : La personne communique le contenu du manuel de manière claire et exacte. La participation du groupe a été bien conduite. Elle répond bien aux questions. Quelques petites difficultés dans le fonctionnement du groupe.
- *Acceptable* (5–6 points) : La personne communique correctement le contenu du manuel. La participation du groupe a été acceptable. Présentation ou participation de groupe pas toujours bien planifiée ou claire. A eu quelques difficultés pour répondre aux questions et à gérer le groupe.
- *Faible* (3–4 points) : La personne prêche ou fait un discours avec très peu, voire aucune participation du groupe ; ou la présentation est confuse, ou inexacte, ou se concentre sur un contenu qui n'est pas dans le manuel. Elle ne répond pas correctement aux questions. Elle n'a pas su gérer le groupe.
- *Très faible* (1–2 points) : La personne est incapable de communiquer dans un groupe. Elle est incapable de gérer un groupe.

F

Organiser un groupe d'accompagnement

Consulter en annexe la liste à cocher contenant les responsabilités d'un animateur de groupe d'accompagnement détaillées ci-dessous. Pour animer un groupe d'accompagnement en ligne, aller sur le site web de l'animateur THI afin de connaitre les recommandations sur l'animation d'un groupe d'accompagnement en ligne.

AVANT DE COMMENCER UN GROUPE

A. Autorisations

Avant de commencer votre ministère d'accompagnement d'un groupe, procurez-vous les autorisations nécessaires auprès des responsables concernés (pasteur, prêtres, etc.). Les dépliants de description du programme disponibles sur le site web de THI peuvent vous aider à présenter le programme.

Les groupes d'accompagnement sont intégrés dans les ministères locaux et ne doivent pas nécessiter de fonds extérieurs, sauf éventuellement pour les documents. La plupart du temps, les participants ou des financements locaux peuvent couvrir au moins les frais du livret d'accompagnement.

B. Formation d'un groupe

Animateurs :

- Il est recommandé aux animateurs de travailler en équipe de deux, afin qu'ils puissent s'entraider et se soutenir mutuellement.
- Si vous ne trouvez pas un autre animateur pour animer avec vous un groupe d'accompagnement :
  - Restez en étroite relation avec votre mentor pendant la préparation de l'animation du groupe et lors des sessions.
  - Pour vous aider, choisissez une personne qui a le don de prendre soin des gens et avant chaque séance, lisez le module avec elle.

Participants

- Il est recommandé de former des groupes d'accompagnement de 6 à 12 personnes. Si le groupe est plus grand, divisez-le en petits groupes pour que lors des discussions chacun ait l'occasion de s'exprimer. Chaque petit groupe doit avoir un animateur.
- Un groupe doit être composé de personnes qui se sentent à l'aise pour discuter ensemble des sujets abordés. Cela varie en fonction de la culture, mais si les femmes ne peuvent pas parler en présence d'hommes, ou les jeunes en présence de personnes âgées, séparez les groupes d'accompagnement.
- Un groupe d'accompagnement n'est pas obligatoirement formé de personnes qui partagent un même type de traumatisme. Les effets d'un traumatisme et les voies de guérison sont semblables, quelle que soit l'origine du traumatisme.

- On peut inviter individuellement des personnes à participer à un groupe d'accompagnement, ou bien l'annonce peut être publique. Un modèle de tract est disponible sur le site web du Trauma Healing Institute. Il peut être personnalisé pour annoncer votre groupe d'accompagnement.

- Si un participant potentiel a vécu un traumatisme récemment ou présente des symptômes aigus de traumatisme, discutez avec lui au préalable pour déterminer si c'est le bon moment pour participer à un groupe d'accompagnement et si les sujets abordés lui conviennent.

- Il est recommandé de ne pas accepter de nouveaux participants au groupe d'accompagnement une fois que les sessions ont commencé. De même, les visiteurs ne doivent pas être autorisés, à moins que tous les membres du groupe donnent leur accord pour qu'ils se joignent au groupe.

- La confiance et la poursuite des modules sont des éléments importants pour vivre pleinement le processus de guérison. Il est important que les participants commencent avec le groupe et viennent à toutes les sessions. Si une personne ne peut pas participer à une session, elle doit en informer les animateurs à l'avance, dans la mesure du possible. Une autre personne peut revoir avec elle le contenu de la session avant la prochaine réunion.

C. Programmation des sessions

Un groupe d'accompagnement doit couvrir au moins les six modules de base. Vous pouvez vous réunir pendant plusieurs jours d'affilée, comme pour une retraite, ou étaler des réunions hebdomadaires sur plusieurs mois. Il faut 12 heures en tout pour couvrir la session d'accueil, les modules de base et la session de récapitulation. (voir : Durée nécessaire à chaque module, en annexe).

Aller trop vite dans le déroulement des sessions avec des participants qui ressentent une douleur ou un traumatisme importants peut les blesser davantage plutôt que les aider. Si nous poussons les gens à ressentir trop d'émotions trop rapidement, le groupe d'accompagnement peut être aussi traumatisant que leur expérience initiale. C'est pourquoi **il ne faut pas couvrir plus de trois modules par jour. N'essayez jamais de faire tous les modules en un seul jour.**

Ordre des modules

Vous pouvez ajouter aux modules de base (en gras), les modules facultatifs (en italique) dans l'ordre indiqué ci-dessous, en fonction des besoins de votre groupe et du temps dont vous disposez. Dans certains cas, il est préférable de faire le module sur la souffrance après avoir fait les modules sur les blessures du cœur, la guérison et le deuil.

Si Dieu nous aime, pourquoi souffrons-nous ?

Qu'est-ce qu'une blessure du cœur ?

Blessure morale

Qu'est-ce qui peut aider nos blessures du cœur à guérir ?

Que se passe-t-il quand on est en deuil ?

Comment aider les enfants qui ont vécu des événements traumatisants ?

Le viol et les autres agressions sexuelles

Comment aider les personnes qui ont vécu un avortement (téléchargeable)

Le ministère auprès des personnes vivant avec le VIH

Les violences familiales

Le suicide

Les dépendances

Comment demeurer efficace en aidant les autres ?

Porter nos souffrances à la croix

Comment pouvons-nous pardonner aux autres ?

Vivre en tant que chrétiens au milieu d'un conflit

Se préparer aux difficultés à venir

L'aide à apporter immédiatement après une catastrophe (téléchargeable)

Faites le module « Porter nos souffrances » après avoir terminé les quatre premiers modules de base et autant de modules facultatifs que vous aurez choisis ; ainsi, les participants ont la possibilité de réfléchir à leurs souffrances du cœur. Faites le module « *Comment pouvons-nous pardonner aux autres ?* » après « *Porter nos souffrances à la croix* » car, quand leurs souffrances commencent à guérir, les personnes peuvent beaucoup plus facilement pardonner à ceux qui les ont blessés.

D. Préparer les modules

Étudiez chaque module avant de l'animer. Faites attention aux points suivants :

- **Sections** : Partagez les sections de chaque module entre vous et votre co-animateur. Quand vous travaillez pour la première fois avec un co-animateur, répartissez les sections des premiers modules et attendez de mieux vous connaître et de découvrir qui travaille le mieux dans quel type de section avant de répartir le reste.

- **Gestion du temps** : Revoir l'emploi du temps au début de chaque module vous aide à bien gérer votre temps. Cela vous permet d'avoir rapidement un aperçu de la structure du module. Les modules sont prévus pour des sessions de 90 à 120 minutes (voir en annexe : Durée requise pour chaque module). Si vous avez plus de temps, adaptez-vous à la situation. Si vous avez moins de temps, discutez avec votre mentor de la façon d'adapter le module. Certains exercices, comme l'exercice d'expression artistique ou de lamentation peuvent être expliqués dans le groupe, puis donnés à faire à la maison, et discutés pendant la session suivante.

- **Histoires** : Chaque module commence par une histoire qui décrit le problème traité dans le module. Ces histoires doivent être lues à haute voix puis discutées. L'objectif de ces histoires est d'amener les participants à réfléchir sur le sujet et à partager leurs idées. L'histoire peut être racontée ou lue de l'une des manières suivantes :

1. Racontez l'histoire d'une manière attrayante.
2. Partager l'histoire en plusieurs parties et demandez à plusieurs participants d'en lire chacun une partie.
3. Demandez à quelqu'un de lire la narration et donnez les dialogues à d'autres personnes.
4. Demandez à des participants de reproduire l'histoire (avec des gestes ou des mots) pendant que quelqu'un la lit.
5. Pendant que quelqu'un lit l'histoire partie par partie, demandez aux participants de faire un dessin exprimant l'action ou l'émotion représentée dans la partie. (Donnez du temps entre les sections pour qu'ils puissent dessiner. Lisez l'histoire une seconde fois et demandez aux participants de revoir leurs dessins). Ce processus prend plus de temps, aussi ne l'utilisez que si vous avez assez de temps.

- **Adapter les histoires :** Les histoires font référence à des personnes et des lieux imaginaires. Si vous les adaptez, veillez à ne pas utiliser des lieux, des noms ou des groupes ethniques réels, car cela peut renforcer les stéréotypes et provoquer des conflits. Si, dans votre contexte, il est préférable de présenter des personnages principaux féminins ou des personnages issus d'une autre tradition chrétienne, adaptez les histoires en conséquence.
- **Références bibliques :** Revoir les références bibliques du module, même celles entre parenthèses. Les versets supplémentaires peuvent être utiles pendant les discussions ou pour répondre aux questions. N'oubliez pas qu'il n'est pas nécessaire d'utiliser tous les versets pendant la session. Prévoyez d'expliquer le contexte des versets utilisés, si votre groupe n'est pas familier avec la Bible.
- **Discussions :** Si votre groupe d'accompagnement est très petit, faites toutes les discussions ensemble plutôt que de vous séparer en « petit groupe » et « grand groupe ». Pour au moins quatre personnes, mettez-vous de temps en temps deux par deux. Pour un groupe d'accompagnement de six à huit participants, séparez-vous de temps en temps en petits groupes de deux ou trois personnes.
- **Documents et matériel :** Si votre contexte vous le permet, fournissez à chaque participant un exemplaire du livre *Guérir les traumatismes* ou du Livret d'accompagnement. Si des participants ne maîtrisent pas la langue de votre livre, cherchez des traducteurs parmi les animateurs ou les participants.

1. Il peut être bénéfique de chanter ensemble lors d'une session de guérison des traumatismes. Si les participants ne connaissent pas tous les mêmes chants, donnez-leur une feuille de chants pour que tous puissent chanter ensemble. Vous pouvez télécharger un exemple de feuille de chants sur le site web de THI.
2. Prévoyez du papier, des marqueurs et des crayons pour une activité de « Nuages de mots », l'expression artistique et l'écriture des lamentations. Un tableau à feuilles mobiles sera souvent utile. Prévoyez aussi des mouchoirs en papier.
3. Pour l'exercice « *Porter nos souffrances à la croix* », il faut une croix et des allumettes. Il faut une corde (ou quelque chose permettant d'attacher deux personnes ensemble) pour le module sur le pardon.
4. Dans certains contextes, les certificats de participation sont appréciés. [Dans la version finale : Voir en annexe un exemple de certificat.]

E. Se préparer à bien vous occuper des participants

Ressources locales

Avant le démarrage du groupe d'accompagnement, identifiez les conseillers de la région (s'il y en a) ou des organisations qui pourraient aider des participants qui auraient besoin d'un accompagnement supplémentaire (violences conjugales, agression sexuelle, dépendance, suicide, etc.)

Confidentialité

Le processus de guérison des traumatismes demande une ambiance sécurisante pour travailler sur les documents et sur sa propre expérience. Comme condition de leur participation, il est demandé aux membres d'un groupe d'accompagnement de ne divulguer aucune information sur les autres membres du groupe. Chacun peut raconter sa propre histoire à qui il veut, mais on ne peut raconter l'histoire de quelqu'un d'autre qu'avec sa permission. La Bible met en garde à plusieurs reprises contre les bavardages et elle affirme qu'une personne de confiance sait garder un secret.

L'animateur respectera lui aussi la confidentialité. Cependant certaines situations exigent qu'un animateur partage une information avec d'autres. Examinez les situations ci-dessous et étudiez à l'avance les lois en vigueur dans votre pays.

1. **Violence ou abus contre un enfant.** Si pendant le déroulement d'un groupe d'accompagnement, un animateur apprend qu'un mineur a fait l'objet de violences, physiques ou sexuelles, il doit immédiatement le signaler aux autorités compétentes (police, hotline pour les violences faites aux enfants), et ensuite aux responsables de l'Église ou de l'organisation concernée, si c'est approprié. En beaucoup d'endroits une absence de signalement peut avoir des conséquences juridiques. Les exigences de signalement varient selon les pays. Il est donc important que les animateurs s'informent sur les exigences dans leur pays. (Aux USA, voir childwelfare.gov pour les informations sur les directives fédérales et celles des États ; en France, voir https://enjustice.fr/reperage-et-signalement-de-la-maltraitance-des-enfants/).

   Ce qui motive un signalement n'est pas seulement d'éviter des conséquences judiciaires. La protection des plus vulnérables, en particulier des enfants, est au cœur de la foi chrétienne (Matt 18.6, Prov 31.8, Ps 82.3-4, Deut 24.17, Jacq 1.27). Les chrétiens doivent parler en faveur des victimes de violences et rechercher la justice, et non se contenter de faire le minimum légal. Signaler les violences ou abus contre les enfants est toujours la meilleure chose à faire pour l'Église comme pour les victimes, même si cela semble d'abord plus douloureux. Si votre Église ou votre organisation ne connaît pas encore les procédures pour la prévention et le signalement des abus, contactez un expert local pour qu'il vous aide à rédiger ce type de procédure.

2. **Violence ou abus envers les personnes âgées ou handicapées.** Dans certains pays, la loi n'exige pas de signaler ce type d'abus aux autorités, cependant ce signalement est encouragé.

3. **Violence ou abus contre un adulte.** Il n'est pas exigé des animateurs de signaler les violences physiques ou sexuelles commises envers un adulte. Un tel signalement pourrait, de fait, nuire à la victime. On ne doit jamais faire un signalement sans le consentement de la victime. Et elle ne doit jamais être contrainte. Toutes les décisions doivent être prises en fonction de la sécurité, et la victime doit être consultée chaque fois que c'est possible.

4. **Suicide.** La loi n'oblige pas les animateurs et les personnes qui ne sont pas professionnels de santé à signaler les personnes suicidaires. Cependant il faut veiller à prendre des mesures de sécurité (voir le module sur le suicide) et à prévenir la police.

5. **Homicide.** Si un animateur apprend qu'un participant a l'intention d'agresser quelqu'un, il a la liberté de mettre en garde la victime potentielle et de prévenir la police.

DURANT LA SESSION

A. Aménager l'espace

Le groupe peut se réunir dans une maison ou dans une salle d'Église. Placez les chaises des participants en cercle ou autour d'une table de façon à ce qu'ils puissent tous discuter entre eux. Le groupe peut décider de prendre des pauses ou non et, si oui, comment les organiser.

B. Gérer le temps

Commencez et terminez les sessions aux heures prévues. Si des participants veulent continuer la discussion après l'heure de fin de la session, terminez d'abord la session pour permettre à ceux qui le souhaitent de partir. Ensuite, ceux qui désirent rester peuvent continuer la discussion.

Au début de chaque session :

- Accueillez les participants au fur et à mesure de leur arrivée et accordez-leur quelques minutes pour se saluer mutuellement,
- puis, commencez par une courte méditation ou prière,
- passez en revue les engagements et les directives du groupe et
- revoyez brièvement ce qui a été couvert lors de la dernière session puis informez les participants du déroulement de la session.

La partie la plus importante du processus de guérison consiste pour les participants à partager le traumatisme qu'ils ont vécu. Les modules offrent de nombreuses occasions de le faire. Accordez la priorité à ce temps de partage plutôt qu'à votre temps de parole. Les participants doivent partager leurs expériences sans accuser les autres ni donner trop de détails au point de les perturber.

La Parole de Dieu donne la vie et nourrit l'âme des personnes. Prenez le temps de rechercher les références bibliques qui figurent dans les modules et lisez-les à haute voix.

Si vous distribuez aux participants leur propre exemplaire du livret *Guérison des traumatismes*, demandez-leur de fermer leur livret au début de chaque module. Tout le contenu que les animateurs vont partager se trouve dans le livret, ils n'ont donc pas besoin de prendre des notes, sauf s'ils le souhaitent. Encouragez-les à lire le module et à rechercher les références après la session.

C. Clore la session

Assurez-vous de terminer la dernière session d'une manière appropriée. Voici quelques idées.

- Vous pouvez envisager de faire la section « Regarder vers le passé et vers l'avenir » et autant d'activités de clôture que nécessaire. Discutez si le groupe souhaite poursuivre avec d'autres documents.
- Partagez les coordonnées des membres du groupe, s'ils le souhaitent. Dans les régions où la sécurité est préoccupante, il est peut-être préférable de former un groupe de médias sociaux à l'aide d'une application comme WhatsApp et de demander aux participants s'ils souhaitent s'y joindre.
- Demandez l'autorisation de prendre des photos. Utilisez le formulaire de permission individuelle et/ou de groupe si nécessaire (voir annexe).
- Certains participants souhaitent recevoir un certificat de participation à la fin du groupe d'accompagnement. Voir l'annexe pour un exemple.

- Distribuez aux participants le formulaire de commentaires. [Dans la version finale : Voir l'annexe pour un exemple.]

APRÈS LA SESSION

A. Débriefing avec votre co-animateur
- Retrouvez votre co-animateur et échangez autour des questions suivantes :
- Qu'est ce qui a bien réussi ?
- Quels étaient les défis ?
- Que feriez-vous différemment la prochaine fois ?
- Certains participants auront-ils besoin d'un suivi ?

Passez en revue les formulaires de commentaires des participants.

Certains souhaitent devenir animateurs après avoir participé à un groupe d'accompagnement. Ils peuvent le faire de trois façons :

1. En participant à une session initiale de formation, ou
2. En assistant à une session « *Devenir animateur* » qui passe en revue les modules « *Guérir les traumatismes* » et couvre tous les modules de cette section « *Se préparer à animer son propre groupe d'accompagnement* », y compris l'exercice de la pratique d'animation et le test, ou
3. En étant piloté par un Animateur-Formateur certifié pour étudier les modules de «*Guérir les traumatismes*» et tous les modules de cette section «*Se préparer à animer son propre groupe d'accompagnement*», y compris l'exercice de la pratique d'animation et le test.

B. Rapport du groupe d'accompagnement
Lorsque vous avez terminé toutes les sessions du groupe d'accompagnement, rédigez un rapport avec votre co-animateur (un seul rapport par groupe d'accompagnement). Envoyez-le à votre mentor ou à votre coordinateur de la guérison des traumatismes. [Dans la version finale: Voir exemple en annexe.]

DISCUSSION

En quoi les rapports peuvent-ils être utiles ?

Ces rapports sont essentiels au travail de guérison des traumatismes car :

1. Ils aident les animateurs à réfléchir sur ce qu'ils ont bien fait et à ce qu'il faudrait faire autrement la prochaine fois. Ils témoignent également des bonnes choses qui se sont produites et sont ainsi une source d'encouragement.
2. Ils indiquent à THI quels animateurs sont en activité et à quels endroits. Cela est particulièrement important lorsque THI reçoit des demandes de personnes ayant besoin de guérir d'un traumatisme.
3. Ils encouragent les partenaires financiers, ce qui permet au programme de répondre aux besoins d'un plus grand nombre de personnes traumatisées, et d'informer et d'élargir la communauté de pratique locale.

C. Recueillir des témoignages

Si un participant a vécu une guérison grâce au groupe d'accompagnement, écrire et partager son témoignage peut être une étape de plus dans son parcours de guérison. Les témoignages rendent gloire à Dieu et peuvent également encourager les personnes qui soutiennent votre ministère.

Si vous souhaitez partager les témoignages des participants avec d'autres personnes, demandez-leur s'ils sont d'accord que leur histoire soit partagée. Ne faites jamais pression sur eux. S'ils sont d'accord, faites-leur signer le formulaire d'autorisation individuelle (voir annexe). Si c'est vous qui écrivez leur histoire, laissez-les d'abord la relire et donnez-leur la possibilité de retirer leur autorisation s'ils le souhaitent. Le bien-être des participants est la préoccupation première.

Un témoignage doit comporter trois parties :

1. La personne et le problème (donnez des détails)
2. Comment la guérison du traumatisme a contribué à l'amélioration de la situation (donnez des détails)
3. Comment la personne a changé (donnez des détails)

Assurez-vous également d'obtenir la permission pour les photos. Utilisez le formulaire d'autorisation individuel et/ou de groupe si nécessaire [(Dans la version finale : voir annexe).]

F

Animer une mini-session de guérison des traumatismes

Vous pourrez avoir l'occasion de présenter un ou plusieurs des modules du programme *Guérir des traumatismes* pour répondre à un besoin spécifique, au lieu de couvrir les six modules principaux. C'est ce qu'on appelle une **mini-session de guérison des traumatismes.**

Pour animer une mini-session, vous devrez créer un environnement sécurisant et propice au partage, en incluant au moins les éléments suivants :

- Commencer par une session de bienvenue, comprenant une discussion sur la façon de rendre le groupe sûr pour tout le monde (Bienvenue, Section 2)
- Définir ce qu'est une blessure du cœur et comparer une blessure du cœur et une blessure physique (module sur les blessures du cœur, Section 2A)
- Discuter de la façon dont se comportent les personnes dont le cœur est blessé (module sur les blessures du cœur, Section 2B)
- Discuter du comportement d'une personne qui sait bien écouter, en incluant les trois questions d'écoute (module sur la guérison, section 2B)
- Faire l'exercice d'écoute (module sur la guérison, fin de la section 2)
- Le chemin du deuil (module sur le deuil, section 3)

Avant d'animer votre mini-session, demandez à votre mentor si vous devez inclure d'autres éléments, compte tenu de l'occasion unique qui vous est offerte.

Lorsque la session est terminée, remplissez et envoyez un formulaire de rapport de mini-session (voir annexe).

Site web de THI

Sur le site traumahealinginstitute.org, vous pouvez accéder à des informations sur la guérison des traumatismes dans le monde entier, notamment les événements et les formations à venir, des vidéos, des brochures en anglais, en français et en espagnol, etc.

Vous pouvez également créer un compte qui vous permettra d'accéder à des documents pour vous aider à promouvoir, animer et faire des rapports sur vos groupes de guérison. Pour créer un compte :

- cliquez sur « Log in » (en haut à droite)
- cliquez sur « Sign up »
- acceptez les conditions générales et cliquez sur « Sign up »
- vérifiez votre compte grâce au message envoyé à l'adresse e-mail que vous avez donnée
- retournez sur le site et connectez-vous.

Une fois que votre formateur aura saisi votre niveau de certification, vous aurez accès à la page « Documents » (en haut à gauche de votre page Profil).

Plan d'action

L'étape suivante de votre formation consiste à animer deux groupes de guérison, de préférence dans les six prochains mois. Ces deux groupes de guérison vous qualifient pour la formation avancée. (Plus le temps passe sans utiliser les documents, moins vous vous en souviendrez et moins vous aurez confiance en vous. Un certificat d'animateur stagiaire expire après 24 mois d'inactivité).

Utilisez les questions suivantes pour vous guider dans la planification de vos deux groupes de guérison. Travaillez en binôme avec une personne qui sera votre co-animateur. Travaillez seul si vous êtes dans un endroit isolé.

☐ Étape 1. Quels dirigeants devons-nous rencontrer pour leur présenter le programme et pour obtenir leur soutien avant de commencer ?

☐ Étape 2. Qui sont les personnes de notre communauté qui pourraient bénéficier d'un groupe de guérison ? Combien sont-elles ? Quel est le nombre maximum de participants que nous aurons dans notre groupe ?

☐ Étape 3. Comment allons-nous informer nos participants potentiels de la mise en place du groupe de guérison ?

☐ Étape 4. Quel serait l'endroit le plus approprié et le plus accueillant pour tenir des réunions ?

☐ Étape 5 : De quels modules ces personnes ont-elles besoin en plus des modules de base ? De combien de sessions aurons-nous besoin pour terminer tous les modules ?

☐ Étape 6. Quels sont les dates, les jours et les heures auxquels nous-mêmes et les participants potentiels seront disponibles pour les sessions ?

☐ Étape 7. Quels documents allons-nous leur donner ? (*Accompagner les personnes traumatisées : À la lumière de la Bible,* Livret d'accompagnement, etc.)

Nom de mon mentor : _____

Courriel : _____

Téléphone : _____

J'aurai animé deux groupes de guérison afin de participer à la session de formation avancée le _____ (date). Voici mon plan :

J'informerai mon mentor à chaque fois que je serai prêt ou prête à commencer chaque groupe de guérison.

Après chaque groupe de guérison, je soumettrai mon rapport sur le groupe de guérison à
_____.

ANNEXE

Les compétences et capacités de l'animateur (facilitateur[9])

1. Capable de gérer son bien-être personnel.

- Fait preuve de stabilité émotionnelle. N'est pas submergé par ses problèmes personnels ou familiaux.
- Fait preuve d'une bonne capacité à prendre soin de lui-même.
- Démontre sa capacité à fixer des limites appropriées avec les participants.
- Répond au stress de l'animation de manière saine.
- Aide les autres sans se laisser submerger.

2. Capable de travailler en équipe.

- Donne et reçoit des commentaires constructifs.
- Est fiable dans l'exécution des tâches qui lui sont confiées.
- Gère les conflits de manière opportune et avec bienveillance.
- Entretient de bonnes relations avec les personnes de traditions, de cultures, de races et de sexes différents.
- Démontre qu'il est conscient de son impact sur les autres.

3. Capable d'aider les personnes traumatisées.

- Est soucieux de pratiquer la confidentialité.
- Écoute avec attention et donne crédit aux expériences des participants.
- Développe la confiance et fait preuve d'un réel intérêt pour les autres.
- Permet aux personnes de traiter et de partager leurs émotions.
- Réagit de manière appropriée au climat émotionnel du groupe.

4. Capable d'animer des groupes de manière participative.

- Souligne les connaissances et les contributions des participants. Évite de prêcher et de donner des leçons.
- Est capable de présenter de manière captivante.
- Sait bien gérer les réactions des participants et leurs comportements problématiques.
- Gère bien le temps.
- Capable de juger des sections à rallonger/raccourcir/omettre en fonction du contexte et de l'auditoire.

5. Démontre sa maîtrise du contenu.

- Montre une compréhension satisfaisante des idées-clés du programme.
- Anime conformément aux objectifs des modules et des sections.
- Est capable d'assurer une bonne transition entre les sections d'un module.

6. S'engage à consacrer du temps à la guérison des traumatismes.

---

[9] Dans la version 2016 le terme est « facilitateur » et certains pays continuent à utiliser ce terme.

Les dons, les missions et les activités de l'animateur

Discerner votre aptitude à devenir animateur et quel type d'animateur correspond à vos dons et à votre vocation se fait dans la prière, au fil du temps, dans le cadre d'un dialogue entre vous, vos formateurs et les responsables de votre organisation.

La certification signifie que THI reconnaît que vous avez les compétences nécessaires pour exercer un ministère de guérison des traumatismes. Ces compétences peuvent s'améliorer avec le temps, et votre mentor peut travailler avec vous pour élaborer un plan d'apprentissage continu.

S'il s'avère que vous avez des lacunes dans un domaine, votre certification peut être suspendue pendant que vous prenez le temps de vous améliorer dans ce domaine. C'est à la fois dans votre intérêt et dans celui des personnes auprès desquelles vous exercez votre ministère.

NIVEAU DE CERTIFICATION	DONS ET MISSIONS	ACTIVITÉS
Animateur d'un groupe de guérison (le rôle le plus important du programme)	• les relations interpersonnelles • la formation de disciples • aider les individus dans le cadre de petits groupes	Aider les personnes blessées en : • animant des groupes de guérison • écoutant et soutenant les individus en utilisant les principes de 'Guérir les traumatismes'
Animateur-formateur	Comme ci-dessus, plus : • équiper d'autres pour le ministère • organiser et diriger des événements de formation • s'adresser à de grands groupes	Continuer à diriger des groupes de guérison, et équiper d'autres personnes pour qu'elles deviennent des animateurs de groupes de guérison efficaces : • en organisant et en aidant à animer des sessions de formation initiale • en approuvant et en encadrant de nouveaux animateurs en formation • en étant suivi par un animateur plus expérimenté
Maître-animateur	Comme ci-dessus, plus : • élaborer des stratégies et gérer des programmes pastoraux • repérer les problèmes et trouver des solutions	Poursuivre les activités ci-dessus, et favoriser le développement des programmes de guérison des traumatismes : • en organisant et en aidant à animer des sessions de formation avancées • en approuvant et en supervisant les animateurs-formateurs • en élaborant des stratégies et en agissant pour la promotion du ministère de guérison des traumatismes • en participant à la poursuite du développement du programme

A

Le temps demandé pour chaque module pour un groupe d'accompagnement

MODULES FONDAMENTAUX	DURÉE
Séance d'Accueil	20 min
1. Si Dieu nous aime, pourquoi souffrons-nous ?	2 heures
2. Qu'est-ce qu'une blessure du cœur ?	1 heure 30 min
3. Qu'est-ce qui peut aider nos blessures du cœur à guérir ?	2 heures
4. Que se passe-t-il quand on est en deuil ?	2 h – 2 heures 15 min
5. Apporter nos souffrances à la croix	1 heure 30 min
6. Comment pouvons-nous pardonner aux autres ?	2 heures
Regarder vers le passé et regarder vers l'avenir	30 min
durée (minimale) totale	**12 heures**

MODULES FACULTATIFS	DURÉE
7. Les blessures morales	2 heures
8. Comment aider les enfants qui ont vécu des événements traumatisants ?	1 heure 30 - 40 min
9. Comment aider les victimes de viol ?	1 heure 50 min
10. Le ministère auprès des personnes vivant avec le VIH et le SIDA (pas dans la version pilote)	1 heure 45 min
11. Les violences familiales	1 heure 50 min
12. Le suicide	1 heure 35 – 40 min
13. Les addictions	2 h – 2 heures 10 min
14. Comment demeurer efficace en aidant les autres ?	1 heure 30 – 45 min
15. Comment vivre en tant que chrétiens au milieu d'un conflit ?	1 heure 45 min – 2 h 10 min
16. Se préparer aux difficultés à venir	1 heure 45 min

Liste de vérification du groupe d'accompagnement

AVANT

- ☐ Obtenir l'autorisation des dirigeants concernés pour organiser un groupe d'accompagnement.
- ☐ Trouver un facilitateur pour codiriger le groupe d'accompagnement.
- ☐ Déterminer le lieu de la tenue du groupe d'accompagnement. Identifier un lieu en fonction des besoins locaux, du coût et de l'accessibilité pour les participants.
- ☐ Déterminer les dates et le calendrier du groupe d'accompagnement.

  - Inclure au moins la séance d'accueil, les six leçons de base et la « rétrospective ».
  - Veiller à débriefer les exercices d'art et de lamentation si les participants les font comme devoirs de maison.
  - Ne pas prévoir plus de trois leçons par jour, afin d'éviter que les participants ne soient submergés par leurs émotions.
  - Prévoir des heures pour les collations et les repas si cela est possible.
  - Demander l'avis de votre mentor sur votre programme.

- ☐ Calculer les coûts. Les groupes de guérison font partie d'un ministère local et ne devraient pas nécessiter de financement externe. Les seuls coûts devraient être ceux du matériel, des livres, de la nourriture et des boissons.
- ☐ Repartir les sections de modules avec le Co-animateur.
- ☐ Étudier et préparer les sections de modules. Pratiquer les sketches et les exercices, préparer les références bibliques, la musique (en cas de besoin).
- ☐ Acheter/apprêter le matériel.

  - Guérir les traumatismes, Le manuel du participant ou Le livret d'accompagnement (un pour chaque participant)
  - Mouchoirs en papier
  - Bibles, si nécessaire
  - Stylos/crayons
  - Badges ou étiquettes nominatives
  - Marqueurs/crayons de couleur
  - Papier vierge
  - Tableau de conférence et/ou tableau blanc et marqueurs
  - Feuilles de chants
  - Croix, si autorisée

- ☐ Prendre des dispositions pour bien vous occuper des participants. Se renseigner sur les ressources locales vers lesquelles vous pouvez orienter les participants, si nécessaire, et sur les dispositions légales en matière de confidentialité.
- ☐ Vérifier la liste des inscriptions. Souvent, certaines personnes inscrites ne viennent pas ; alors, garder une liste additive de personnes qui aimeraient participer. Ne pas oublier qu'une fois

A

que le groupe a commencé, il ne faut pas ajouter de nouveaux participants, sauf si tous les membres du groupe sont d'accord.

☐ Prévoir un service de traduction pour les participants, si nécessaire.

☐ Superviser le service du repas, de boissons et de collations, au besoin. Il est préférable de confier cette tâche à un hôte pour pouvoir vous concentrer sur les modules.

☐ Rappeler aux participants les détails du groupe, tels que :

- Les dates et les heures de début et de fin.
- Le programme
- L'importance d'assister à toutes les sessions. Les participants doivent s'adresser directement à l'animateur en cas de contraintes de calendrier.

☐ Rencontrer le(s) Co-animateur(s). Discuter de l'horaire. S'assurer que toutes les sections de chaque module sont couvertes et que vous avez tout le matériel nécessaire. Prier pour les participants, le personnel et la session.

☐ Aménager la salle de réunion. Disposer les tables et les chaises de manière à permettre aux participants d'interagir, idéalement en cercle ou à une ou plusieurs tables. Essayer d'en faire un environnement agréable.

PENDANT

☐ Rencontrer le Co-animateur à la fin de chaque session. Discuter des acquis de la session, des préoccupations des participants et des modifications à apporter au programme de la prochaine session. Si nécessaire, parler à votre mentor de vos préoccupations.

☐ Prendre contact avec les participants régulièrement. Demander comment ils se sentent et s'ils éprouvent des difficultés à la suite de l'expérience du groupe de guérison.

☐ Communiquer avec votre mentor au moins une fois pendant le groupe d'accompagnement, pour discuter des éventuelles préoccupations.

☐ Imprimer des certificats de participation, s'il y a lieu.

- Dans certains contextes, on apprécie les certificats, tandis que dans d'autres on ne s'en soucie pas particulièrement. Déterminer s'il est utile d'en prévoir.
- Télécharger le certificat de participation au groupe d'accompagnement sur le site Web de l'Institut pour la Guérison des Traumatismes. Remplir le lieu, la date et le nom de chaque participant. Imprimer et signer.

☐ Si des photos sont prises, veiller à ce que les participants signent le formulaire d'autorisation du groupe.

☐ Si des témoignages sont donnés, veiller à ce que les participants signent le formulaire d'autorisation individuelle.

☐ Si nécessaire, donner aux participants la possibilité de remplir le formulaire de commentaires des participants.

APRÈS

☐ Procéder à un débriefing avec le Co-animateur. Passer en revue les formulaires de commentaires des participants.

☐ Envoyer le formulaire de rapport du groupe de guérison à votre mentor, au coordinateur GT ou à info@traumahealinginstitute.org

Exemple de certificat de participation à un groupe d'accompagnement

Téléchargez ce certificat à partir du site web de THI

A

Compte-rendu pour un groupe d'accompagnement

Pour la version la plus récente de ce formulaire, voir le site web de THI

Pays :		Animateur principal :	
Ville :		Animateur(s) assistant(s) :	
Région/Département :		Langue principale :	
Vous vous êtes rencontrés en ligne ? __Oui__Non		Organisation hôte :	
Date de début :	Date de fin :	Organisation partenaire :	
Nombre total d'heures de séances _____	fréquence et durée des réunions : __ hebdomadaire __ 2 x par semaine __ demi-journées __ toute la journée __ autre	Utilisation des fonds locaux ? ☐	Cochez si ce rapport est confidentiel pour proté-ger la sécurité ☐
types de participants (facultatif)	__ premiers intervenants __ parents d'accueil __ incarcérés ___ orphelins __ militaires ___ pasteurs __ missionnaires ___ refugiés __ musulmans ___ étudiants __ non-chrétiens __ victimes de la traite	Nombres de participants ayant commencé___ ayant terminé___	Parmi ceux qui ont ter-miné, le nombre de : ___ hommes ___ femmes
		Parmi ceux qui ont terminé, le nombre de : __ Anglicans ___ Catholiques ___ Autres : __ Orthodoxes __ Protestants _____	

Programme __Audio __Classique __Récit	**Modules :** *Fondamentaux* __Souffrance __Blessures du cœur __L'Écoute __Lamentation (audio, récit) __Deuil __Peine à Jésus __Pardon *Facultatifs* __Enfants __Viol __HIV SIDA __Violences Familiales __Suicide __Dépendances __Demeurer efficace __Chrétiens au milieu d'un conflit __Se préparer __ Aide après une catastrophe __Covid-19 __Blessure morale __Avortement __Trauma transgénérationnel __Autre : _____	Quelles ont été vos réussites ? Quels défis avez-vous affrontés ?

Merci de fournir au moins deux témoignages avec photos et autorisations, si possible. Envoyez ce rapport à votre mentor ou coordinateur pour la guérison des traumatismes.

Autorisation de groupe pour la diffusion des photos et enregistrements

Photocopiez cette page ou préparez une feuille de papier avec le texte ci-dessous, demandez aux participants d'écrire leur nom en capitales et de signer pour autoriser l'utilisation de photos et d'enregistrements dans lesquels ils sont présents. Envoyez ce formulaire, avec le témoignage, la photo ou l'enregistrement, à votre mentor ou coordinateur pour la guérison des traumatismes.

Date: _____ Ville, Région, Pays _____

Animateurs : _____

J'autorise le Trauma Healing Institute et ses partenaires à utiliser les photos et/ou les enregistrements vocaux et/ou vidéo dans lesquels je suis présent, pour faire la promotion des programmes « Guérir les Traumatismes ». Je suis âgé d'au moins 18 ans.

Nom	Signature

A

Autorisation individuelle pour la diffusion des témoignages, des photos ou des enregistrements

Si un témoignage, une photo ou une vidéo permet de reconnaître une personne, vous devez obtenir sa permission avant toute diffusion. Utilisez ce formulaire ou créez le vôtre avec ce texte. Envoyez ce formulaire, avec le témoignage, la photo ou l'enregistrement, à votre mentor ou coordinateur pour la guérison des traumatismes.

Description du document ou média : _____

J'autorise le Trauma Healing Institute et ses partenaires à utiliser le document décrit ci-dessus pour faire la promotion des programmes « Guérir les Traumatismes ». Ce document m'appartient et je donne mon autorisation de plein gré.

Nom : _____   Je suis âgé d'au moins 18 ans.

Signature : _____   Ne pas mentionner mon nom.

Date : _____ Ville, Région, Pays : _____

Animateur(s) _____

Commentaires des participants

Nom (facultatif) :

☐ *Cocher cette case pour donner l'autorisation d'utiliser vos commentaires de manière anonyme, pour la promotion des programmes Guérir les Traumatismes.*

1. Quel module vous a le plus aidé ? Pourquoi ?

2. Quel module a été le plus difficile pour vous ?

3. Y a-t-il des choses que vous espériez apprendre dans ce groupe d'accompagnement mais qui n'ont pas été abordées ?

4. Avez-vous des changements à suggérer pour améliorer le groupe d'accompagnement ?

5. Quel impact ce groupe d'accompagnement a-t-il eu sur vous ? (Par exemple, apprendre quelque chose de nouveau, votre propre guérison, vous sentir plus capable d'aider les autres, etc.) ?

6. Avez-vous d'autres commentaires ?

A

Compte-rendu pour mini sessions de Guérir les Traumatismes

Nom : _____ Pour le mois de : _____

Date				
Lieu				
Sorte de groupe				
1er contact ? 2e ? 3e ?				
Heures de rencontre				
Animateur principal				
Animateurs assistants				
Modules ou parties de modules/ activités faites				
Langue(s) utilisée(s)				
Nombre de participants				

Joignez des témoignages et photos avec le formulaire d'autorisation. Envoyez à votre mentor ou coordinateur pour la guérison des traumatismes.

Historique de l'initiative *Guérir les traumatismes : Ce que l'Église peut faire*

Dieu peut-il guérir des gens ayant vécu des situations terribles ? La Bible peut-elle les aider ? Voilà des questions que les auteurs du présent livre se posaient vers la fin des années 1990, en voyant des gens souffrir des conséquences de la guerre. Il existait alors très peu de ressources pouvant aider des dirigeants d'Églises situées en régions rurales à trouver des réponses à ces problèmes. Margaret Hill (coordonnatrice d'interaction avec les Saintes Écritures dans la région de l'Afrique, au sein de la Société internationale de linguistique), Richard Baggé et Pat Miersma (counseling dans la région de l'Afrique, au sein de la Société internationale de linguistique) sont cependant tombés sur un livre utile intitulé *Healing the Wounds of Ethnic Conflict: The Role of the Church in Healing, Forgiveness, and Reconciliation* (guérir les blessures liées aux conflits ethniques : le rôle de l'Église dans la guérison, le pardon et la réconciliation), de Rhiannon Lloyd. S'appuyant sur ce livre comme modèle et avec la permission de l'auteur, ils ont décidé d'écrire un ouvrage différent, à l'intention de responsables d'Églises locales. Ce nouveau livre devrait être facile à enseigner et à traduire ainsi que permettre aux dirigeants d'Églises de former facilement d'autres personnes. On devrait également y incorporer les pratiques exemplaires en matière de santé mentale. Mme Hill a élaboré et mis à l'essai quatre modules en République démocratique du Congo, aidée des responsables de l'Église de Ngbaka, et collaborant ensuite avec M. Baggé et Mme Miersma à la rédaction d'autres modules.

En 2001, Mme Hill, M. Baggé, Mme Miersma et Mme Harriet Hill (coordonnatrice du service d'anthropologie–région de l'Afrique, au sein de la Société internationale de linguistique) ont rencontré les personnes suivantes en vue de parfaire leur documentation : Anzelekyeho Abiti (traduction biblique) ; Londroma Bandony (pasteur, République démocratique du Congo) ; Karl Dortzback (Institut d'étude des réalités africaines) ; Joyce Fiodembo (conseillère) ; Emmy Gichinga (conseillère) ; Edward Kajivora (ACROSS et Croisade de la documentation du Soudan) ; Pio Lokoro (traduction biblique) ; Violette Nyrarukundo (conseillère) ; Anastasse Sabamungu (Entreprise d'évangélisation africaine). Mis à l'essai en zones de guerre, les modules ont été publiés pour la première fois en 2004 chez la maison d'édition Paulines Publications, de Nairobi. En 2011, des habitants de 42 pays, répartis sur cinq continents, utilisaient cet ouvrage, lequel avait été traduit en partie ou en totalité en 157 langues.

De plus en plus de personnes réclamaient de la formation en matière d'accompagnement face aux traumatismes, au moment même où la Société biblique américaine commençait à s'intéresser à ce domaine. Les auteurs ont donc accordé à cette société, en 2011, la permission de fournir l'infrastructure dont on aurait besoin pour élargir la portée de l'initiative, la Société biblique américaine nommant alors Mme Harriet Hill directrice de l'initiative d'accompagnement face aux traumatismes. Cette dernière a alors coordonné l'élaboration du modèle et de la documentation de l'initiative *Guérir les traumatismes*, dont l'accompagnement face aux traumatismes en versions audio, vidéo et de récits ; une base de données en ligne de divulgation ; un site Web. La Société biblique américaine a convoqué le Conseil consultatif sur l'accompagnement face aux traumatismes (*Trauma Healing Advisory Council*), lequel se compose de professionnels des soins de la santé mentale, pour s'assurer le recours aux meilleurs principes de santé mentale. L'institut Nida, de la Société biblique américaine, a veillé à ce que les Saintes Écritures soient employées correctement.

En 2012, cette société biblique a établi le *Trauma Healing Institute* pour soutenir l'initiative et la faire progresser. Cette même année, Mme Harriet Hill a lancé le premier rassemblement de la « communauté de pratique », réunissant des personnes et des organismes qui œuvrent dans le domaine de l'accompagnement des personnes traumatisées. La communauté de pratique est devenue une composante du modèle de l'initiative aux plans local, national et international. En 2016, Mme Harriet Hill a lancé l'Alliance pour l'accompagnement des personnes traumatisées (*Trauma Healing Alliance*) en vue d'offrir un leadership multi-organismes qui permettrait de parfaire l'initiative. D'importantes révisions apportées à *Guérir les traumatismes* ont été publiées en 2013 et 2016. La présente révision de 2021 offre les plus récentes mises à jour quant au modèle et à la documentation.

Tout au long de ces perfectionnements, les auteurs ont maintenu l'optique fondamentale adoptée depuis le départ :

- L'accompagnement face aux traumatismes repose sur ce que la Bible et les spécialistes de la santé mentale ont à dire.
- Nous adaptons le manuel et l'initiative en fonction de la situation locale.
- Nous mettons la documentation à l'essai en compagnie de participants dans divers contextes et apportons des révisions jusqu'à ce que tout fonctionne bien.
- Nous préparons des gens de la localité à donner cette formation.
- Nous travaillons principalement avec des groupes plutôt qu'avec des particuliers.
- Nous recourons à l'apprentissage participatif, parce que les gens apprennent mieux ainsi et que cela les aide à se rétablir de leur traumatisme.
- Nous fonctionnons de façon à laisser les Églises et les communautés poursuivre elles-mêmes l'accompagnement face aux traumatismes.
- Nous encourageons les organismes à collaborer de façon à pouvoir aider de nombreuses personnes qui souffrent de traumatismes.

Remerciements

Nous remercions toutes les personnes qui ont contribué à faire de cette ressource ce qu'elle est maintenant. Nous reconnaissons tout d'abord que des chrétiens souffrants, en Afrique, ont interpellé les auteurs à voir les Saintes Écritures d'un nouveau point de vue et à interagir avec ces dernières.

Nous sommes reconnaissants du travail de pionnier mené par Rhiannon Lloyd dans son ouvrage intitulé *Guérir les blessures liées aux conflits ethniques : le rôle de l'Église dans la guérison, le pardon et la réconciliation* (Healing the Wounds of Ethnic Conflict: The Role of the Church in Healing, Forgiveness and Reconciliation) (Mercy Ministries International), à la suite du génocide de 1994, au Rwanda.

L'initiative *Guérir les traumatismes* a évolué grâce aux nombreux dirigeants d'Églises qui ont utilisé cette ressource et qui ont soumis des introspections et de la rétroaction quant à la façon de bien communiquer avec des personnes souffrant de traumatismes. Nous remercions ces personnes pour leur passion et pour leur fraternité.

Nous remercions la SIL et l'Association Wycliffe pour la traduction de la Bible, lesquelles ont encouragé les auteurs à répondre aux besoins des personnes traumatisées qu'ils ont appris à aimer. SIL et Wycliffe ont bien encouragé l'évolution de cet outil.

Nous remercions les nombreuses personnes qui ont contribué à l'élaboration de ces ressources. Nous sommes reconnaissants en particulier pour l'apport des auteurs qui ont produit les leçons venues s'ajouter plus tard : Carol King, Harriet Hill (American Bible Society) et Phil Monroe (American Bible Society) quant aux volets sur la violence familiale, sur le suicide et sur les dépendances ; Pat Miersma (SIL) et Stacey Conard (SIM) dans le domaine des blessures d'ordre moral. Nous sommes profondément reconnaissants envers les centaines d'autres animateurs et animatrices de l'accompagnement des personnes traumatisées de tous les coins du monde qui ont offert des suggestions quant à cette nouvelle édition.

Nous remercions les nombreux bénévoles qui ont enseigné, traduit et démontré les principes de ces ressources, de sorte que des communautés et des gens brisés par des traumatismes puissent recouvrer le bien-être.

Nous remercions les nombreux professionnels du domaine de la santé mentale qui ont offert leur expertise quant à l'élaboration de ces ressources. Nous remercions particulièrement les membres du conseil consultatif sur l'accompagnement face aux traumatismes, ainsi que les nombreux donateurs qui ont permis la publication de ce travail chrétien, en particulier Mme Swannie te Velde, qui a financé la première édition du livre, en 2004.

Nous sommes particulièrement reconnaissants pour notre collaboration avec la Société biblique canadienne, ainsi qu'envers George Pabi et Tomas Ortiz, pour leur aide à la révision de cette édition de 2021. Leur esprit de pionnier et leur expertise quant à Paratext ont jeté les bases d'un travail de traduction qui s'effectuera plus rapidement et avec plus d'exactitude, à l'avenir.

Plus que tout, nous remercions et louons Jésus-Christ, qui a pris sur lui-même la souffrance du monde entier quand il a été cloué sur la croix et dont les blessures nous procurent la guérison (1 Pierre 2.24).

Concernant les auteurs

Margaret Hill a fait sa maîtrise à l'université de Manchester, au RU ; elle travaille au sein de la Société internationale de linguistique depuis 1968, s'occupant de traduction biblique et d'interaction avec les Saintes Écritures. Richard Baggé, M.D., a fait ses études en médecine au collège Jefferson et à l'école de médecine de l'Université Duke ; il est psychiatre au sein de la Société internationale de linguistique depuis 1993. Pat Miersma a fait sa maîtrise en soins infirmiers, volet santé mentale relative aux groupes ethniques, à l'université de Californie, campus de Los Angeles ; elle offre du counseling au sein de la Société internationale de linguistique depuis 1980. Harriet Hill a fait son doctorat en études interculturelles au séminaire Fuller, a travaillé pour le compte de la Société internationale de linguistique pendant 32 ans, et chez le Trauma Healing Institute de la Société biblique américaine pendant dix ans.

www.ingramcontent.com/pod-product-compliance
Lightning Source LLC
Chambersburg PA
CBHW080857090426
42737CB00015B/2983